CCLR

China Construction Law Review

中国建设工程法律评论

第十二辑

于健龙　王红松　冯小光　孙　巍　主编
最高人民法院民事审判第一庭　审定

北京

图书在版编目(CIP)数据

中国建设工程法律评论. 第十二辑 / 于健龙等主编. -- 北京 : 法律出版社, 2022
ISBN 978 - 7 - 5197 - 6700 - 6

Ⅰ. ①中… Ⅱ. ①于… Ⅲ. ①建筑法 - 研究 - 中国
Ⅳ. ①D922.297.4

中国版本图书馆 CIP 数据核字(2022)第 068851 号

中国建设工程法律评论(第十二辑)
ZHONGGUO JIANSHE GONGCHENG
FALÜ PINGLUN(DI - SHIER JI)

于健龙 等 主编

责任编辑 慕雪丹 章 雯
装帧设计 李 瞻 臧晓飞

出版发行 法律出版社
编辑统筹 法商出版分社
责任校对 赵明霞
责任印制 胡晓雅
经　　销 新华书店

开本 710 毫米×1000 毫米 1/16
印张 11.25 **字数** 215 千
版本 2022 年 7 月第 1 版
印次 2022 年 7 月第 1 次印刷
印刷 唐山玺诚印务有限公司

地址:北京市丰台区莲花池西里 7 号(100073)
网址:www.lawpress.com.cn
投稿邮箱:info@lawpress.com.cn
举报盗版邮箱:jbwq@lawpress.com.cn

销售电话:010 - 83938349
客服电话:010 - 83938350
咨询电话:010 - 63939796

书号:ISBN 978 - 7 - 5197 - 6700 - 6　　**定价**:68.00 元

凡购买本社图书,如有印装错误,我社负责退换。电话:010 - 83938349

《中国建设工程法律评论》编委会

Editors of the China Construction Law Review

王书宝 **WANG Shubao**
中国电力建设集团有限公司 总法律顾问
General Legal Counsel, Power Construction Corporation of China

王天喜 **WANG Tianxi**
广州仲裁委员会 副主任
Vice Chair, Guangzhou Arbitration Commission

王唯骏 **WANG Weijun**
上海国际经济贸易仲裁委员会（上海国际仲裁中心） 秘书长
Secretary-General, Shanghai International Economic and Trade Arbitration Commission/ Shanghai International Arbitration Centre

张光宏 **ZHANG Guanghong**
宁波仲裁委员会 副主任、秘书长
Vice Chair and Secretary-General, Ningbo Arbitration Commission

张水波 **ZHANG Shuibo**
天津大学 教授
Professor, Tianjin University

合作伙伴
Partners

中国国际经济贸易仲裁委员会
China International Economic and Trade Arbitration Commission

北京仲裁委员会/北京国际仲裁中心
Beijing Arbitration Commission/Beijing International Arbitration Centre

上海仲裁委员会
Shanghai Arbitration Commission

上海国际仲裁中心
Shanghai International Arbitration Center

深圳国际仲裁院（深圳仲裁委员会）
Shenzhen Court of International Arbitration (Shenzhen Arbitration Commission)

广州仲裁委员会
Guangzhou Arbitration Commission

石家庄仲裁委员会
Shijiazhuang Arbitration Commission

宁波仲裁委员会
Ningbo Arbitration Commission

北大法律信息网
Chinalawinfo

目　　录

获奖和优秀文章

特邀文章

获奖和优秀文章

论情势变更规则在建设工程施工合同纠纷审判实践中的司法运用

袁海兵[*]　湛栩鸥[**]

建设工程施工活动的参与主体众多、跨越周期漫长、履行内容丰富庞杂、相关风险难以估量，这决定了制约建设工程施工合同得以完满履行的不利因素纷繁复杂，如当事人拒绝履行、当事人不完全履行、当事人履行不能、情势变更、不可抗力等。其中，因发生情势变更事由导致建设工程施工合同难以履行的案例屡见不鲜，这构成发包、承包双方之间争议纠纷的开端。

但是，鉴于情势变更规则是对意思自治原则的挑战与突破，以及基于我国诚实信用体系不完善的现实状况，法院在面对诉讼主体根据情势变更原理发出的诉讼请求或抗辩理由时，往往持保守态度，不支持当事人关于适用情势变更规则的主张。建设工程施工合同的订立强调"风险分配"，其履行也高度依赖其外部环境与客观基础的稳定性，但这两者往往瞬息万变、变幻莫测，若不根据建设工程施工合同履行依赖的现实状况调整当事人实际履行的边界尺度，将发生一般理性人难以忍受的不公平后果。本文将从建设工程施工合同的客观基础、履行实际及现实状况出发，探讨情势变更规则在建设工程施工合同纠纷审理实践中司法运用的合理性与必要性。

一、情势变更规则概述

（一）情势变更的含义

情势变更，是指在从合同成立生效之日起至合同履行完毕止的时间维度中，合同赖以成立、赖以维持、赖以履行的外部环境、客观基础或现实条件发生了变化，且该变化超出当事人主观意志范围之外、不可归责于双方当事人且不能够为当事人

---

* 袁海兵，上海市（建伟）南宁律师事务所主任。

** 湛栩鸥，广西融荣律师事务所实习律师。

所预见,在该变化的基础上继续按原约定履行合同将对一方当事人产生显失公平的不当后果,导致当事人无法实现合同目的,基于此,因情势变更遭遇不利影响的当事人可以单方要求调整合同的履行内容或解除合同。

在民事私法领域,"契约自由""契约严守""契约正义",即意思自治规则,具有强势的地位,若非出于维护公共利益及社会秩序的需要,很难挑战其"意志自由"的权威性。意思自治原则要求作出一致意思表示的当事人严守合意内容、严格受其约束、不得随意废改。但是,尊崇意思自治原则的当事人往往欠缺对公平正义的深度考量以及对未来风险的长远预判,而冲击合同履行的外部环境及客观条件又是脱离当事人驾驭射程的,这使他们陷入对价失衡的困境。为了将当事人从履行失衡的困境中解救出来,情势变更制度产生,它赋予法院直接干预合同关系的"公平裁量权",使当事人的履行能够适应合同外部的客观情况变化。[①] 据此,在意思自治原则构筑的坚固壁垒下,情势变更规则仿佛一把"利剑",直插意思自治原则的软肋——公平对价,进而突破意思自治的桎梏掣肘。也可以说,情势变更规则是在契约自由原则与公平正义原则相互博弈均衡的基础上产生的。

(二)与情势变更有关的学说及规定

情势变更规则在不同的法系中拥有不同的学说身份。在德国,处理情势变更问题的观点发轫于厄尔特曼的"行为基础理论",又称"交易基础学说"。所谓"行为基础",是指交易行为缔结之际表现出来的,且当时相对人明知这种前提观念的重要性而未作反对表示的一方当事人的前提观念(预想),或者多方当事人共通的前提观念,是行为意思得以构筑其上的、对于特定情势的存在或者发生所具有的前提观念。因行为基础有瑕疵(自始欠缺或嗣后丧失)而遭受不利影响的当事人,具有消灭合同关系的权利。随后,拉伦茨提出"修正行为基础说",延展了厄尔特曼提出的"行为基础理论",他认为"行为基础"分为"主观行为基础"与"客观行为基础",前者构成当事人订立合同的动机,若"主观行为基础"丧失,有可能发生"动机错误"与"意思欠缺"的不良后果;后者是合同存在的客观基础,是实现所有合同当事人共同追求的合同目的所必须存在的、独立于当事人主观思维的现实条件,若"客观行为基础"丧失,有可能产生"合同目的不达"与"等价关系破坏"的不利后果。[②] 目前,"行为基础理论"已成为德国通说,其实务运用的标准是,若负担的给付尚可履行,但负担的给付显著多于合同预定的负担,则采用"交易基础学说"解决,如购置必须支付高得多的价金,或者说对待给付因通货膨胀而贬值。[③]

在英美法系,情势变更的理论基础来源于"合同落空"(frustration of contract)

---

① 参见王家福主编:《中国民法学·民法债权》,法律出版社 1991 年版,第 394 页。

② 参见韩世远:《合同法总论》(第 3 版),法律出版社 2011 年版,第 380 ~ 381 页。

③ 参见[德]迪特尔·梅迪库斯:《德国债法总论》,杜景林、卢谌译,法律出版社 2004 年版,第 229 页。

规则,构成合同落空的事由包括:(1)非当事人过失导致标的物丧失;(2)战争爆发使合同的履行成为非法;(3)政府颁布禁令,禁止履行合同;(4)合同签订后,情况发生根本性变化,致使合同失去基础。由此可见,英美法系的"合同落空"的范畴更广,包含了不可抗力的内容。[①] 适用"合同落空"的条件包括:(1)合同落空是双方当事人未预见的;(2)双方当事人在合同落空的过程中均无过失;(3)合同落空的结果必须导致协议不可能继续履行。[②]

我国的情况则是,在《合同法》(现已失效)订立期间(1999 年左右),鉴于我国建立市场经济体制的时间不长,"契约严守""意思自治"的观念未深入每个市场交易主体的内心,故《合同法》(现已失效)未以法律的形式将情势变更规则确定下来,而是以司法解释的形式为情势变更规则留一方适用的余地[③],但又规定各级法院适用情势变更原则时务必正确理解、慎重。如果确有必要适用,应报请上级法院审核[④],以严格的条件束缚其适用以防止其滥用。现如今,我国社会主义市场经济体制不断发展完善,诚实守信原则在很多情况下已成为商事市场的坚定信仰,承认情势变更的强制力已具备一定的意识基础;且国际经济形势瞬息万变,如货币异常贬值,因供求关系变化导致通货膨胀、政府颁发禁令等,已远远超出合同当事人的预见能力与应变能力,以法律的形式承认情势变更规则的强制效力自有其合理性与必要性。据此,我国 2021 年 1 月 1 日施行的《民法典》将"情势变更"规则抬升到法律位阶,其在第 533 条规定:"合同成立后,合同的基础条件发生了当事人在订立合同时无法预见的、不属于商业风险的重大变化,继续履行合同对于当事人一方明显不公平的,受不利影响的当事人可以与对方重新协商;在合理期限内协商不成的,当事人可以请求人民法院或者仲裁机构变更或者解除合同。人民法院或者仲裁机构应当结合案件的实际情况,根据公平原则变更或者解除合同。"

(三)情势变更的构成要件

结合《民法典》现有规定、学说理论与实务操作的观点,笔者认为,情势变更的构成要件包括:

1. 合同赖以订立、赖以维持、赖以履行的客观基础及现实状况发生变化。发生

---

① 参见韩世远:《合同法总论》(第 3 版),法律出版社 2011 年版,第 382 页。

② 参见刘俊峰:《情势变更原则在建设工程合同纠纷中的适用分析》,载《法制与社会》2020 年第 11 期。

③ 最高人民法院《关于适用〈中华人民共和国合同法〉若干问题的解释(二)》(现已失效)第 26 条规定:"合同成立以后客观情况发生了当事人在订立合同时无法预见的、非不可抗力造成的不属于商业风险的重大变化,继续履行合同对于一方当事人明显不公平或者不能实现合同目的,当事人请求人民法院变更或者解除合同的,人民法院应当根据公平原则,并结合案件的实际情况确定是否变更或者解除。"

④ 参见最高人民法院《关于正确适用〈中华人民共和国合同法〉若干问题的解释(二)服务党和国家工作大局的通知》。

变化的客观基础及现实状况必须存在于合同外部,独立于合同本身,是合同得以成立、持续并履行的前提条件。在建设工程施工活动中,建设工程施工合同履行的客观基础及现实状况包括法律变化、政府行为、第三人行为、不利地质障碍、异常恶劣气候、物价上涨等。其适用情势变更规则的客观前提,即《民法典》第533条规定的所谓"合同成立后,合同的基础条件发生了重大变化"。

2. 客观基础及现实状况发生的变化不属于当事人的主观意志。发生变化的客观基础及现实状况应当独立于当事人为建立交易关系所发出的意思表示,不属于当事人真实意志的构成部分,即有条件触发情势变更规则适用的、发生变化的客观基础及现实状况不以合同当事人的主观意思为转移,不能被当事人预料并纳入合同条款、不能被当事人控制并阻止,亦不能被当事人防范并采取补救措施。因为发生变化的客观基础及现实状况一旦进入意思表示的领域,则构成合同履行内容的一部分,即具有约束力,这被视为当事人已合理预见了客观基础及现实状况发生变化,丧失适用情势变更规则的前提。[①] 比如,若发承包双方采纳《建设工程工程量清单计价规范》(GB 50500－2013)第9.8.2条[②]的建议,将建筑材料与工程设备价格变化风险范围约定为5%,则根据双方的意思表示,只有建筑材料与工程设备价格变化超出基准价格的5%时,承包人才有权要求发包人变更调价;若建筑材料与工程设备价格变化未超出基准价格的5%,由于该发生变化的客观基础与现实状况已构成合同约定的一部分,非当事人不能预见、不能控制、不能防范的事件,故承包人以材料价格变化构成情事变更为由要求发包人追加费用的,法院不予支持。

3. 客观基础及现实状况发生的变化非合同当事人在缔约时所能合理预见。根据《民法典》第533条的规定,能够启动情势变更规则适用效力的客观基础与现实状况变化必须是"当事人在订立合同时无法预见到的"。若当事人在订立合同时已经预见到了合同履约依赖的客观基础及现实状况将会发生于己不利的变化,但仍然愿意接受合同的约束,视为当事人自愿接受该变化带来的不利风险,属于"自陷险境",法律自无拯救其的必要,自然不存在适用情势变更规则调整合同内容的前提。

对于"合理预见"的判断,除了包括主观标准外,即该变化非一般理性人所能预见,但当事人基于某种原因"特别"预见到了情事变化的风险,还应当依据客观标准,即通过一般理性人所持有的社会交易常识来判断,针对某一业务领域的风险,

---

① 参见杨晓蓉:《建设工程合同的原理与实务——以关系契约理论为视角》,人民法院出版社2018年版,第176页。

② 参见《建设工程工程量清单计价规范》(GB 50500－2013)第9.8.2条:"承包人采购材料和工程设备的,应在合同中约定主要材料、工程设备价格变化的范围或幅度;当没有约定,且材料、工程设备单价变化超过5%时,超过部分的价格应按照本规范附录A的方法计算调整材料、工程设备费。"

经常从事该项业务、具备该项业务经验的当事人应当具有更强的预判能力，其不得以未实际预见为由主张情势变更规则的合理适用，如妥善办理征地拆迁为建设工程发包人的义务，其应当能够预见到未及时办理征地拆迁手续对工期造成的恶劣影响，故其不得以集体土地所有权人不积极配合征地拆迁工作为由减免其给承包人造成的停窝工损害赔偿责任；再如，积极搜寻更物美价廉的材料供应渠道并建立长久稳定的合作关系是承包人的义务，承包人当然能够预见到丧失优质供应链所造成的供货延迟或成本提高的不利后果，故其不得以供应合作伙伴拒绝合作为由要求发包人追加费用并顺延工期。

4. 客观基础及现实状况发生的变化不可归责于双方当事人。若客观基础及现实状况发生变化是出于合同一方当事人的原因，则另一方当事人可借助交易习惯或违约责任制度救济其权利，无适用情势变更规则维护权利的必要，如因发包人频繁要求设计变更、发包人提交的设计文件不符导致工期延误，在工期延误期间，钢筋材料价格大幅上涨的，此时承包人可依施工合同的交易习惯将因钢筋价格上涨所额外支出的费用纳入由发包人原因导致工期延误所造成的损害赔偿责任界域中，即根据《建设工程工程量清单计价规范》(GB 50500－2013)第9.8.3条第1款的规定[①]要求发包人按照更高的材料价格来结算，不必依情势变更规则主张权利；再如，发包人无故要求停工又拒不复工、发包人严重拖欠工程款致使承包人陷入停工，在停工期间建筑材料价格大幅上涨，由于建筑材料价格上涨的差额损失是发包人的违约行为所引起的，故承包人可以直接通过《民法典》第583条[②]要求发包人承担损害赔偿违约责任，不必通过情势变更规则进行救济。

5. 客观基础及现实状况发生的变化性质介于商业风险与不可抗力之间。情事变化对合同履行的影响程度从轻微到严重的顺序依次为商业风险、情势变更及不可抗力。不少学者认为，商业风险、情势变更及不可抗力各有特点、互相区别：

情势变更有别于商业风险。当事人可以通过合同约定对未来的利益分配作出事先安排，只要约定的价格合理，使风险与收益匹配相当、构成对价，在多大范围内承担风险，可依当事人的自由意志决定。商业风险即当事人在订立合同时能够预见的并事先作出规划的风险，其本质上属于从事商业活动所固有的风险，处于商事交易领域，符合商事交易规律的变化，作为合同成立基础的客观情况的变化没有达到异常的程度，表现为一般的市场供求变化、价格涨落等。[③] 商业风险由于是当事

① 参见《建设工程工程量清单计价规范》(GB 50500－2013)第9.8.3条第1款："因非承包人原因导致工期延误的，计划进度日期后续工程的价格，应采用计划进度日期与实际进度日期两者的较高者。"

② 参见《民法典》第583条："当事人一方不履行合同义务或者履行合同义务不符合约定的，在履行义务或者采取补救措施后，对方还有其他损失的，应当赔偿损失。"

③ 参见崔建远：《情事变更原则探微》，载《当代法学》2021年第3期。

人能够预见甚至是刻意安排、自愿承受的风险,故不属于情势变更规则的调整范围。

情势变更有别于不可抗力。情势变更与不可抗力在可预见性与可避免性上的程度均不相同,虽然习惯上认为情势变更适用的前提是“当事人无法预见”,但是若将规则嵌套到实际中可以发现,引发情势变更的情事变化并非完全不能预见,可能存在程度较低的可预见性,如虽然政令变化往往被认定构成情势变更,但有相当交易经验的当事人可以泛泛地嗅到政策变动的风向,具体而言,国务院进行房市调控而发布的限购令,是当事人有可能预料的,只不过对于限购令具体的内容很可能无法预料;[①]而不可抗力,诸如地震,凭现代科学技术仍然难以预测。[②] 基于合同基础条件发生的客观变化,当事人还可以在其粗糙宽泛的预见程度内采取补救措施减少微不足道的损失,但是地震、海啸等不可抗力事件所引发的后果,非人力所能对抗。

并且,商业风险、情势变更及不可抗力所引发的法律后果亦有所不同。发生商业风险事件,合同当事人必须按照原有约定履行合同,并不会发生任何不公平的结果;而引发情势变更规则适用的情事变化会引发按照原有约定履行合同举步维艰且履行代价过高的不公平结果,因此需要变更合同;而不可抗力对合同的破坏力最强,直接导致合同陷入履行不能,完全不存在继续履行的空间,故不可抗力超出了情势变更规则的效力射程范围。据此,构成情势变更的事由需介于商业风险与不可抗力之间。

6. 在情事变化的基础上要求当事人按照原有约定继续履行合同会发生显失公平的后果。在民事交易领域,民事主体仅受其自身发出的明确意思表示所约束,法律不能苛求民事主体对其无法合理预见的风险负责,这有害于交易安全,且不利于促进交易繁荣。客观基础及现实状况变化超出了当事人的可预见范围,若要求当事人在此前提下按照原有约定继续履行合同会产生显失公平的后果,自有适用情势变更规则调整合同履行内容的必要。此处的“显失公平”应从三个方面来理解:(1)合同目的不达。情事变化导致按原有约定履行合同时当事人不能实现合同目的,合同丧失存续的必要,如在建设工程施工合同中,承包人的合同目的是赚取施工利润,发包人的合同目的是实现对建筑实体的使用价值与交换价值,但发生难以预见的情事变化时,如人工价格大幅上涨,承包人非但无法赚取利润反而亏本,这会将承包人引向擅自停工罢工、遗留烂尾工程退场的局面,届时发包人也难以实现

---

① 参见王利明:《情事变更制度若干问题探讨——兼评〈民法典合同编(草案)〉(二审稿)第323条》,载《法商研究》2019年第3期。

② 参见邱雪梅:《国家房贷政策调控与商品房买卖合同纠纷之处理——情事变更原则之适用》,载《求索》2011年第9期。

对建筑实体的使用目的与交换目的。(2)对价失衡。发生情事变化后,按照原合同约定履行义务,会产生给付与对待给付的对价平等性被打破的结果。(3)不可期待。由于不可预见的事由必然造成了重大的给付障碍,受到不利益的合同一方当事人不能再看到自己的利益得到维护哪怕是基本得到维护[①],以至于不再能够苛求债务人购置标的物。[②] 当双方的履行显失公平,导致双方难以实现其合同目的,不能期待当事人能够按照原有约定继续履行合同时,情势变更规则方可适用。

综上所述,只有同时满足上述要件,受到情事变化影响而遭受不利益的一方才可以适用情势变更原则,进而要求变更或解除合同。

二、情势变更规则在我国建设工程施工合同审判实践中的司法运用情况

由于建设工程施工活动具有履行周期长、牵制因素多的特点,建设工程施工合同的履行受到来自合同以外的外部环境、客观基础及现实条件的变化所带来的消极影响尤为突出,特别是政府行为变化以及市场经济的变化所带来的不利影响。就此产生的现实问题是,当建设工程施工合同的存续及履行受到法律政策变动、不利地质障碍、政府行为变化、物价异常波动等情事变化的冲击时,因上述情事变化而遭受不利益的一方基于构成情势变更的理由要求变更或解除施工合同的,能否得到法院的支持?

笔者通过查阅最高人民法院在建设工程施工合同纠纷案由中与情势变更适用有关的裁判,发现最高人民法院有关情势变更规则的裁判观点包括:

1. 当事人未约定以固定价格结算,且未约定承包人的风险范围,在施工期间物价异常上涨,承包人以构成情势变更为由要求追加费用的,法院予以支持。

若建设工程施工合同未约定按照固定价结算,且未明确约定承包人的风险范围,施工过程中发生的物价异常波动已超出承包人可以合理预见的界限,承包人可以适用情势变更规则要求变更合同履行。如(2017)最高法民申 3108 号裁判认为:"当事人在 2005 年 7 月签订合同时柴油价格每吨 550 元,到 2007 年 8 月施工结束时上涨到每吨 1250 元,其订立合同时并不能预见到柴油油价巨幅上涨,以致按照 2005 年柴油价格计算工程款的计算方式显失公平,因此一审判决对工程价款的计算考虑了油价上涨因素符合法律规定。"[③]

2. 当事人已明确约定价格波动属于承包人的风险范围,在施工期间物价异常上涨,承包人以构成情势变更为由要求追加费用的,法院不予支持。

发包人往往会通过合同约定向承包人转嫁人工、材料、机械价格上涨的风险,

---

① 参见[德]迪特尔·梅迪库斯:《德国债法总论》,杜景林、卢谌译,法律出版社 2004 年版,第 385 页。

② 参见[德]迪特尔·梅迪库斯:《德国债法总论》,杜景林、卢谌译,法律出版社 2004 年版,第 269 页。

③ 沈某高、孙某发建设工程施工合同纠纷再审审查与审判监督民事裁定书。

作出诸如“本价格不因任何原因而调整”“该价格已包含价格变动风险,结算时不予调整”“合同履行期间不考虑物价变动的因素”等约定。该约定是发承包双方依其自由意志对风险分配作出的事先安排,不违反法律强制性规定,应为有效约定。故存在上述约定的,影响合同履行的外部环境与客观基础已被纳入意思自治的界域,构成合同内容的一部分,视为承包人对物价波动的风险已作出了充分预判,其自愿承受因物价异常上涨所产生的不利后果,若其以人工、材料、机械价格过分上涨已构成情势变更为由要求发包人上调价格或补偿费用的,法院不予支持。

如(2018)最高法民终380号裁判认为:“十三冶金公司主张其施工期间材料及运费价格上涨,属于法律规定的情势变更情形,应当进行调整。本案中,黄延公司与十三冶金公司签订的《合同协议书》通用条款第70.1条约定,该合同执行期间不考虑人工、机械施工和材料价格的涨落因素,即在施工期间对合同价格不予调整。相对于双方当事人在合同中约定的工程款总额,尚无充分证据证明施工期间自购钢材、燃油、自购材料运费价格变化的幅度,已经达到了当事人订立合同时无法预见的程度,故十三冶金公司主张的要求黄延公司支付材料及运费调差4,154,868元的上诉请求不能成立,本院不予支持。”①

如(2019)最高法民申5829号裁判认为:“重庆建工集团认为,本案应根据情势变更原则和主管部门的相关规定,就价格涨幅超过5%的部分应据实调整为由荣新环保公司自行承担。本院认为,案涉《建设工程施工合同》专用条款第11.1条约定,市场价格波动不调整合同价格,即市场价格上涨的风险由重庆建工集团承担。合同签订后,市场价格确实因政策或市场环境的变化存在上涨的情况,但重庆建工集团作为专业、理性的建筑工程施工企业是在仔细研究了招标文件的全部内容并综合考虑相应的商业风险和成本变动后才向荣新环保公司投标,其在明知案涉工程限定造价1.5亿元的前提下理应将建筑材料的市场环境以及价格变化纳为其是否投标以及如何投标应考虑的商业风险因素中。本案中建筑材料价格上涨应属于重庆建工集团在投标和签订合同时应合理预见的商业风险,且上涨幅度并未超过市场价峰值,因此不应适用《最高人民法院关于适用〈中华人民共和国合同法〉若干问题的解释(二)》第二十六条的规定。”②

如(2013)最高法民申字第1099号裁判认为:“上述建设工程施工合同约定,承包方式为按定标价包人工、包材料、包工期、包质量、包安全,还包括按国家规定由乙方缴纳的各种税收,除设计变更外,总价、单价以定标价为准,结算时不作调整。

---

① 中国第十三冶金建设有限公司、陕西黄延高速公路有限责任公司建设工程施工合同纠纷二审民事判决书。

② 重庆建工集团股份有限公司、重庆市荣昌区荣新环保产业发展有限公司建设工程施工合同纠纷再审审查与审判监督民事裁定书。

上述约定系针对合同约定的施工期间内包括主要建材价格产生变化的市场风险承担条款，说明双方当事人已预见到建材价格变化的市场风险，故二审判决认定开工日期至合同约定的竣工日期建筑材料上涨属于正常的商业风险，不属于情势变更适用法律并无不当。”①

如(2020)最高法民申4587号裁判认为：“本案中，双方签订《建设工程施工合同》约定，采用固定价格合同，合同价款中包括的风险范围为：投标人所报工程量综合单价和合价在合同实施期间不因市场变化而变动。投标人在计算报价时已考虑市场，施工图遗漏等风险因素……合同价格为固定价格，不做其他调整，风险费用的计算方法已包含在合同价内，风险范围以外合同价款调整方法为发包人追加的工程量。根据以上约定，双方已经对工程单价及风险范围进行了约定，新通建筑公司以部分工程实际造价超过施工成本、建筑材料及人工价格上涨为由，主张按照情势变更调整工程价款的再审申请理由不能成立。原判决按照双方的合同约定，按照固定单价计算工程造价并无不当。”②

(2020)最高法民申5763号裁判认为：案涉《协作合同》约定，浩航公司与川交公司签订的合同项目属不调价清单合同，以及合同明示、暗示的所有责任、义务和一切风险。据此可认定，浩航公司与川交公司对案涉工程采取固定价计价标准，并且约定了单价包含材料、劳务、机械及其他一切风险。原审判决根据上述司法解释规定，认定双方应当按照合同约定的固定价结算工程款，并无不当。浩航公司未提供证据证明在案涉工程施工合同履行期间，因发生“5.12大地震”导致人工和材料价格大幅上涨，继续履行合同会产生显失公平的结果，亦未向人民法院起诉请求变更合同。故浩航公司关于本案应适用情势变更原则调增工程款的主张，不符合上述司法解释的规定。③

3.地下施工存在大量采空区的，属于承包人不可预见的范围，其以构成情势变更为由要求解除合同的，法院予以支持。

建设工程活动遵循“先勘察、再设计、后施工”的流程，发包人负责工地的选址、勘察、设计并出具相应的地质勘查报告与深度施工图纸，在此基础上，承包人才能以上述勘察文件与设计文件作为报价依据制作招标文件并作为执行依据开展施工活动，故双方的中标价格并不包含勘察疏漏所导致的风险。鉴于传统施工总承包的施工组织模式不要求承包人负担过重的复勘义务，地质勘察报告由发包人负责

① 广东省电白建筑工程总公司与东莞市长安镇房地产开发公司建设工程施工合同纠纷申请再审民事裁定书。

② 新疆新通建筑安装工程有限公司建设工程施工合同纠纷再审审查与审判监督民事裁定书。

③ 成都市浩航劳务有限公司、四川川交路桥有限责任公司建设工程施工合同纠纷再审审查与审判监督民事裁定书。

出具,故发包人应对地质勘察报告的充分性、正确性与完整性负责,因地质勘察报告的错误、缺陷、遗漏、与实际施工状况不符所产生的费用增加及工期延误风险应由发包人承担。据此,若承包人在施工过程中发现大量高危采空区,导致施工活动难以为继的,属于发包人勘察遗漏,而不属于承包人的可预见视域,承包人可以适用情势变更规则,主张解除施工合同。

(2015)民申字第2456号裁判认为:“本案中,合同履行过程中,发生了不属于商业风险的重大变化(即该井田区域过去小窑破坏性开采严重,井巷施工过程中遇到了多处采空区,导致无法布置长壁工作面正规开采,同时由于采空积水、积气情况不明,给井工开采带来了极大的安全隐患),继续履行合同已经不能实现合同目的。致使夏门煤业公司向九台公司时任项目经理刘某发出停止施工、并终止施工合同的通知,刘某在通知上签字并加盖项目部的公章予以签收。九台公司对刘某的签收行为并未提出异议,依法应视为刘某收到该通知后,双方的施工合同已经终止。”①

4. 筹集建设资金是发包人的义务,发包人迟延支付工程款导致施工活动难以为继,其以无法获得融资贷款支付工程款构成情势变更为由要求解除合同的,法院不予支持。

建设工程施工合同的对价义务为,承包人按约施工完成质量合格的工程交付发包人使用,发包人向承包人支付工程款。穷尽一切合法渠道筹集资金支付工程款是发包人的主要义务,发包人难以争取融资借款导致无法按约支付工程款的,不构成发包人无法履行付款义务的客观情事变化,其要求解除合同的,法院不予支持。

(2018)最高法民终373号裁判认为:威鲁公司关于《施工合同书》解除系由情势变更原则导致的上诉主张缺乏事实和法律依据。本案中,威鲁公司作为威鲁公路的建设方,有责任进行融资贷款。因此,《关于威鲁公路全线停工的通知》指明的“威鲁公司在建设过程中因融资贷款问题不能正常进行施工”原因,不属于最高人民法院《关于适用〈中华人民共和国合同法〉若干问题的解释(二)》第26条规定的在订立合同时无法预见的、非不可抗力造成的不属于商业风险的重大变化。②

5. 周边居民恶意阻挠施工导致工期延误的,超出承包人的合理预见范围,承包人以第三人妨害履行构成情势变更为由要求调整合同履行内容的,法院予以支持。

根据《建设工程施工合同(示范文本)》(GF-2017-0201)第2.4条的规定,

① 九台市鑫山矿业工程有限责任公司与山西煤炭运销集团夏门煤业有限公司建设工程施工合同纠纷申请再审民事裁定书。

② 宏胜建设有限公司、兴义市威鲁公路投资建设有限责任公司建设工程施工合同纠纷二审民事判决书。

发包人有义务向承包人提供施工现场以及确保施工条件，协调施工现场与相邻周边的互相尊重、互不干扰的独立共存关系属于发包人履行保证施工条件义务的一部分，故应由发包人负责协调相邻关系并承担协调不成的不利后果。据此，在施工过程中，因工地周边居民恶意阻挠施工活动而造成承包人的履行障碍的，承包人可以以第三人妨害施工构成情势变更为由要求变更履行内容，如调整价格或顺延工期。

(2018)最高法民再442号裁判认为："本案中，双方当事人对于施工过程中存在万寿宫居民阻工的事实均无异议。顺天公司主张该事实构成情势变更，所耽误的工期应当顺延；资阳商贸公司则认为案涉《建设工程施工合同》仅约定'除不可抗力因素外，不作工期调整'，该事实不符合不可抗力，工期不应顺延。本院认为，发包人履行必要的协助义务是合同法诚实信用原则的基本要求，通常情况下发包人提供符合正常施工条件的场地亦是其应尽的基本义务。万寿宫居民阻工并非顺天公司施工不当所致，而是由工程建设项目本身引起。资阳商贸公司作为发包人，无论是在工程项目开工前还是项目建设过程中，均应妥善处理好施工现场与周围相邻环境的关系，确保施工正常进行。本案因周边居民阻工影响工程施工进度，造成的工期延误显然不可归责于顺天公司。综合考虑1#楼和2#楼主体结构和楼层相似及该两栋楼一并于2015年1月1日交付使用等情况，基于公平原则，本院酌情认定因阻工应扣除的工期延误天数为222÷2＝111天。"

三、对情势变更在建设工程施工合同纠纷审判实践中司法运用的分析及评述

根据最高人民法院在建设工程施工合同纠纷案件中对情势变更规则的实际适用可知，对于遭遇不利地质障碍、第三人妨害履行等情事变化，法院往往认定承包人无法合理预见，认可已构成情势变更，并支持承包人要求追加费用或解除合同的主张；然而，对于物价异常上涨的情事变化，法院往往持保守态度，只要当事人明确约定了双方的风险范围，法院则有理由认为，既然存在约定就可说明物价上涨属于其合理预见范畴，此时法院当然可以直接以当事人的约定作为裁判依据，驳回当事人的调价变更请求。

在承包人以物价上涨构成情势变更为由要求变更合同时，法院以当事人已作出明确风险分配约定、物价上涨不属于不可预见的客观基础为由驳回承包人的变更请求的，有其适当性考量：首先，民事私法领域将"意思自治"原则奉为圭臬，风险分配约定是发承包双方对自身利益的自由处分，体现双方真实意志，法院应充分尊重，在明确约定风险分配条款的前提下承包人又以情势变更为由突破风险分配的约定，有违诚实信用原则，故法院不予采纳并无不当；其次，情势变更中的"情势"必须是独立于合同本身、有别于合同内容、存在于合同外部的外在条件、客观基础及

现实状况,若"情事"本身属于合同内容,构成当事人真实意志的一部分,则不具备适用情势变更规则所要求的"超出合理预见范围"的条件,而施工合同约定风险分配条款的,则风险事项已纳入合同履行内容,为当事人所合理预见,自无适用情势变更规则的前提;再次,当事人既约定了风险分配条款,可说明其在报价允诺时已充分考虑到了履行合同可能发生的风险,并将该风险纳入其可获得的对价中向对方发出要约,使风险匹配价格,该风险安排是当事人通过自我评估与自由意志的方式实现其"私法正义"的手段,在他们利益博弈的过程中存在独属于他们的特殊的"个案公平",从他们的角度来看并不会发生"显失公平"的结果,故法院不应轻易打破当事人自己构筑的公平格局;复次,鉴于当事人在其特殊的交易关系中依其自由意志的实现可获得独有的"私法正义",法院不宜适用情势变更规则过分介入、干涉当事人自由建造的私人交易领域,否则极易被诟病为滥用司法自由裁量权,破坏当事人的自由处分权利;最后,"公平正义"是较为抽象的概念,需要法官结合案件诸多因素、社会基本常识、审判实务经验予以适用,且就算适用也不一定会获得各当事人服判息诉的结果,因为在某些情况下"不公平"只是旁观者一厢情愿的主观感受。但是,当事人对风险分配的约定却是实实在在、肉眼可见的证据,可以直接作为裁判依据,有利于提高解决争议的效率。法院在难以追求完美实体正义的情况下,退而求其次追求程序正义,无可厚非。

但是,建设工程施工合同中独有的持续周期长、强调长期合作关系、受制因素繁杂、易受外部多变环境影响的独有特点决定了在解决建设工程施工合同争议纠纷时,不能仅单一适用"意思自治"原则,在施工合同履行赖以实现的客观基础环境瞬息万变、变幻莫测并脱离当事人的合理预见范围与有效控制界域的现实状况下,秉持"公平正义"原理的情势变更规则有强势介入的必要性与合理性。然而,法院过分强调合意至上的观点,忽视建设工程施工合同的持续与履行极易受外部环境与客观基础的冲击破坏、当事人对情事的预判能力无法在客观上追及外部环境变化无常的现实状况,漠视受到情事变化冲击的当事人主张调整合同履行内容、追求平等对价及公平正义的合理需求,导致法院在处理建设工程施工合同情事变化案件时对法条适用得过分教条、僵化、刻板、形式,脱离建设工程客观现实,不利于建设工程施工合同争议纠纷的实际解决,不符合社会发展的切实需要。

笔者认为,即使当事人约定风险分配范围、出现任何情形均不调整合同价格或合同价格包含物价波动风险,但若施工过程中人工费、材料费、机械器具使用费的价格异常上涨,超出承包人的合理预见视界,适用情势变更规则强制介入发承包双方的私人自治领域调整合同内容仍有其必要性与合理性:

首先,施工合同本身就存在因发承包双方的地位不平等导致对价不匹配的根本缺陷。施工需方市场紧俏、供方市场饱和的供求关系不平衡是我国建筑工程发承包市场的常态,这导致发承包双方在建立建设工程施工合同关系时的议价能力差异与谈判地位不平等。发包人往往会利用其掌握工程项目资源的优势地位要求承包人接受一些不公平的条款,即前文所述的"固定价格包含所有风险,结算时不予调整",但是很多风险是承包人难以合理预见并纳入投标报价成为对价的一部分的,也就是说,施工合同本身即存在对价不合理的缺陷。上述实务引发的问题也是理论界亟待解决的问题:当事人挟其经济上优势的地位,以定型化契约条款排除法律规定,作契约上负担或危险的不合理分配,日趋严重,如何加以规律,为契约法的重要课题。① 在《施工合同》本身约定不平等的前提下,本就有适用"显失公平"规则②调整合同履行内容的必要,遑论出现情事变化冲击合同履行的客观基础以致加剧双方权利义务不平等的情形。

其次,建设工程施工合同履行内容的丰富性以及合作长期性决定了当事人的预判能力难以追及客观状况的多元变化。一方面,施工合同的履行涉及人工的使用、建材的采购、机械的租赁使用、专业工程的分包以及资金的融通(如有垫资需求),履行内容丰富庞杂;另一方面,建设工程施工合同的履行周期短则8个月长则大几年,若遇上停窝工,该期间可以延伸至10年之久,属于极其漫长的时间跨度。因此,在施工合同的履行过程中,承包人遭遇施工强制性标准变化、恶劣地质影响(如地震)、政府的城镇规划变动、材料价格异常上涨等情事变化的概率极大,如在2021年春节前后,钢材单价飙升涨幅差额超过1000元/吨,给施工企业带来极大的成本压力;2020年疫情期间至2021年4月,热卷材料从3500元/吨上涨至5300元/吨③;2020年至2021年,因响应国家的环保号召,各地矿石开采受限,建材企业停工限产,导致砂石价格大幅增长,如海砂涨幅高达11.26%。④ 上述施工合同正常履行依赖的客观情事之变化的幅度之巨大,非承包人凭借其管理能力与施工经验所能合理预见,即使承包人泛泛地承诺"已充分考虑施工过程中的所有风险,固定价格在结算时不予调整",也不能说明承包人在订立合同时可以预见到客观变化如此之巨大的风险,要求承包人为其难以预见的风险所招致的不利后果负责,似有不公,也不利于公平市场的建立。

再次,我国《建设工程工程量清单计价规范》明确禁止发包人向承包人转嫁无限风险,为采纳情势变更规则调整双方利益平衡留下适用空间。我国《建设工程工

---

① 参见王泽鉴:《债法原理》(第2版),北京大学出版社2013年版,第111页。

② 参见《民法典》第151条。

③ 参见《钢材价格飙涨!建筑商:晚一年动工,多花1000万元!》,载微信公众号"建筑时报"2021年4月20日。

④ 参见《环保风暴再次出击,矿山开采受限制,11月砂石价格上上上涨》,载搜狐网2020年11月25日,https://www.sohu.com/a/434241068_120145530。

程量清单计价规范》第3.4.1条规定:“建设工程发承包,必须在招标文件、合同中明确计价中的风险内容及其范围,不得采用无限风险、所有风险或类似语句规定计价中的风险内容及范围。”同时,《建设工程工程量清单计价规范》的“前言”部分规定:“本规范中以黑体字标志的条文为强制性条文,必须严格执行。”《建设工程工程量清单计价规范》第3.4.1条为黑体字标注,故具有强制适用的效力,合同当事人不得违反。但是,发承包人双方在合同中约定的“本价格不因任何原因而调整”“该价格已包含价格变动风险,结算时不予调整”“合同履行期间不考虑物价变动的因素”在本质上属于发包人向承包人转移无限风险,为我国《建设工程工程量清单计价规范》所禁止,其依当事人自由意志产生法律效果的效力被削弱,不再具有合意至上的权威地位;且我国《民法典》第151条也明确规定合同订立时显失公平的,当事人有权撤销合同。上述规定突破了“契约自由”“意思自治”的绝对效力,当施工合同正常履行的现实状况与客观基础发生变化导致双方当事人对价失衡时,为采纳情势变更规则调整双方履行内容留下合理性依据与适用空间。

最后,我国台湾地区存在法院依职权强制适用情势变更规则调整当事人履行对价不平等的常态路径。我国台湾地区法院的民事审判活动存在强制适用情势变更规则调整当事人履行不平等的惯例,即使当事人约定工程价格包含所有风险,在订立合同时承包人已将所有风险予以考虑,结算时不作调整,以规避情势变更的适用,但是若情事变化超出承包人可预见视域的,法院享有强制适用情势变更规则介入意思自治的权力,即法院对“契约自由”的尊重必须以当事人可以合理预见为边界,逾越该边界的,存在法院出于维护公平正义的目的强势介入的必要性,其理论基础为如果契约内容对缔约一方加以非比寻常的负担而在利益的平衡上显不适当者,则法院不得认为“契约就是契约”。法院必须叙明该约定是否是结构上谈判强度不平等的结果,或必要时,法院是否需在现行民事法一般条款的范围内予以匡正。法院若完全无视或拟以不适当方法加以解决时,即已违反此基本权利保障,①如2012年度台上字第1110号判决认为:“当事人于签契约时固有就一般物价上涨之合理范围内之风险约定,不得因此更改契约价金,然实际上如有超出合理范围以外之不可预测风险,则应认非该合理风险约定规范之范畴,仍有情势变更原则之适用,不得以缔约人工作经验丰富,应可预见物价上涨为由,否定其物价调整之请求。”②

① 参见王泽鉴:《债法原理》(第2版),北京大学出版社2013年版,第19页。

② 杨晓蓉:《建设工程合同的原理与实务——以关系契约理论为视角》,人民法院出版社2018年版,第187页。

四、情势变更在建设工程施工合同纠纷审判实践中司法运用的合理建议

承前所述，鉴于发承包双方议价能力及履约地位的不平等导致对价设置不合理、客观基础及现实状况的变化之剧烈、之频繁远逾当事人合理预见视域以及我国强制性条款不允许发包人转嫁无限风险之规定，即使当事人约定诸如“固定价格不考虑任何风险因素，结算时不予调整”的风险分配条款，若出现当事人难以预料的情事变化，出于对公平正义与对价平衡的考虑，也有适用情势变更规则调整双方当事人权利义务的空间，法院不应以“当事人已对风险分配作出明确约定，其已合理预见物价上涨风险”为由否决对合同履行内容的调整。

西方有条法律谚语，谓“法律不强人所难”，意思是法律不强求任何人去对自己无法预见到的后果负责。笔者认为，我国法院可以以我国台湾地区法院关于情势变更的裁判理由作为参考依据，以“是否超出当事人合理预见范围”作为对适用情势变更规则调整合同履行内容支持与否的“闸门”，并且在判断“是否超出当事人合理预见范围”时，应将下列要素纳入考量范畴：

1. 承包人是否因情事变化而陷入中止履行。我国民法理论界与法律规定并未承认受情事变化不利影响的一方享有中止履行抗辩权，理由在于，情势变更打击合同履行的情形过于难以判断，若赋予当事人擅自中止的权利，将导致权利的滥用，有违诚实信用原则。但是，司法审判实践对此却存在暧昧的认可，因情事变化遭受不利影响一方的履行确实难以为继，该方不得已中止履行的，法院并未苛求其承担因迟延履行或拒绝履行而产生违约责任，而是默认该方持有免责事由。[①] 由此可见，法院并不认为因情事变化遭受不利影响的一方当事人中止履行是一种值得非难的违约行为。因此，若因情事变化而遭遇不利影响的一方依原有约定确实难以承受变化后履行负担，致使其即使冒着承担违约责任的风险仍要中止履行的，也可窥见出情事变化超出当事人合理预见范围，致使其给付与对待给付严重失衡进而给付不能的端倪。

值得说明的是，将“承包人是否陷入中止履行”视为建设工程施工合同中适用情势变更规则调整合同价格的前提条件，对承包人而言实在过于苛刻。因此，此处将“承包人是否陷入中止履行”纳入法官决定适用情势变更规则调整合同价格的考量因素，并非旨在将“承包人陷入终止履行”视为适用情势变更规则的充分必要条件，而是在法官对于是否适用情势变更规则调整当事人之间的利益关系举棋不定的情况下，作加强法官对“因情事变化遭受不利影响的一方当事人按照原合同约定

① 参见“长春市对外经济贸易公司诉长春朝阳房地产开发公司购销房屋因情势变更而引起的价款纠纷案”，载《人民法院案例选》（总第4辑），第127页以下。

履行义务确实代价过高导致难以为继”的心证、促使案件的审理结果推向适用情势变更规则之用。可以认为,缺乏“承包人因情事变化陷入中止履行”这一事实不影响情势变更成立的认定,但是存在“承包人因情事变化陷入中止履行”这一情节,能够深化法官对于情事变化导致对价失衡的判断。

2. 发生情事变化导致合同履行难以为继的,承包人是否积极与发包人“再交涉”。再交涉义务是指,发生情事变化后,遭受不利影响的一方负有积极与对方协商合同后续履行事宜的义务,其来源于《欧洲合同法》第6:111条第2款的规定:“如果由于情事的变更使合同履行变得格外困难,当事人应当进行磋商以改订合同或者解除合同”[①],其理论基础在于,为了维护诚实信用原则,不论是受到不当影响的一方,还是对方当事人,都应当本着客观交流信息的原则,尽可能减少继续履行的障碍。[②] 在我国,法条规定的是“可以与对方重新协商”而非“应当与对方重新协商”,故因情事变化引发的“再交涉”是一项权利而非义务;并且“再交涉”重协商的过程不重协商的结果,不苛求协商必定引发合意效果,也不奢望当事人自动适用情势变更规则解决问题。[③] 由此可见,若物价异常上涨导致承包人陷入亏损,其积极与发包人协商变更合同价格的,可以大致说明物价上涨超出了承包人的预见范围且确实冲击了承包人的正常履行,故承包人才会积极协商调价;若针对物价异常上涨,承包人既不提出异议,也不积极协商向发包人寻求价格补偿,而后又在诉讼或仲裁中要求调价的,有违诚实信用原则,法院应不予支持。

3. 情事变化所造成不利影响的辐射区域内的市场应激状态。实践中,物价上涨所造成的后果不仅影响单一施工主体,而且辐射发散至一定范围的施工市场,形成一定群体范围的影响面积。因此,判断情事变化是否致使施工合同难以履行,可以参照类似施工市场针对情事变化的应激处理,如周边相邻的施工现场的发承包双方是否达成了补偿差价及顺延工期的合意,当地住建行政部门是否发布了人工费、材料费或机械器具使用费的费率调差文件或相应信息价实时公示文件等,若承包人在诉讼中能够提供证据证明针对该项情事变化,其他市场主体及市场管理者均通过变更协议或发布调价文件的形式作出了调整合同履行内容的决定,那么可以说明承包人以物价上涨已构成情势变更为由要求调整合同价格具有现实合理性与客观趋同性,法院应予支持。

4. 当事人是否明确约定了有限制的风险负担范围。鉴于我国《建设工程工程量清单计价规范》禁止发包人向承包人转移无限风险、所有风险,若《施工合同》未

---

① 韩世远:《合同法总论》(第3版),法律出版社2011年版,第389页。

② 参见王利明:《情事变更制度若干问题探讨——兼评〈民法典合同编(草案)〉(二审稿)第323条》,载《法商研究》2019年第3期。

③ 参见崔建远:《情事变更原则探微》,载《当代法学》2021年第3期。

约定有限的承包人风险范围，而是作出诸如"本价格不考虑任何物价上涨因素，结算时不予调整""物价波动是签订合同时应考虑的因素，合同价格不因物价上涨而变化""承包人已合理预见本合同履行过程中的所有物价波动风险，承诺结算时价格不予调整"等发包人向承包人转嫁无穷风险的约定的，违背公平原则，不具有依当事人意思表示发生法律效果的效力，故合同履行过程中发生情事变化的，法院有运用情势变更规则调整合同履行内容的必要性；但是若发承包双方明确将限定的物价波动风险分配给承包人的，如"物价上涨幅度在10%以内价格不予调整""承包人基于物价上涨及工程量增加要求调整的价格范围不得超出总价的15%"等，鉴于发承包双方已对风险分配范围进行合理的明确约定，故法院应更偏向于尊重双方的意思自治。

5.以除合同价款外综合考虑投标价的水平、付款条款、工期履约、费用补偿情况等多种因素为切入点，判断是否能够苛求承包人在情事变化的基础上按照原有约定履行合同。若情事的变化确实超出承包人合理预见视域，且对承包人按原约定履行造成实际性冲击导致承包人履行极其困难的，法院难以苛求承包人按原合同继续履行。"难以苛求"可从以下因素考量：(1)承包人在投标报价时，针对材料费、人工费或机械费的报价是否过分超出当时的市场价格，若未过分逾越，则存在支持变更调价的合理性；(2)承包人的工程进度是否超出约定的合理工期，若已超出的，承包人本身具有过错，其基于情事变化要求调整价格的正当性被削弱；(3)合同约定的进度款付款节点是否合理，发包人是否要求承包人承担过分的垫资义务，若发包人要求承包人大部分垫资或全额垫资完成工程的，对承包人的融资能力及资金储备过于苛刻，此时存在基于情事变化调整合同履行内容的必要性；(4)发包人是否在其他方面追加了使用价格上涨的材料所对应的施工费用，若对材料价格上涨的差额部分，发包人已在计量工程增量结算时将该部分纳入增量工程款一并追加计付，则承包人当然丧失适用情势变更规则调整合同价格的基础。

五、小结

建筑业是我国国民经济的中流砥柱，对于拉动内部需求、推动经济发展、改善国民生活质量有举足轻重的地位。随着我国经济和社会的高速发展，城镇化进程和公共基础设施建设步伐不断加快，建筑业的发展势头愈加强劲。[①] 因此，构筑切合实际的建设工程法律制度、保证建设工程法律制度的实务运作贴合市场主体的现实要求、为建设工程市场的快速发展保驾护航尤为重要。法院在审理建设工程

---

① 参见高清浅：《民法典视野下情势变更在建设工程施工合同中的适用》，载《东莞理工学院学报》2021年第2期。

施工合同纠纷的过程中,面对当事人基于情势变更提出的请求,不应一味以“已有约定”为由全盘否决,而是应慎重对待,结合多重因素考虑是否支持,以求实现发承包双方的对价平衡与公平正义。

建设工程价款优先受偿权与买卖价款抵押权冲突问题研究

——以利益衡量为视角

胡　昂[*]　熊骄阳[**]

引　言

建设工程价款优先受偿权制度设立之初，其与抵押权、留置权、购房消费者的权利便存在多重冲突，直到2002年最高人民法院的批复①出台，其与相关物权期待权、担保物权之间权利顺位才有了较为清晰的规则。但《民法典》及《关于适用〈中华人民共和国民法典〉有关担保制度的解释》出台后，担保物权制度发生了重大变化，立法者不再严格坚持担保形式主义立场，逐渐转向担保功能主义与担保形式主义混合立场，并在担保功能主义观念下规定了一项新的担保制度：买卖价款抵押权，即出卖人基于出卖动产而享有的对出卖物价款的优先受偿权，其效力优于一般担保权，因此也称"超级优先权"。上述两种权利同属于具有优先性的权利，针对二者在权利冲突中的顺位，理论和实务的研究都存在一定的空白。本文拟从利益衡量的视角，就建设工程价款优先受偿权与买卖价款抵押权冲突的实质、原因深入分析，探讨立法者在制定二者时的利益衡量判断，借以明晰二者权利的优先顺位，并对实务中可能出现的法律适用难题以及程序问题简要剖析。

一、问题由来：建设工程价款优先权与买卖价款抵押权的冲突

随着个人权利的膨胀，新的权利冲突不断涌现，权利冲突是无法避免的法律现

---

* 胡昂，贵州惟胜道律师事务所合伙人。

** 熊骄阳，贵州惟胜道律师事务所实习律师。

① 最高人民法院《关于建设工程价款优先受偿权问题的批复》（法释〔2002〕16号）于2002年6月27日施行，现已失效。

象。《民法典》第807条[①]规定了承包人的建设工程价款优先受偿权,同时《关于审理建设工程施工合同纠纷案件适用法律问题的解释(一)》第36条[②]明确了其效力优于抵押权及一般债权。《民法典》第416条[③]规定了买卖价款抵押权,即办理抵押登记后,买卖价款抵押权人有权就抵押物价款优先于抵押物买受人的其他担保物权人受偿,两者同样都具有优先于担保物权的效力。

实践中,建设工程纠纷法律问题错综复杂,而《民法典》引入买卖价款抵押权无疑增加了新的纠纷因子。当作为甲供材购买方的发包人或承包人向供应商购买建材并在该建材上设立买卖价款抵押权,又将该建材用于建设工程,此时依据民法的添附理论,该建材的买卖价款抵押权实际上转化为对工程拍卖或变卖的价款的权利。当设定买卖价款抵押权的建材用于建设工程,该建材已永久性地固化于实体工程,非经破坏不得分离,此时根据《关于适用〈中华人民共和国民法典〉有关担保制度的解释》第41条[④]的规定,材料商的买卖价款抵押权不及于建设工程,仅及于工程的价值转换物,即材料商仅对建设工程的变卖、拍卖价款享有优先权。

承包人同样拥有工程价款的优先受偿权,若此时工程拍卖价款不足以清偿所有欠款,那么是具有工程价款优先权的承包方还是拥有买卖价款抵押权的供应商可以优先清偿?在执行中,当承包人对建设工程拍卖、变卖时,买卖价款抵押权人是否可以存在买卖价款抵押权为由提出执行异议之诉?当确认工程价款优先受偿权判决生效后,买卖价款抵押权人是否具有对此提出第三人撤销之诉的主体资格?上述问题法律尚未明确规定,但法律的生命来源于经验,需待后续的实践经验总结。目前关于买卖价款抵押权的讨论多停留于论证该制度的正当性及适用条件,然而,新制度既已生成,相应的法律适用难题及理论的困境也相应出现。

---

① 《民法典》第807条规定,发包人未按照约定支付价款的,承包人可以催告发包人在合理期限内支付价款。发包人逾期不支付的,除根据建设工程的性质不宜折价、拍卖外,承包人可以与发包人协议将该工程折价,也可以请求人民法院将该工程依法拍卖。建设工程的价款就该工程折价或者拍卖的价款优先受偿。

② 最高人民法院《关于审理建设工程施工合同纠纷案件适用法律问题的解释(一)》第36条规定,承包人根据《民法典》第807条规定享有的建设工程价款优先受偿权优于抵押权和其他债权。

③ 《民法典》第416条规定,动产抵押担保的主债权是抵押物的价款,标的物交付后10日内办理抵押登记的,该抵押权人优先于抵押物买受人的其他担保物权人受偿,但是留置权人除外。

④ 最高人民法院《关于适用〈中华人民共和国民法典〉有关担保制度的解释》第41条规定,抵押权依法设立后,抵押财产被添附,添附物归第三人所有,抵押权人主张抵押权效力及于补偿金的,人民法院应予支持。抵押权依法设立后,抵押财产被添附,抵押人对添附物享有所有权,抵押权人主张抵押权的效力及于添附物的,人民法院应予支持,但是添附导致抵押财产价值增加的,抵押权的效力不及于增加的价值部分。抵押权依法设立后,抵押人与第三人因添附成为添附物的共有人,抵押权人主张抵押权的效力及于抵押人对共有物享有的份额的,人民法院应予支持。本条所称添附,包括附合、混合与加工。

二、化解权利冲突重要路径的利益衡量理论

(一)利益衡量的内涵

对于利益衡量的内涵,我国台湾地区学者杨仁寿认为利益衡量为立法者对各种问题或利害冲突的价值判断,表现在法律秩序内,观察法律秩序而得之。[①] 德国法学家卡尔·拉伦茨则认为利益衡量是在司法个案中进行的,两种权益发生冲突必须让步时,通过赋予某种法益以"重要性",从而重建法律的和平状态。[②]

广义上的利益衡量分为法律制定时利益衡量与司法裁判时的利益衡量。立法性利益衡量是立法者的当然性权利,由立法者以"先演绎后归纳"方法抽象出一套效力不同的规范体系,以调整社会生活。[③] 随着社会复杂程度的提高,立法的滞后已不能回应社会利益冲突的需要,利益衡量延伸到司法环节。"利益衡量无法抽象实现,必须在个案中进行具体分析方能完成。"[④]案件判决所依据的不是法律条文,而是利益衡量初步结论以及可以支撑该结论的经过解释的法律条文。[⑤] 因此,利益衡量不只是法官个案裁判中的思维规则,更是一种法律解释方法,当法律所确认的各种利益间发生相互冲突时,由法官对所涉利益进行权衡和取舍。

(二)利益衡量的正当性

权利冲突逐渐成为"权利社会"时代下热议话题,而其实质是多元利益的冲突。正是权利冲突的存在导致了法律适用的难题,运用利益衡量方法能较好地化解个案中裁判的困难,实现实质正义。

1. 权利冲突的实质是多元利益社会下的法益冲突

(1)权利冲突的表象:法规范冲突

法律规范的冲突是权利冲突的首要表现。法规范冲突形成的原因正如德国法律论证大师阿列克西所言,法律语言难免有模糊,法律规范难免相互冲突,法律规则难免存在漏洞。[⑥] 法规范的冲突不仅体现在法规范文义设置的冲突,还体现在个案情形的法规范的冲突,前者为法规范的隐形冲突,后者为法规范的显性冲突。本文所探讨的建设工程价款优先受偿权与买卖价款抵押权属于后者,法律规范的设

---

① 参见杨仁寿:《法学方法论》,中国政法大学出版社 1999 年版,第 175 ~ 176 页。

② 参见[德]卡尔·拉伦茨:《法学方法论》,陈爱娥译,商务印书馆 2003 年版,第 279 页。

③ 参见李可:《利益衡量的方法论构造——以司法性利益衡量为中心》,载《上海政法学院学报(法治论丛)》2017 年第 2 期。

④ 王敬波:《政府信息公开中的公共利益衡量》,载《中国社会科学》2014 年第 9 期。

⑤ 参见李超:《论利益衡量的规制——从腾房案的实证分析出发》,载《天津商学院学报》2006 年第 3 期。

⑥ 参见[德]罗伯特·阿列克西:《法律论证理论:作为法律证立理论的理性论辩理论》,舒国滢译,法律出版社 2002 年版,第 310 页。

置本身并没有冲突,只是因个案而体现出来。在发包人以设定买卖价款抵押权的形式购买建材后,又因资金不足而导致建设工程被拍卖、变卖,若此时承包人主张建设工程价款优先受偿权,二者之间权利冲突便浮现出来。

(2)权利冲突的实质:法益冲突

市民社会中的利益关系表现出逐利性和多元性,随着市场经济的发展,不同的利益群体乃至有组织的利益集团的逐渐形成,立法便是各种利益关系衡量的结果,凝结在具体的法律制度中,并最后体现在制度利益之中。① 因此,利益冲突客观存在。从权利冲突产生的原因可以窥探到权利冲突的实质。法定权利的界限模糊是导致权利冲突的直接原因,而法定权利边界不清晰,一方面是由于立法者未能清晰划界,另一方面也是社会发展变化导致,前者发生的原因在于立法的滞后,与法律语言的模糊性、立法者理性的有限性以及社会生活的复杂发展密不可分。从更深层次说,社会资源的有限而人类需求的无限以及各方利益的交叉是冲突的根源,②因而权利冲突的实质就是社会主体之间的利益冲突③。

2. 利益衡量是化解权利冲突的法律解释方法

解决利益冲突,除了观念协调、经济协调外,利益衡量既是重要路径,也是法律解释方法。在面临个案法律适用困难时,"行动中的法律"方能提供明确的价值指引,一方面可以借以判断立法预设的价值倾向,另一方面也可以在利益衡量中实现个案正义。担保物权按照时间顺序受偿,以尊重债权人之间的自由竞争和保障债权得以实现。但担保物权不仅仅涉及市场竞争,更涉及社会利益、公序良俗、基本人权等,现代社会的实质公平不仅要求客观地分配正义,保护弱者的实质公平才是现代社会的重要内容。因此,担保物权也包含对伦理价值的现实需要,仅以时间顺序判断权利顺位并不能满足担保物权的内在要求,只有通过利益衡量的方式才符合化解权利冲突矛盾的价值取向。

(三)利益衡量的考量因素

利益衡量属于主观活动范畴,本质上是"评价主体根据价值主体的需要,衡量价值客体是否满足价值主体的需要以及在多大程度上满足价值主体的需要的一种判断",④其适用和衡量过程潜藏着脱离法规范体系的可能。因此,为了防止利益衡量堕入强权的股掌和被习俗的玩弄,需要将利益衡量客观化。

---

① 参见梁上上:《利益的层次结构与利益衡量的展开——兼评加藤一郎的利益衡量论》,载《法学研究》2002 年第 1 期。

② 参见冯玉军:《权利相互性理论概说——法经济学的本体性阐释》,载《法学杂志》2010 年第 9 期。

③ 参见任广浩、叶立周:《论权利冲突——以利益冲突为线索的考察》,载《河北法学》2004 年第 8 期。

④ 参见冯平:《走出价值判断的悖谬》,载《哲学研究》1995 年第 10 期。

1. 考量权利冲突背后的主体阶层[①]

阶层之间的多元利益及阶层内部的共通利益，为利益衡量提供了可能。当下中国社会结构群体化、阶层化，具有阶层特征的行为、文化及生活模式逐渐形成。“通常具有相似特征的人有着基本一致的想法：他们对某些社会事件的评价具有相似性；他们对某种社会政策的执行结果的感知具有相似性；他们对某一社会演化的结果的欲求也具有相似性。”

商事合同虽与民事合同存在诸多区别，但法官运用利益衡量进行价值判断却并不存在差异。[②] 商事活动主体多元、利益交织，同一商事活动可以有多种利益诉求，利益诉求甚至表现出激烈的冲突和对抗。故通过利益衡量对商事活动中的各类利益进行衡平与取舍，更能实现商法所追求的公平正义。

规模在商法中具有重要意义，商事合同的效力可能受制于所在的合同群体。[③] 不同于民法中抽象化的人，商法意义上的主体是在更为具体的层面和环节上的具有相同特征的主体。由于各类主体在能力、风险、责任等方面的不同，商法对其利益保护则是按照类型进行规定的。[④] 商法将他们按照一定的标准进行分门别类，然后在此基础上设计制度，如对于中小企业和上市公司则存在不同的制度安排。[⑤] 商事法律研究的是商事主体类型及其法律责任。[⑥] 故将权利背后的利益主体类型化，考量其履约能力、抗风险能力、社会地位等，作出价值取舍和安排也是符合商法思维的。商法上的公平并非绝对的公平，是在“保护交易结果”原则下的相对公平，更注重宏观上的市场整体秩序与效率。[⑦]

在转型时期的中国，各阶层利益处于相对低水平的均衡状态。比如，征地拆迁的利益损害，劳工权益屡受侵犯等社会现象，这些社会问题反过来迫使立法者或法官在利益衡量时应具有“社会问题”意识，将权利冲突主体放置于其所处的阶层，考虑阶层之间的相对剥夺感和不公正感。因此，化解权利冲突，利益衡量不应只局限于个体，需要拓展到权利冲突中当事人所处的利益阶层。

---

① 参见杨力：《民事疑案裁判的利益衡量》，载《法学》2011 年第 1 期；杨力：《基于利益衡量的裁判规则之形成》，载《法商研究》2012 年第 1 期。

② 参见毕潇潇：《利益衡量视角下行为保全适用条件研究》，载《当代法学》2019 年第 4 期。

③ 参见李志刚等：《民事合同与商事合同：学理、实务与立法期待》，载《人民司法》2020 年第 1 期。

④ 参见杨峰：《商法思维的逻辑结构与司法适用》，载《中国法学》2020 年第 6 期。

⑤ 参见蒋大兴：《商事关系法律调整之研究——类型化路径与法体系分工》，载《中国法学》2005 年第 3 期。

⑥ 参见郑彧：《民法逻辑、商法思维与法律适用》，载《法学评论》2018 年第 4 期。

⑦ 参见郑彧：《民法逻辑、商法思维与法律适用》，载《法学评论》2018 年第 4 期。

2. 考量权利的重要性①

权利的重要性这一衡量逻辑源于《意大利民法典》，意大利担保物权分为先取特权、质权、抵押权，一般先取特权与特别先取特权之间、不同种类的先取特权之间以及先取特权与抵押权、质权之间的顺序依债权重要性予以确定。② 所谓权利的重要性即权利自身的价值，从权利是否涉及弱者保护、公序良俗、社会利益等伦理价值，权利设定的时间，法律的规定等方面加以判断。权利和制度的功能取决于一定的价值取向，基于债权得不到清偿或全部清偿的现实可能，利益衡量应关注权利本身的重要性。

三、建设工程价款优先受偿权与买卖价款抵押权之利益衡量分析

(一)建设工程价款优先受偿权的利益衡量

建设工程价款优先受偿权制度最早源于美国，并逐渐在实践中发展成熟。美国各州的普通法均规定了工程的承包人、分包人、施工者、材料商等享有技工留置权，即当业主未支付劳动报酬、工程费用等时，可通过法定程序申请对该不动产强制拍卖。该制度对保障施工人权利发挥着重要作用。在大陆法系国家，《瑞士民法典》赋予不动产的承揽人或提供劳务、材料之人就不动产享有抵押权，并以强制性规定的方式直接否认预先放弃该抵押权的效力。③《法国民法典》则是通过不动产优先权的体系来完成工人工资优先受偿的价值选择，不仅将技师、设计师、承包人，甚至为工程提供借款之人也囊括在内。④ 由此可见，不论是英美法系还是大陆法系，基本都设置了工程价款优先受偿权这一制度，在立法的价值选择上都对承揽人予以倾斜，因为其背后涉及多重利益主体，更是与施工主体的劳动报酬密切相关。

我国关于建设工程价款优先受偿权的规定源于 1999 年颁布实施的《合同法》第 286 条，在《民法典》第 807 条得以延续。20 世纪 90 年代，房地产行业蓬勃发展，然而，由于建筑法律市场不完善，拖欠民工工程款现象越发严重。据《中国建筑业年鉴》1997 年年底的不完全统计，该年度全国工程拖欠款总额为 3566 亿元。⑤

---

① 参见辜江南:《顺序权与中国民法典》，载《河北法学》2021 年第 3 期。

② 《意大利民法典》第 2783 条、第 2778 条、第 2755 条、第 2770 条、第 2751 条、第 2777 条、第 2748 条和第 2774 条。

③ 《瑞士民法典》第 837 条规定:(1)下列债权，可请求设定法定抵押权:①出卖人对出卖土地的债权;②共同继承人及其他共同权利人，因分割而对原属于共同所有的土地的债权;③在土地上的建筑或其他工程提供材料及劳务或单纯提供劳务的职工或承包人对该土地的债权;土地所有人为债务人，或承包人为债务人的，亦同。(2)权利人不得预先抛弃前款的法定抵押权。参见《瑞士民法典》，殷生根、王燕译，中国政法大学出版社 1999 年版，第 237 页。

④ 参见《法国民法典》，罗结珍译，中国法制出版社 1999 年版。

⑤ 参见顾长浩、马贝艺、孙贤程:《建设工程承包款的优先受偿权——对〈合同法〉第 286 条立法原义的思考》，载《2000 年政府法制研究》第 89 ~ 100 期。

建筑市场中工程主要依靠承包人垫资完成,一旦发包方拖欠工程款,承包人将会陷入资金断裂的困境,这往往导致其无力支付建筑工人的劳动报酬。建筑工人又多处于社会底层,参与工程的劳动报酬多是其家庭的主要收入来源,若工资长期得不到清偿,他们可能选择以激烈的方式维权,从而激化社会矛盾。也正是在这样的社会背景下,从公平原则及维护弱势群体利益角度出发,1999 年《合同法》正式将工程价款优先受偿权写入法律。基于此,通过矫正发包人与承包人之间的地位和利益失衡,[①]保障农民工工资权益也正是工程价款优先受偿权的立法目的。也因此,法律的天平才偏向承包人一方。

法律天平的倾斜,经过了相应的利益衡量。法律的司法目的在于,规制个人或组织之间已经发生的或将要发生的已被类型化的权利,通过赋予某种利益的优先效力,从而使其他的利益作出一定的让步。实际上,工程价款优先受偿权真正影响到的是发包人的其他债权人的利益,意味着利益相关方转变为承包方与发包方的其他债权人之间,使发包人的其他债权人处于不利之境地,即立法者在设定建设工程价款优先受偿权时是以牺牲发包人的其他债权人利益增强对承包人利益的保护,从而保护建筑工人的工资利益。从更深层次来说,对于发包人的其他债权人背后的利益阶层与承包人背后的利益阶层,法律更倾向于保护后者,因为承包人工程款关系着广大民工的生存利益。

(二)买卖价款抵押权的利益衡量

买卖价款抵押权为《民法典》新设的担保物权,其主体既包括向买受人提供贷款的融资机构,也包括同意赊销的出卖人。关于该条的立法理由,全国人大常委会法制工作委员会对此作出说明:“针对交易实践中普遍存在的借款人借款购买货物,同时将该货物抵押给贷款人作为价款的担保的情形,草案赋予了该抵押权优先效力,以保护融资人的权利,促进融资。”[②]由此可见,这一具有特殊优先效力的抵押权是实践操作的法典化。买卖价款抵押权最早见于美国,为扩宽抵押人的融资途径,使抵押人不需另行提供其他担保物而获得融资,进而破除浮动抵押权人对未来发生的抵押财产的“垄断地位”。例如,融资人或买受人以其生产设备、原材料等设置浮动抵押登记,后为了扩大经营规模,融资人或购买人若再想融资购入设备,所购入设备则直接落入浮动抵押财产范畴,而此时其他融资机构则因浮动抵押的存在不愿向融资人提供融资,在原抵押权人不愿向融资人提供融资的情况下,融资人难以找到合适的融资路径。但若是在买卖价款抵押权制度下,融资人则可以直

---

① 参见梁慧星:《合同法第二百八十六条的权利性质及其适用》,载《山西大学学报(哲学社会科学版)》2001 年第 3 期;王建东:《评〈合同法〉第 286 条》,载《中国法学》2003 年第 2 期。

② 参见全国人大常委会法制工作委员会主任沈春耀在第十三届全国人大常委会第五次会议上发表《关于〈民法典各分编(草案)的说明〉》内容。

接用再次购入的设备作为担保,而出卖人也因买卖价款抵押权的优先性乐于向融资人提供融资。这便是买卖价款抵押权设立的目的,破除浮动抵押权人的"垄断地位",拓宽社会主体融资渠道,对中小企业经营者的重要性不言而喻。

对浮动抵押权人而言,买卖价款抵押权的设立不一定会减损其利益。一方面,买卖价款抵押权的设立有助于增加浮动抵押标的物价值,当抵押人需要扩大生产规模、购置设备材料等,抵押人通过设定买卖价款抵押权的方式获得融资,浮动抵押物价值得以增加。另一方面,降低浮动抵押权人的监管成本,在担保领域,通常担保权人需要提防债务人的各种损害其债权的行为,尤其是在浮动抵押权情形下,若未发生法定事由抵押财产仍处于流变状态,而正常经营活动中转出的财产将不受浮动抵押权的限制。买卖价款抵押权设置后将引入多方担保权人,各方将共同分担监督债务人的压力和动力。此外,对于银行等一般债权人而言,价款抵押权人专门从事相关行业,更具有专业的知识与经验,更容易监控债权人。

需要澄清的是,上述正当性论证均基于在先担保权人为浮动抵押权人,而《民法典》第416条规定的买卖价款抵押权的在先担保还包括固定抵押权,但其并不会限制债权人的抵押财产,如此分析,买卖价款抵押权的设立似乎打破了权利实现的时间顺位,缺少正当性基础。

对于在先浮动抵押权人而言,买卖价款抵押权的设立可能引发债务人道德风险,为债务人转移财产提供可能路径。当债务人获得融资后,生产经营规模扩大,营业收入增加,并用这些资金成立新的公司,将所有财产转移至新公司,在先抵押权人将难以行使其抵押权。从经济学角度,买卖价款抵押权将使在先权利人获得较高融资收益的期望落空,担保权人基于市场竞争,将可能为抵押人提供较低成本的融资,从而损害在先浮动抵押权人的利益。对于在先固定抵押权人而言,实际上为所有欲设定固定抵押权的债权人设定一项法律负担,要求在设定前必须审查抵押财产的来源即实际占有情况,并等候10日方可设定。总而言之,买卖价款抵押权实际上增进了一方利益,减损了他方利益,对于立法者逻辑而言,在先抵押权人的利益与促进社会主体融资无法相提并论,10日的等待期不过是利益时间上的推迟,并不会实际减损其抵押利益。因此,实际上买卖价款抵押权的设立也是利益衡量的结果。

(三)二者权利冲突的实质:基层群众的生存利益与市场主体融资利益

法律均规定了二者权利具有优先效力,看似二者权利的冲突是由法规范引起,实际上权利的实质是利益,所谓权利的冲突,实质是利益的冲突。如上所述,建设工程价款优先受偿权在设立时为了保护民工生存利益,促进建筑市场的健康发展,增进了承包人利益,而减损了发包人的其他债权人利益;买卖价款抵押权则是为了促进融资,增进了融资人或购买人利益,减损了在先固定抵押权人利益。因此,二者权利冲突的实质体现在具体个案中，是建设工程价款优先受偿权背后的劳动者生存利益与买卖价款抵押权背后的市场主体融资利益之间的冲突。

四、二者顺位及救济程序的分析

社会主体多元利益导致了二者的冲突，权利冲突具体体现在裁判时二者冲突的顺位，执行程序中能否以买卖价款抵押权对建设工程拍卖、变卖提出执行异议之诉以及确认建设工程价款优先权判决作出后能否以存在买卖价款抵押权提出撤销之诉。

（一）二者顺位的优先性

权利冲突多见于具体的个案中，当都具有优先受偿效力的两种权利共存于同一物上，客观上无法同时实现。据此，建设工程优先受偿权与买卖价款抵押权便存在法律意义上的冲突，此时，权利主体多诉诸司法裁判，期望于司法程序中得以化解。

1. 二者背后利益阶层之衡量

如上所述，工程价款优先受偿权关系着劳动者工资利益，因此其权利主体所处的利益阶层不仅仅是建设单位，更是实际为工程价值的增加付出劳动的民工。首先，农民工属于中国阶层结构下特殊的利益群体，或者说是弱势阶层，其权益较易受到侵犯且难以获得有效救济。建设工程中买卖价款抵押权的权利人为材料供应商、银行等融资机构，处于社会交易链条上游，具备一定的抗风险能力。其次，农民工群体广泛，数量众多，他们为城市的发展作出了重要奉献，却游离在城市边缘，讨薪难一直为社会热点，若不从制度和法律上施以特殊保护，那么基数巨大的他们将成为社会不稳定因子；相对而言，建筑行业的融资机构、材料供应商并非建筑行业金字塔底层，而农民工却属于金字塔底层。银行等融资机构和材料供应商于社会生活中的普遍程度和涉及的利益总量远远不及农民。保护农民工利益则意味着，需要牺牲贷款银行等融资机构或材料供应商的经济利益，但这却是基于法律公平价值和建筑市场秩序衡量后的取舍。

2. 二者重要性之衡量

权利的重要性即权利的价值，任何权利都负担着多层次的价值，宏观上权利的价值体现为特定制度所追求的价值目标，如自由、平等、公平、正义；中观上，权利的价值表现为特定制度作追求的目的；微观上，权利的价值为权利客体对主体需求的满足。① 微观上建设工程价款优先受偿权是为了保护承包人的工程价款，中观上是衡平承包人与发包人利益，宏观上，体现着保护农民工生存权益的正义价值。在建

---

① 参见张平华：《权利位阶论——关于权利冲突化解机制的初步探讨》，载《清华法学》2008 年第 1 期。

设工程中,《民法典》新设的买卖价款抵押权在微观上缓解了承包人的融资压力,中观上促进了市场融资,宏观上则有利于社会经济的发展。二者相衡量,我们难以从微观和中观方面进行比较,在宏观上生存价值毫无疑问是优于经济价值的,因此建设工程价款优先受偿权权利顺位优先。此外,基于生存利益至上考虑而确定权利顺位优先的原则也有法律实例体现,根据《全国法院民商事审判工作会议纪要》第126条[①]的精神,抵押权人申请执行登记在房地产开发企业名下但已销售给消费者的商品房,购房人提出执行异议的,优先保护购房人的权利,理由在于生存利益至上,赋予理性消费者购房人类似于房屋所有权人的地位,可以基于其对商品房的物权期待权而排除强制执行。若将资本权益置于生存价值之前,这既不符合社会主义核心价值观,也不符合法律的公平正义价值。

(二)建设工程变卖、拍卖中,不能以买卖价款抵押权提出执行异议之诉

执行程序是权利冲突集中碰撞交锋的领域,也是二者优先顺位问题的延伸。法院判决承包人对工程价款享有优先受偿权并就该建设工程折价拍卖、变卖,若此时权利人以享有买卖价款抵押权为由提出执行异议之诉,是否符合法定的起诉条件?执行异议之诉中法院需要判断案外人对执行标的是否享有实体权利,并判断该权利是否足以排除强制执行。同时,与第三人撤销之诉不同的是,执行异议之诉承认工程价款优先受偿权的存在,但对权利实现顺位存在异议;第三人撤销之诉是直接对判决本身提出异议,如直接不认可工程价款优先受偿权的成立,因此,案外人提出执行异议核心在于对权利实现顺位的争议。如前所述,在效力优先级上,笔者认为,买卖价款抵押权优先效力相对更弱,但优先性并不等于排除效力,判断是否具有排除效力还需考量强制执行是否会妨碍案外人对执行标的权利的实现。[②]从解释学角度来看,抵押权不具有排除效力,强制执行标的物并不妨碍抵押权人行使权利,虽然法律赋予了买卖价款抵押权优先性,但其仍属于抵押权范畴。买卖价款抵押权是就买卖货物折价拍卖、变卖的价款享有优先权,其权利的客体未脱离物的交换价值,并非对物本身,因此不具有排除效力。强制执行程序是促进物的流通,是物的交换价值的实现,因此,以存在买卖价款抵押权为由提出执行异议之诉

---

① 《全国法院民商事审判工作会议纪要》第126条规定,根据《最高人民法院关于建设工程价款优先受偿权问题的批复》第1条、第2条的规定,交付全部或者大部分款项的商品房消费者的权利优先于抵押权人的抵押权,故抵押权人申请执行登记在房地产开发企业名下但已销售给消费者的商品房,消费者提出执行异议的,人民法院依法予以支持。但应当特别注意的是,此情况是针对实践中存在的商品房预售不规范现象为保护消费者生存权而作出的例外规定,必须严格把握条件,避免扩大范围,以免动摇抵押权具有优先性的基本原则。因此,这里的商品房消费者应当仅限于符合本纪要第125条规定的商品房消费者。买受人不是本纪要第125条规定的商品房消费者,而是一般的房屋买卖合同的买受人,不适用上述处理规则。

② 参见张维娟:《案外人执行异议之诉审查标准冲突与弥合进路选择——以"双阶+双标"模式的思辨为视角》,载《山东法官培训学院学报》2019年第3期。

不符合起诉条件。

（三）买卖价款抵押权人具有对确认工程价款优先受偿权的判决提出撤销之诉的主体资格

如上所述，第三人撤销之诉与执行异议之诉不同，前者因案外人对判决确认的工程价款优先受偿权从根本上不予认可而提出。从功能定位和价值取向上，第三人撤销之诉具有通过撤销或变更生效的裁判或者调解书以保障案外人合法权益的实质正义与防止虚假诉讼和恶意诉讼的程序正义。[①] 买卖价款抵押权属于抵押权范畴，而能否根据抵押权对确认工程价款优先受偿权判决提出撤销之诉，司法中存在两种截然不同的判决。[②] 笔者认为，对买卖价款抵押权人而言，首先，买卖价款抵押权人是有独立请求权的第三人，其对生效判决所裁判的建设工程价款享有优先受偿权；其次，生效裁判结果对其权利的实现有法律上的利害关系，买卖价款抵押权与工程价款优先受偿权均指向同一标的物，且买卖价款抵押权的实现因工程价款优先受偿权的有无、范围大小受到影响；最后，承认买卖价款抵押权的原告主体资格对避免建设方和施工方通过“自认规则”虚增优先权担保金额，损害在先担保人权利具有现实意义。因此，本文倾向于：买卖价款抵押权人具有就确认工程价款优先受偿权的裁判文书提起第三人撤销之诉的原告主体资格。

五、结语

权利冲突在如今的经济活动中越来越突出，工程价款优先受偿权与新兴买卖价款抵押权的冲突是实务中值得关注的课题，本文认为，建设工程价款优先受偿权应当仍然是更具优先性的权利类型，但是如何在平衡两者之间利益的同时避免道德风险的发生颇为考验立法及司法的智慧。本文以利益衡量作为切入视角，抛砖引玉，期待更多、更有价值的探讨。

---

① 参见李卫国：《关于农村土地承包仲裁与案外第三人撤销之诉的探讨》，载《广西社会科学》2015 年第 10 期。

② 最高人民法院指导案例第 150 号确认抵押权人对确认建设工程价款优先受偿权生效裁判具有提出第三人撤销之诉的主体资格；而此前，(2017) 最高法民终 13 号“张某与某建筑公司等第三人撤销之诉案”认为：普通债权人以其对建设工程享有在先抵押权为由，就承包人优先受偿权提起第三人撤销权诉讼的，应驳回起诉，参见《民事审判指导与参考》(第 10 辑)，人民法院出版社 2017 年版，第 142 页。

交易惯例中表见代理行为证明责任分配论

——以建工领域为镜鉴

陈泓舟[*]　陈　悦[**]

一、表见代理制度嬗变与司法现状

(一)比较法下学理评析

我国表见代理制度发轫于《合同法》(现已失效)第49条:"行为人没有代理权、超越代理权或者代理权终止后以被代理人名义订立合同,相对人有理由相信行为人有代理权的,该代理行为有效。"该条表明我国立法对表见代理构成要件与法律效果之首肯。纵观表见代理制度发展进程,其发源于《德国民法典》第170~172条,分别明确了授权人的通知责任、代理权的撤回与被代理人的明示方式,因该制度契合司法实践需求与市场交易趋势而逐渐推而广之。① 此后,《日本民法典》第109条、第110条规定了"对第三人表示以代理权授予他人之意旨"沿袭了前规立法趣旨。② 英美法系国家将表见代理移植,并创制"不容否认制度",其构成要件包含:声明存在、受声明人对声明信任、受声明人因信赖受损,但未将被代理人过错纳入其中。遍观规范出发型大陆法系诉讼的成文规范抑或事实出发型英美法系诉讼中先决判例,虽未冠以"表见代理"称谓,但行为对应规范构成要件与该制度大抵相当,唯独对被代理人过错要件未置可否。有鉴于此,建设工程领域表见代理制度主要划分为"单一要件说"与"双重要件说",该两类学说区别在于本人可归责性能否作为表见代理制度的独立构成要件。具体而言,依照"单一要件说",表见代理成立只需相对人善意且无过失地对代理权限施以信赖即可,无须被代理人对此行为有

---

* 陈泓舟,上海锦天城(重庆)律师事务所律师,西南政法大学法学硕士。

** 陈悦,西南政法大学国际法学院博士研究生。

① 参见台湾大学、台大法学基金会编译:《德国民法典》,北京大学出版社2017年版,第223页。

② 参见《日本民法典》,王书江译,中国法制出版社2000年版,第188页;《法国民法典》,罗结珍译,中国法制出版社1999年版,第317页。

过失,大陆法系与英美法系多数国家即采该主张。[①] “双重要件说”则认为相对人善意且无过失与被代理人过失行为并存才能认定表见代理行为成立,在我国由学者尹田首倡。[②] 统言之,建设工程领域中两种学说有诸多区别且各具弊端,前者主要保护第三人善意利益,也使证明责任适用便捷,但忽略了代理人责任,客观上导致了代理人私刻公司印章、伪造合同书、冒名缔结合同等违法行为产生;后者系对证明责任补充且利于法之安定秩序,但被代理人只需证明自身无过错即可免除表见代理后果,易使相对方合理信赖利益难得保障,肇致表见代理制度目的落空。

(二)建工领域纠纷类型

2017 年所实施的《民法总则》(现已失效)第 172 条对《合同法》(现已失效)第 49 条的构成要件进行原则性沿用,最高人民法院《关于适用〈中华人民共和国合同法〉若干问题的解释(二)》(现已失效)第 13 条中亦规定了被代理人因表见代理承担责任后对无权代理人的追偿权,表明表见代理制度的法律效果已逐步被最高人民法院接纳并形成规范予以指导,旨在使表见代理制度的规范要件与司法实践相统一。最高人民法院《关于当前形势下审理民商事合同纠纷案件若干问题的指导意见》第四部分对表见代理制度的构成要件与认定规则设计越发精细,并对表见代理制度构成要件的证明责任进行规范,明确有权代理表象、相对人善意且无过失心理的证明责任均归于相对人的证明负担范畴。本人可归责性未被《民法典》第 172 条包含,司法实践将被代理人可归责性作为独立要件的案例也属少数,导致在具体适用时尚需按照法律漏洞填补规则进行完善。[③] 笔者以“建设工程领域”与“表见代理”为关键词,通过检索中国裁判文书网相关判例与查阅部分省市中级法院公开资料,归纳出建设工程领域纠纷依照我国《民事案件案由规定》多集中于第十编“合同纠纷”,可类型化为建设工程合同纠纷(徐某与赵某、廊坊市某建筑安装有限公司建设工程施工合同纠纷案)[④]、涉及建筑材料的买卖合同纠纷(伊犁嘉裕金属材料销售有限公司等与昌吉州荣达建筑安装有限责任公司巩留县分公司等买卖合同纠纷案)[⑤]、承揽合同纠纷(天津发尔达科技发展有限公司与宿迁中厦建设工程有限公司承揽合同纠纷案)[⑥],涉及建筑设备的租赁合同纠纷(江苏天宇建设集团有限公司与无锡时代盛业房地产开发有限公司执行监督案)[⑦]、融资租赁合同纠纷[远东宏信(天津)融资租赁有限公司诉重庆海丰建设工程集团有限公司等融资租

① 参见[日]佐久间阁:《代理取引的保护法理》,有斐阁 2001 年版,第 103 页。

② 参见尹田:《我国新合同法中的表见代表制度评析》,载《法学》2000 年第 5 期。

③ 参见张翀:《论表见代理的构成要件及司法适用》,华东政法大学 2020 年硕士学位论文。

④ 参见(2018)冀 1003 民初 3047 号一审判决书。

⑤ 参见(2019)新民终 395 号二审判决书。

⑥ 参见(2018)津 0116 民初 29728 号一审裁定书。

⑦ 参见最高人民法院指导性案例 126 号。

赁合同纠纷案])[①],涉及项目融投资的借款合同纠纷(甘肃德诚建业工程有限公司等与青海广汇工程机械有限公司民间借贷纠纷案)[②]与涉实际施工人的劳务合同纠纷(陈某强诉新疆振宏建筑安装工程有限公司劳务合同纠纷案)[③]。但是通过研析前述判决与材料主文可看出,建工纠纷司法实践中的表见代理适用规范与裁判规则,同民事诉讼原理中诉讼平等原则、诚实信用原则稍显错位,尤其是现实案件中证明责任分配结果与法律规范要件解释适用明显背离,难以保障建设工程领域纠纷中当事人真实义务的实现。

二、表见代理司法认定路径

(一)有权代理到无权代理

依照罗森贝克所倡导的法律规范要件说,从规范构成要件出发,具体案件事实可分为以权利义务为内容的法律效果发生的权利发生要件,有关法律效果尚未发生的权利阻却要件,妨碍法律效果发生的权利妨碍要件与虽发生但已归于消灭的权利消灭要件。[④] 在(2004)庐民一初字第58号"张某华诉九江华东广告装饰工程公司无效建设工程施工合同纠纷二审案"中,法院认为原告张某华以武穴市建筑装饰设计工程有限公司名义与被告九江华东广告装饰工程公司所签订的安装工程合同,因该合同双方公司均未盖章且双方的公司并未在工商行政管理部门注册登记,故原被告并非构成代理关系应属合同主体不合格,判决合同无效。[⑤] 本案表见代理认定思路是先将有无代理权限作为首要因素,若不存在代理权限再考虑无权代理事实行为能否转化为有权代理表象行为。虽然有权代理与表见代理对相对人的法律效果相同,但对被代理人的救济机制与权利施展却大相径庭,为全面保障各方主体利益,"有权代理到无权代理"的认定模式不可或缺。从当事人举证角度来看,2001年最高人民法院颁布的《关于民事诉讼证据的若干规定》(已于2019年被修改)(以下简称旧《民事证据规定》)第5条第3款规定:对代理权发生争议的,由主张有代理权一方当事人承担证明责任。结合我国《民事诉讼法》第67条所确立"谁主张积极事实,谁承担证明责任"原则。最高人民法院《关于适用〈中华人民共和国民事诉讼法〉的解释》(以下简称《民诉法解释》)第91条即明确主张法律关系存在的当事人,应当对产生该法律关系的基本事实承担举证证明责任;主张法律关系变更、消灭或者权利受到妨害的当事人,应当对该法律关系变更、消灭或者权利

---

① 参见(2015)滨民初字第1534号一审判决书。

② 参见(2017)甘民终557号二审判决书。

③ 参见(2015)阿市民初字第1220号二审裁定书。

④ [德]莱奥·罗森贝克:《证明责任论》,庄敬华译,中国法制出版社2018年版,第223页。

⑤ 参见(2004)庐民一初字第58号二审民事判决书。

受到妨害的基本事实承担举证证明责任。[①] 该条系对旧《民事证据规定》第 2 条证明责任内容与效果释明的增添与细化。[②] 该条证明责任分配是否妥当虽有待商榷，但仍应先行适用前述法定证明责任分配规则，在前案中代理人应首先就存在真实代理权限进行举证证明权利发生要件。在法官确定并释明且无真实代理权限的情况下，才可产生表见代理后续适用，从而衍生出对方当事人的权利阻却与权利消灭要件证明负担。从法官心证形成角度，当行为人是否具备代理权存疑时，应将是否具备真实代理权限事实作为初步审查，而不应直接审查表见代理规范要件是否适用。若代理人所提出的证据已能达到法官确认有权代理的自由心证，对于后置表见代理适用问题将无须介入审查，都将在代理权限存否的证明审查节点一并终结。

（二）无权代理到表见代理

德国学者罗森贝克在所著的《证明责任论》中，将证明责任界分为主观上证明责任与客观上证明责任，前者为主张声明应提出证据责任，后者为所提证据证明事实形成法官内心确信的责任。[③] 现行通说将客观上的证明责任统称为证明责任，即当事人举证所证明的案件事实真伪不明，该方当事人应承担不利的诉讼后果。当代理人所主张的代理权限被认定为虚假或真伪不明时，法官现阶段的自由心证结果应为不存在真实代理权限，继而可以根据案件事实中的具体情形，依法判断是否构成表见代理，并将构成要件证明责任在当事人间进行分配，由承担相应证明责任的当事人各自提出主张、开示证据，由法官认定拟证明的构成要件事实能否构成完整的表见代理行为。简言之，任一构成要件事实欠缺或被认定为不真实，承办法官都不能认定其为表见代理行为。具体要件包括相对人善意且过失心理、同相对人所进行的民事行为效力及被代理人过错，由此衍生对方可主张权利妨碍要件与阻却要件、权利消灭的抗辩要件。在(2014)通中商终字第 0090 号“蔡某虎诉朱某荣、南通建工建团股份有限公司借款合同纠纷二审案”中，二审法院认为朱某荣所持有的项目部公章明确注明“非经济合同用”，可以表明该章不具备对外签订经济合同的效力，显然无法用作对外工程借款行为凭证。虽客观上具备南通建工授权朱某荣代理的表象，但主观上蔡某虎借款行为未尽到合理的注意义务，其主张善意无过失证据并不充分。故无法认定朱某荣的借贷行为构成表见代理，南通建工不应承担还款责任。[④] 依照前述认定逻辑，承办法官首先应在举证通知书中将各方当事人

---

① 参见袁中华：《劳动合同解除争议之证明责任分配——基于法教义学的分析》，载《法商研究》2019 年第 1 期。

② 参见江必新主编：《新民诉法解释法义精要与实务指引》，法律出版社 2015 年版，第 187 页。

③ 主观上证明责任也被称为行为意义上证明责任，客观上证明责任亦被称为结果意义上证明责任。参见[德]莱奥·罗森贝克：《证明责任论》，庄敬华译，法律出版社 2018 年版，第 56 ~ 58 页。

④ 参见(2014)通中商终字第 0090 号二审判决书。

所应负担的证明责任先行释明,设置合理举证期限保障当事人证据收集的合理期间,必要时可以通过庭前证据交换对各方当事人所提声明或所举证据进行归纳,围绕表见代理构成要件进行争点整理。口头辩论一体化与集中化背景下,法官应基于直接原则、集中原则,在庭审阶段对表见代理要件争点予以审查认定,从而形成案件事实内心确信。[①] 结合前案,表见代理制度因其前提条件为行为人无代理权、超越代理权或代理权终止后以被代理人名义缔结合同,可将其归于无权代理行列,但该制度目的在于稳固交易安全,保护善意相对人合理信赖利益,故将该案认定为表见代理似乎更妥帖。

三、表见代理证明责任分配论

(一)代理权限表象要件

2019 年修正的最高人民法院《关于民事诉讼证据的若干规定》将旧《民事证据规定》第 5 条第 3 款删除,但并未新增规范定格证明责任承担主体。即使将表见代理纳为广义无权代理范畴,但其构成要件仍要涵盖相对人合理信赖的主观要件,即相对人基于善意而信赖行为人为有权代理,并依照意思表示将行为人作为合同相对人,同行为人达成民事法律行为的形式要件。如此才能更为贴近有权代理的形式外观,对表见代理的代理效果归属进行有效化处理。但此种做法已突破旧《民事证据规定》第 5 条第 3 款所规定的就代理权发生争议一概由主张代理权存在方对全部要件进行举证的规则,变为由相对人对行为人代理权利外观承担证明责任,当相对人对有权代理外观要件证明陷入真伪不明时,则由其承担举证不利的诉讼结果。若该主观要件兼形式要件在案件事实中无迹可寻,则无法适用有权代理制度的法律效果。规范要件说主张每个要件事实均应由法定主体承担,但在前述问题中,规范要件说显然难以满足证明责任法定与当事人真实发现义务的平衡。修正规范说,便是在坚持传统原理基础上对法律解释方法灵活运用而缔结的产物。当规范适用在文义解释与立法原意间失准时,便催生了一种以目的解释、体系解释为架构的法教义学方法。修正规范说在建工领域呈现多元具体形态,在行为人以自己名义与相对人进行磋商缔约情形中,行为人虽脱离于被代理人名义之外,但相对人基于对行为人权利表象的信赖而进行缔约,即便相对人完成充分证明义务,仍存在因不符合构成要件而无法适用表见代理裁判的可能性。在(2018)最高法民申 288 号"攸县市政建设工程有限责任公司、中国建设银行股份有限公司株洲城西支行金融借贷合同纠纷再审案"中,最高人民法院认为攸县市政建设工程有限责任公

---

① 口头辩论一体化与集中化指每次开庭审理期日时间间隔应缩短并集中,且每次口头辩论对于最终判决均具等质性。参见段文波:《一体化与集中化:口头审理方式的现状与未来》,载《中国法学》2012 年第 6 期。

司与刘某铭在中国建设银行股份有限公司株洲城西支行(以下简称建行株洲城西支行)VIP室洽谈监管业务,仅证明刘某铭在承诺书上签字或者所谓的口头承诺,即相信刘某铭为“行长”身份能够代表建行株洲城西支行,显然难言攸县市政建设工程有限责任公司主观上为善意且无过失。刘某铭实际仅为业务主管且在VIP室洽谈业务系一般交易习惯尚不构成权利外观,故不能认定构成表见代理。[①]

在建设工程施工管理的部分实践中,存在项目负责人或实际施工人以技术专用章或资料专用章等单独工作领域或专门性质印章,代替合同专用章或法定代表人专用章与相对人进行缔约签章情形,其缘由既是项目经理或负责人长期施工管理使用形成的交易习惯,也存在故意使用非真实权益印章规避经济责任。不同法院对上述签章行为的证明责任分配与标准实现是否可推定为表见代理颇有争议。一种裁判观点主张,此类专门性质印章属于施工环节中施工技术或施工管理的内部证明,旨在统筹建设施工的内部工作进展,并不具备外部缔约的法律效力,故即使相对人证明存在上述签章行为亦不构成表见代理。在最高人民法院(2014)民申字第1号“陈某兵与国本建设有限公司、中太建设集团股份有限公司民间借贷纠纷再审案”中,最高人民法院认为借款协议上加盖中太建设集团股份有限公司项目部资料专用章超过了该公章使用范围,未经中太建设集团股份有限公司追认不能认定属于其借款真实意思表示。[②] 由此可窥出该观点倾向于只有对被代理人另行授权,或者依照当事人的交易习惯、交易前例或交易真意已对该内部印章效力通过一定形式予以默认,才能构成表见代理。在最高人民法院(2015)民申字第1748号“彭某兵与中十冶集团有限公司、广西川惠皓鼎置业发展有限公司等建设工程施工合同纠纷案”与最高人民法院(2015)民申字第1620号“合肥鑫丰建筑安装工程有限公司、青海华瑞物资有限公司与合肥鑫丰建筑安装工程有限公司、青海华瑞物资有限公司等买卖合同纠纷案”中,均明确对于建设工程领域所涉及的相关印章认可标准,当事人不能对印章进行选择性认定。[③] 换言之,在与涉案工程相关联的交易活动中对某一具体印章当事人已进行明示,在对该印章的后续使用中也应遵循先例所认定的合法效力,不应肆意否认。另一种裁判观点则更为偏倚于满足建设工程管理与交易关系的效率需求,主张既然在施工实践中以技术专用章或资料专用章等特殊用途专用章,因管理便利或交易便利而替代项目部或项目经理专用章直接使用情形时有发生,甚至为便于日常管理经营还存在同一项目部出现私自制刻多枚相同印章且未经合法备案与说明,故此即使上述情况不具备普适性的交易习

① 参见(2018)最高法民申288号再审裁定书。

② 参见最高人民法院(2014)民申字第1号再审裁定书。

③ 参见最高人民法院(2015)民申字第1748号再审裁定书;最高人民法院(2015)民申字第1620号再审裁定书。

惯特征,但代理人或相对人若证明结合个案的实际履行情况,该特殊印章基于行业特性与交易习惯而发挥有权代理功效,认定为表见代理可兼顾交易便捷与管理实践的平衡。在(2015)皖民二终字第00793号"金某民与九鼎公司、闽绪经营部钢材买卖合同纠纷案"中,二审法院认为金某民无九鼎公司的授权以其名义对外签订钢材供应合同且加盖资料专用章,不能代表九鼎公司的意思表示应认定为无权代理。但闽绪经营部所举证的钢材付款凭证表明被代理人已履行合同义务,应视为对该合同事后追认作有权代理处理。[①] 在(2017)渝民申894号"徐某磊与黄某星、自贡市富康工程有限责任公司建设施工合同纠纷案"中,重庆市高级人民法院亦认为徐某磊与黄某星所签订结算单加盖有"自贡市富康工程有限责任公司铜梁县广龙路道路工程资料专用章",该资料专用章虽未经公安机关登记备案,但黄某星提交了富康工程有限责任公司与其他公司工程材料买卖合同上,经鉴定均系同一专用章,表明其实际承建该项目且在建设过程中多次用于对外工作联系等,已产生公信力,该资料专用章在项目建设范围内能够代表富康工程有限责任公司,故认定表见代理成立。[②]

两种裁判观点虽存在理论交点,但相异之处更为明显。相较之下,笔者更为支持在司法适用中援引第一种裁判观点。因为技术专用章、资料专用章及特殊印章的使用目的,在于将已经雕琢并定型的名称在所对应的使用范畴与权限边界中予以限定,此时相对人若明知行为人为无权代理而故意与行为人缔结民事合约,显然应自行承担不利民事结果。若适用第二种裁判观点将导致即使相对人并无信赖利益也能得到过度保护,故此对于印章使用的表见代理认定思路适用第一种裁判认定方式更能保障交易安全与兼顾权益保护。同理,第一种认定规则也可适用于已确切注明为"此章为项目管理专用章""仅系内部管理使用""对外签订合同无效""不得用于签订经济合同"等关联信息的印章使用。总之,不管在形式外观上已对合同签订行为效力予以否认的印章,抑或实质用以内部管理、协调项目进展的印章,都应在其对应的内部范畴内发挥效能,而不能越界到外部民事行为,故在适用第一种裁判观点之下,对于使用专属印章对外签订合同的行为性质不能直接认定为表见代理行为。若相对人主张事实并举证证明已对专属印章予以特别授权的事前同意或追认,抑或根据双方交易习惯与过往,经济活动中双方认可的共同意思表示曾经使用过该特殊类属印章或依据专属印章已然作出部分或全部适当履行合同行为,导致相对人产生对行为人的代理权表象的信赖心理而进行抗辩,则可适用表见代理制度。统言之,对于表见代理中有权代理表象认定的证明责任,无论适用何

---

① 参见(2015)皖民二终字第00793号民事判决书。

② 参见(2017)渝民申894号再审裁定书。

种司法裁判思路,都应由相对人承担,只是在建设工程相关纠纷领域中,相对人抗辩思路常集中于专属印章效力认定方面,但证据收集能力受限,在相对人证明程度不足以达到承办法官内心确信层次时,应在承办法官释明权有效行使之下,适用不同的证据审查与判断标准而形成自由心证。

(二)相对人主观心理要件

通说认为,相对人对行为人代理权限信赖应具备善意且无过失的主观要件,属于表见代理规范要件之一。[①] 若相对人存在主观过错,无论该过错是以故意或过失形态显现,均不应适用表见代理制度。但在相对人善意且无过失的证明责任分配问题上,最高人民法院所出台的《关于当前形势下审理民商事合同纠纷案件若干问题的指导意见》第四部分第 13 条规定妥当性仍有待商榷。[②] 首先,参照善意取得制度的证明责任分配原则,应由被代理人就相对人恶意或过失的主观心理承担证明责任。环顾我国表见代理制度与我国《民法典》所规定的善意取得制度,其均采维护交易秩序安全与保障相对人信赖利益目的,显然上述规定的证明责任承担主体与之相左。其次,以证明责任论中的规范要件分类说作为思维起点,若秉持对原权利人利益保障原则,则善意取得制度中对恶意心理的证明责任由受让人承担更为公平。该主张逐步发展为推定权利成立的证明方式先行设置受让人为善意,而主张受让人为非善意的原权利人应就其的恶意或过失承担证明责任。[③] 最后,要求相对人就自己符合"善意"的认定标准而提出事实主张与对应证据过于严苛,难免使证明行为不具有可操作性。故此,相对人只需对代理人有权代理表象足以产生合理信赖的意思承担证明责任即可,对于相对人主观过失甚至恶意,由被代理人予以举证更为契合公平原则。

2011 年下发的《全国民事审判工作会议纪要》中便强调对于实际施工人向没有合同关系的分包人、转包人或被挂靠人提起诉讼的,应防止对最高人民法院《关于审理建设工程施工合同纠纷案件适用法律问题的解释》(现已失效)第 26 条适用范围的扩大,仅在欠付工程价款范围内承担责任。[④] 但在建设工程纠纷诉讼对抗中,确认表见代理关系存在与否的中间判决是确定涉案当事人适格与追偿范围的

---

① 参见杨代雄:《表见代理的特别构成要件》,载《法学》2013 年第 2 期。

② 《关于当前形势下审理民商事合同纠纷案件若干问题的指导意见》第四部分第 13 条规定:《合同法》第 49 条规定的表见代理制度不仅要求代理人的无权代理行为在客观上形成具有代理权的表象,而且要求相对人在主观上善意且无过失地相信行为人有代理权。合同相对人主张构成表见代理的,应当承担举证责任,不仅应当举证证明代理行为存在诸如合同书、公章、印鉴等有权代理的客观表象形式要素,而且应当证明其善意且无过失地相信行为人具有代理权。

③ 参见王利明:《物权法研究》,中国人民大学出版社 2013 年版,第 69 页。

④ 参见最高人民法院民事审判第一庭编:《民事审判指导与参考》(2015 年卷),人民法院出版社 2018 年版,第 198 页。

充分条件。然而,相对人对代理权限表象的合理信赖证明责任与被代理人对相对人过失心理的证明责任,并非完全分开考量适用,常常出现重叠适用局面,肇致实际施工人的权利主张受阻。究其原因,一方面在于法庭调查并非采轮流举证,而是以概括举证方式由相对人为自己"有理由相信行为人有代理权"进行举证,与被代理人反驳举证交叉实施,法院再根据双方举证情况来审查所举示证据是否达到事实认定与内心确信。另一方面在于相对人只需举证证明自身符合法条所规定的"有理由相信行为人有代理权",主观意思即可推定为善意,反之亦可。但上述事实成立,并不代表无法举证相反事实予以推翻,被代理人证明了相对人主观恶意或过失,相对人对代理权的善意意思仍无法成立,表见代理制度也无以适用。在(2019)辽民终1064号"中海工程建设(大连)有限公司、孙某健建设工程合同纠纷二审案"中,被代理人中海工程建设(大连)有限公司(以下简称中海公司)上诉提出案涉公章盖印时间早于公章备案时间,分包协议书与分包结算书均非本案实际履行内容,但法院查明冷某明为中海公司案涉工程负责人,且合同上公章、签字并非虚假,虽存在倒签亦代表中海公司作出意思表示,故中海公司所提主张与证据并未达到高度盖然性证明标准,故判决构成表见代理。①

(三)被代理人收益标准要件

探究相对人主观过错要件的证明责任分配,笔者认为,还应兼顾受益人标准要素。依据最高人民法院《关于当前形势下审理民商事合同纠纷案件若干问题的指导意见》第14条规定,在考察相对人的主观状态是否与表见代理要件相符合时,还需结合案涉标的物交付方式、实际用途与标的物流向等合同的具体履行因素,在实践中倾向于将被代理人真实意思与行为结果纳入表见代理考量要件之中,即将被代理人在行为人的无权代理行为中的收益性作为一项重要指标考量。上海市高级人民法院《商事合同案件适用表见代理要件指引(试行)》第7条更将相对人善意主要考量因素扩展至相对人与被代理人的交易过往、熟稔程度,相对人所具交易规模与注意义务的相称标准、交易效率与代理权限核实成本的匹配程度等。② 将合同标的物的用途与获利值作为重要因素进行审度,如购买的材料、租赁的器材及所借的款项实际已用于实际施工中,可以认定代理效果已符合所推定的被代理人的真实意思表示,也可要求相对人对"合同标的物用途"承担相应证明责任,承办法官亦应行使释明权告知当事人,合同的履行方式、交付地点、标的物运输与合同主体的实际住所地等都将作为考虑因素纳入证明责任范畴。

然而,受益人标准证明责任一概由处于无权代理情形中但实际受益的被代理

---

① 参见(2019)辽民终1064号二审民事判决书。

② 参见王利明主编:《〈中华人民共和国民法总则〉条文释义》,人民法院出版社2017年版,第423页。

人承担，是否存在将法律关系混淆的嫌疑，即将无权代理人和相对人的买卖、租赁或劳务分包等建设工程关联关系，同无权代理人与被代理人的代理合同关系混同。从法理评析，受益人认定标准本身不属于证明责任论的规范要件范畴，仅是脱离于我国实体法律规范外的理论讨论。从实务探寻，受益人标准不免存在将相对人损失与被代理人受益形成利益捆绑的裁判逻辑，引入此种要素来认定既不利于厘定交易相对人法律关系，也不利于实践中资质挂靠人无权代理行为的有效抑制。因在建设工程纠纷中，标的物的交付、使用方式，大幅度是由交易达成后违法分包人或非法转包人对标的物处置行为所确定，与相对人是否具有善意且无过失、交易主体的确定尚无必然关联。就合同相对人而论，其通过全面适当履行完毕部分或全部义务取得相应对价，对于合同标的物的用途归属已不再负担监督使用义务。[①] 因此，笔者主张，对于相对人过失要件的证明责任分配应由被代理人承担，但对于受益人的认定需采取谨慎适用的原则。具体而言，对于通过表见代理规范要件事实进行充分举证后，已能对是否属于表见代理行为形成充分内心确信情形，不需再冗杂适用受益人标准。对于表见代理行为认定存在模糊局面，法官通过适度释明合同标的物的交付方式、交付地点、实际用途由代理人进行举证，可形成对表见代理的间接反证。

四、被代理人可归责性反忖

（一）规范要件导引

有权代理是指代理人在拥有真实代理授权情形下以被代理人的名义与相对人进行法律行为，且法律效果归于被代理人的民事法律行为。[②] 相较之下，无权代理是因欠缺真实代理权限，而导致法律效果无效，故无法溯及被代理人。表见代理行为系无权代理与有权代理的中间地带，本质上为交易主体意思自治与合理信赖价值观念衡量后的新型制度设计。如前所述，依据本人可归责性有无可将表见代理模式划分为单一要件说即被代理人过错不必要说与双重要件说即被代理人过错必要说。[③]《法国民法典》第 1384 条即规定以商业风险为基础确立被代理人的责任，主张商事活动的快捷性特征可以免除参与者的核实义务，授权其可未经核实而信赖交易相对人，但参与者也应该承担因核实义务的免除而产生的风险。[④] 建筑工程

---

① 参见周凯：《表见代理制度的司法适用——以涉建设工程商事纠纷为对象的类型化研究》，载《法律适用》2011 年第 4 期。

② 参见曹新明：《论表见代理》，载《法商研究（中南政法学院学报）》1998 年第 6 期。

③ 参见王浩：《表见代理中的本人可归责性问题研究》，载《华东政法大学学报》2014 年第 3 期。

④ Michel Boudot, *Apparence*, *Encyclopédie*, Dalloz, p. 6. 转引自冉克平：《表见代理本人归责性要件的反思与重构》，载《法律科学（西北政法大学学报）》2016 年第 1 期。

领域的本人归责性特指被代理人是否因代理人的权利表象承担事前预防与事后止损责任。在建设工程实践中,广义层面上不乏存在代理人向被代理人缴纳费用而获得违法分包、非法转包与资质挂靠资格来承揽工程现象。从传统民法中比较框架着眼,责任为不利益之承担,责任成立之前提为利益享有的归责基础。① 被代理人在前述情形中通过资质出借与工程转让获取经济利益且存在明显违法故意,故表见代理责任最终由被代理人承担作为收益的对价亦属合理预见。故此,从证明责任要件着眼,笔者主张应适用包含被代理人过错归责性的双重要件说。

(二)证明责任厘定

如前所述,表见代理成立必然意味着被代理人利益的一定让步。若采"单一要件说"将被代理人过错因素在表见代理中完全忽略,此时秉持以一方当事人所得利益与另一方当事人所致损害进行对价置换,难免有失公允。从证明责任分配角度,囿于相对人多限于仅同代理人建立合同关系而难以直接介入代理关系之中,对被代理人信息知之甚少,由相对人承担该部分证明责任无疑加重其举证负担。被代理人时常就代理关系瑕疵保持沉默,更不会在诉讼中"自证其罪",由被代理人承担证明责任显然缺乏现实可能性。在建设工程领域中,让代理人就被代理人存在可归责要件进行证明,若证明成立即构成表见代理,从而免除自身承担不利诉讼后果;若无法证明存在可归责要件,则应推定代理人自行承担行为后果,故根据表见代理中被代理人对代理行为发生负有审慎与规制义务的本人归责性要件,应由代理人承担过错推定的证明责任。在(2014)民一终字第 310 号"中国建筑股份有限公司与昆山市超华投资发展有限公司建设工程施工合同纠纷二审案"中,法院查明挂靠被代理人建筑资质的第三人通过伪造授权、私刻印章手法,使相对人因欺诈行为对其产生合理信赖而缔结建设工程施工合同,而被代理人对该欺诈行为既无审查监督义务,也未能积极参与制止,导致了实际情况中并无可行之措施规避该种风险,故判决表见代理不成立。② 若将合同缔约效力适用于被代理人显然过于苛责,由代理人承担此项要件的过错推定证明负担更合乎实质公正。

五、余论

修正规范说的功能在于提供裁判者法律证成与制度解读的论述方式,形成被多数人接受的理论、原则与规矩。③ 证明责任的分配规则,意在解决当事人主张证

---

① 参见叶金强:《表见代理构成中的本人归责性要件——方法论角度的再思考》,载《法律科学(西北政法大学学报)》2010 年第 5 期。

② 参见(2014)民一终字第 310 号二审民事判决书。

③ [德]罗伯特·阿列克西:《法律论证理论——作为法律证立理论的理性论辩理论》,舒国滢译,中国法制出版社 2002 年版,第 317 页。

明不足与法官不得拒绝裁判的困顿。只有合理分配规范要件举证责任作为首要，才能实现裁判天平在事实与证据间的平衡。① 我国表见代理证明责任分配现行规范理论来源于罗森贝克的"规范要件说",但在司法适用中常因过于僵化适用而饱受诟病,其缘由在于建设施工立法体系中规范要件的精细设计与体系解释缺失。建设工程领域中表见代理制度作为日益复杂的现代纠纷,依托实体法律规范要件与修正后举证责任分配方式进行司法认定,既符合学理既定逻辑,也合乎司法实践期待(见图1)。

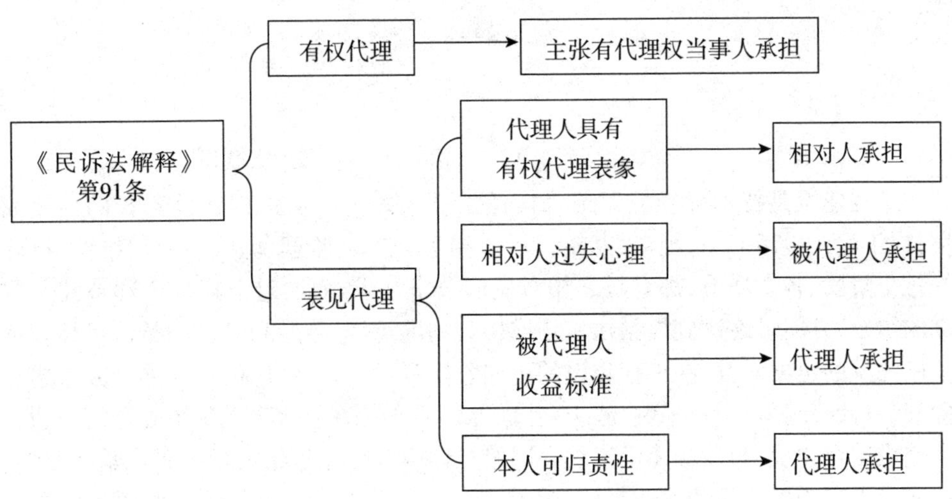

图1 证明责任分配具体图示

① 参见邹碧华:《要件审判九步法》,法律出版社2010年版,第13页。

工程技术标准的法律属性及其对合同条款效力的影响

姚静以*

工程建设是技术标准应用最为广泛的领域之一。从工程建设监管的角度而言，在工程建设活动中，规划、勘察、设计、招标、施工、监理、验收、运行、维护、拆除等各个阶段、各个环节，都有与之相对应的技术要求，而通过上述各个环节技术要求的组合，方能最终达到控制建筑物或构筑物的经济、质量和安全的整体目标。从法律关系的角度而言，在工程建设的不同阶段和环节，工程建设的各参与方系通过勘察、设计、建材及设备采购、施工、监理等各类合同关系的建立及相应合同的履行来完成工程建设，而该等建设工程合同的具体内容往往与相关技术要求紧密相连。就建设工程相关纠纷的实践来看，建设工程合同项下最常见的纠纷主要集中在质量、工期和价款三个方面，而针对工程质量、工期以及价款，国家有关部门及其机构均有制定相应的标准。由此，实践中需要解决的一个问题是，当事人所签订工程合同的具体约定与国家相关技术标准存在冲突或差异时，该等合同约定的效力如何，又应以什么作为最终确定合同双方权利义务的依据？就该问题，无论是学界还是实务界，均存在一定争议。

一、"工程技术标准"在标准化法体系下的归类

(一)"标准"的含义及其分类

根据《标准化法》第2条的规定，"标准"是指农业、工业、服务业以及社会事业等领域需要统一的技术要求。我国于1983年颁布的《标准化基本术语第一部分》(GB 39351－83)则将"标准"定义为"对重复性事物和概念所作的统一规定。它以科学、技术和实践经验的综合成果为基础，经有关方面协商一致，由主管机构批准，

* 作者单位：江苏法舟律师事务所。

以特定形式发布,作为共同遵守的准则和依据",[①]将标准制定的一般流程和规范意义纳入标准的含义之中。

在关于"标准"的法律规范体系中,《标准化法》应当是最主要的核心法律规定,也是其他相关法规、规章的主要上位法依据。现行有效的《标准化法》是自2018年1月1日起实施的修订后文本(通常称新《标准化法》),其通过改变原有的标准分类方式,建立起了"强制性标准唯一,推荐性标准多样"的新标准化体制。[②]具体而言,根据现行《标准化法》的规定,标准包括国家标准、行业标准、地方标准、团体标准及企业标准几类(通常认为国家标准、行业标准、地方标准三类标准属于"政府层面的技术标准"[③]),其中,国家标准可以进一步区分为强制性标准以及推荐性标准,而行业标准、地方标准均为推荐性标准。根据《标准化法》的规定,强制性标准属于"必须执行"的标准。

上述分类机制显然区别于修改前《标准化法》的规定,根据原有规定,国家标准以及行业标准,均可以进一步作强制性标准和推荐性标准的区分,即并非只有国家标准才可以成为强制性标准。事实上,由于大量技术标准的制定发生于现行《标准化法》实施以前,现存的许多"强制性标准"实际系属于行业标准项下的强制性标准。

(二)"工程建设标准"的含义及其分类

"工程建设标准"应当是"标准"或"技术标准"对应到工程建设这一专门领域而形成的概念,也是通常所称"工程技术标准"在标准化法体系中的表达。

住房和城乡建设部标准定额司所编撰的《工程建设标准编制指南》将工程建设标准定义为:"为在工程建设领域内获得最佳秩序,对各类建设工程的勘察、规划、设计、施工、验收、运行、管理、维护、加固、拆除等活动和结果需要协调统一的事项所制定的共同、重复使用的技术依据和准则,它经协商一致并由公认机构审查批准,以科学技术和实践经验的综合成果为基础,以保证工程建设的安全、质量、环境和公众利益为核心,以促进最佳社会效益、经济效益、环境效益和最佳效率为目的。"[④]

以《标准化法》及其实施条例为主要依据,现有关于工程建设标准的法律规范设定了以下几个主要的法律概念:

1. 工程建设国家标准

按照原建设部《工程建设国家标准管理办法》的有关规定,对于需要在全国范

---

① 参见宋华琳:《论技术标准的法律性质——从行政法规范体系角度的定位》,载《行政法学研究》2008年第3期。

② 参见张圆:《论技术标准的法律效力——以〈立法法〉的法规范体系为参照》,载《中国科技论坛》2018年第12期。

③ 参见张圆:《论技术标准的法律效力——以〈立法法〉的法规范体系为参照》,载《中国科技论坛》2018年第12期。

④ 住房和城乡建设部标准定额司编:《工程建设标准编制指南》,中国建筑工业出版社2009年版。

围内统一的有:(1)工程建设勘察、规划、设计、施工(包括安装)及验收等通用的质量要求;(2)工程建设通用的有关安全、卫生和环境保护的技术要求;(3)工程建设通用的术语、符号、代号、量与单位、建筑模数和制图方法;(4)工程建设通用的试验、检验和评定等方法;(5)工程建设通用的信息技术要求;(6)国家需要控制的其他工程建设通用的技术要求,应当制定国家标准。其中属于强制性标准的包括:(1)工程建设勘察、规划、设计、施工(包括安装)及验收等通用的综合标准和重要的通用的质量标准;(2)工程建设通用的有关安全、卫生和环境保护的标准;(3)工程建设重要的通用的术语、符号、代号、量与单位、建筑模数和制图方法标准;(4)工程建设重要的通用的试验、检验和评定方法等标准;(5)工程建设重要的通用的信息技术标准;(6)国家需要控制的其他工程建设通用的标准。

该管理办法进一步明确,从工程建设国家标准的编写规范而言,强制性国家标准的编号应当以“GB 50”开头,而推荐性国家标准的编号以“GB/T 50”开头,根据规定,从工程建设标准的具体名称即可判断其是否属于工程建设国家标准中的强制性标准。

2. 工程建设行业标准

按照原建设部《工程建设行业标准管理办法》的有关规定,对于没有国家标准而需要在全国行业范围内统一的技术要求,可以制定行业标准。其中属于强制性标准的有:(1)工程建设勘察、规划、设计、施工(包括安装)及验收等行业专用的综合性标准和重要的行业专用的质量标准;(2)工程建设行业专用的有关安全、卫生和环境保护的标准;(3)工程建设重要的行业专用的术语、符号、代号、量与单位和制图方法标准;(4)工程建设重要的行业专用的试验、检验和评定方法等标准;(5)工程建设重要的行业专用的信息技术标准;(6)行业需要控制的其他工程建设标准。

3. 工程建设强制性标准

根据住房和城乡建设部《实施工程建设强制性标准监督规定》,工程建设强制性标准是指直接涉及工程质量、安全、卫生及环境保护等方面的工程建设标准强制性条文。[①] 此外,《标准化法实施条例》第 18 条也规定了“工程建设的质量、安全、卫生标准及国家需要控制的其他工程建设标准”属于“强制性标准”。

① 《工程建设标准强制性条文》由中华人民共和国住房和城乡建设部统一发布。根据住房和城乡建设部发布该文件通知的有关内容,《工程建设标准强制性条文》的内容是现行工程建设国家和行业标准中直接涉及人民生命财产安全、人身健康、环境保护和公众利益的条文,同时考虑了提高经济和社会效益等方面的要求。列入《工程建设标准强制性条文》的所有条文都必须严格执行。《工程建设标准强制性条文》是参与建设活动各方执行工程建设强制性标准和政府对执行情况实施监督的依据。新批准发布的工程建设标准,凡有强制性条文的,均在文本中以黑体字标示,并应编入《工程建设标准强制性条文》。

(三)工程建设强制性标准的识别

从《标准化法》的一般规定出发,只有强制性标准才是参与经济活动的主体所必须执行的标准,但"工程建设强制性标准"在相关法律规范内容及实践中尚存在一定的不明确性。

1. 法律规定的分歧

通过上述不同法律、法规的具体规定内容即可看出,现有相关法律、法规对"工程建设强制性标准"范围的界定,即工程建设标准中具体哪些标准、哪些条文是法律规定的"必须执行"的这一问题的认识,本身即存在法律规定上的不统一。具体而言:

从《工程建设国家标准管理办法》的规定来看,标准名称以"GB 50"开头的工程建设标准都属于国家标准中的强制性标准,即设定了一个十分广泛的"必须执行"的标准范围。《标准化法》及其实施条例则是从标准的控制内容出发作了概括性的规定,认为涉及工程建设质量、安全、卫生及国家需要控制的其他标准为工程建设强制性标准,将工程建设强制性标准的范围限缩于工程质量、安全、卫生等特定的管理目标。住房和城乡建设部通过《实施工程建设强制性标准监督规定》及其发布的一系列标准文件,将工程建设强制性标准的范围具体到了特定标准条文,即只有被主管部门明确列示的标准条文才属于必须执行的工程建设标准。

2. 实践中的认识争议

实践中对工程建设强制性标准的认识也存在一定争议。比如,就《建设工程工程量清单计价规范》这一国家标准而言,住房和城乡建设部在发布该标准的公告中明确,其中有 15 条规定为强制性条文,必须严格执行。对此,有观点认为,该 15 条规定即属于工程建设强制性标准,必须严格遵守。① 但也有观点认为,这 15 条规定并非都属于《标准化法》及其实施条例规定的"强制性标准",只有直接关系到国家利益和社会公共利益,涉及工程质量、安全、卫生及环境保护的规定才属于工程建设强制性标准。②

3. 什么是"国家需要控制的"工程建设标准

上文所列举的法律规范条文中大多涉及了一处兜底规定,即其他"国家需要控制的"工程建设标准同样属于工程建设强制性标准,至于哪些标准属于"国家需要控制的",相关行政主管部门并没有作出明确的解释。对此,本文认为,既然《标准化法实施条例》认可"国家需要控制的其他工程建设标准"为强制性标准,可以据

---

① 参见张晓丽、尹贻林、李彪:《〈建设工程工程量清单计价规范〉强制性条文的效力研究》,载《项目管理技术》2012 年第 10 卷第 5 期。

② 参见高印立、黄丽芳:《〈建设工程工程量清单计价规范〉强制性条文效力的类型化分析》,载《北京仲裁》2016 年第 2 期。

此推定的是,就那些国务院主管部门在发布国家或行业标准公告中明确载明为强制性条文的标准,如果其情形不在原建设部关于国家标准、行业标准管理办法的前5项,则应当归入管理办法第6项或《标准化法》的兜底规定,视为"国家需要控制的其他工程建设标准"。

例如,《建设工程工程量清单计价规范》(GB 50500－2013),住房和城乡建设部就该标准所发布的公告中明确,其中部分为强制性条文。因此,相关条文中有些虽不直接涉及工程质量、安全、卫生和环境,从其标准编号及上述公告表述,足以认定其属于工程建设强制性标准。又如,《全国统一建筑安装工程工期定额》(TY 01－89－2016)(现已失效),该文件虽然没有使用GB代号或"标准"字样,但也是由住房和城乡建设部标准定额司在住建部网站公开发布的。原建设部曾下发《关于印发〈全国市政工程施工工期定额管理规定〉的通知》,其中明确:"对于需要压缩工期的项目,必须严格审定,在确认有保证质量、安全施工和必要的工程措施费用后,方可签订合同工期……"由此可见,工期定额与工程质量、施工安全相关联,可以理解为有关安全的标准或国家需要控制的其他工程建设标准。因此,上述两个文件中的相关条文也可以认定为工程建设强制性标准。

4. 新旧《标准化法》衔接下的"模糊地带"

如上文所述,现行《标准化法》第2条的规定较修改前的《标准化法》而言,已对强制性标准的范围进行了限缩,即仅国家标准可能包括强制性标准,行业标准一律为推荐性标准。但实践操作中,相关行政主管部门并未发布新的国家标准来替代原本的一系列行业标准(特别是其中的强制性条文),而原本行业标准中的强制性条文往往与建筑质量和安全紧密相关。比如,住建部标准定额司于2013年汇编出版《中华人民共和国工程建设标准强制性条文(房屋建筑部分)》中即包含许多工程建设行业标准中的强制性条文,而《标准化法》修改至今,标准定额司尚未有编制或发布新的国家标准以替代行业标准中强制性条文的相关讯息。

对此本文认为,结合《标准化法》的原则性规定以及工程建设行业标准中有关强制性条文的编制目的,在这些行业标准项下强制性条文被新的国家标准代替前,仍应认定其强制性,否则将不利于工程质量的管理及公共安全的维护。例如,行业标准《建筑桩基技术规范》(JGJ 94－2008)中包含有涉及桩基整体稳定性、承载力、沉降等问题的强制性条款,由于该等条款内容对桩基乃至整体建筑工程的质量及安全性有着重大影响,目前仍然应当将其视为工程建设强制性标准。

二、工程建设标准的法律属性

实践中,当违反工程建设强制性标准的合同条文发生争议时,人们往往最先从《民法典》关于"违反法律、行政法规的强制性规定"导致合同无效的规定出发,首先要考虑工程建设强制性标准的法律属性问题,也有不少判决是直接基于对案涉工程建设标准是或不是强制性规定的判断得出相应合同约定效力的结论。比如,中建一局集团装饰工程有限公司与望都县人民政府机关事务管理中心建设工程施工合同纠纷案中,法院认为《建设工程工程量清单计价规范》是国家强制性规定,因此案涉合同约定的计价方式因违反清单计价规范而无效,不得适用。① 也有判决直接认定《建设工程工程量清单计价规范》并非法律规定的效力性强制性规定,因此对清单计价规范的违反并不影响合同约定的效力,应当按照当事人约定的内容执行。② 但是,上述判决并未就其认定相关工程建设标准法律属性的理由进行展开,事实上,就工程建设强制性标准的法律属性问题,学术理论及法律适用实践层面均未形成明确定论。

(一)曾经的"技术法规"与"法规性质的技术性规范"

从以往的法律法规及司法指导性意见来看,技术标准一度被赋予了带有相当效力性强制性的法律属性。比如,国务院于 1979 年颁布的《标准化管理条例》(现已失效)曾将经由批准发布的标准一概规定为"技术法规",要求各从事经营或生产活动的主体"必须严格贯彻执行"。③ 但从 1988 年颁布《标准化法》开始,标准化法体系项下的法律规定中就不再涉及"技术法规"这一概念,相应地,技术标准不再具有明确的效力性强制性。

最高人民法院也曾在有关文件中对标准的属性作出过描述。比如,1999 年最高人民法院知识产权审判庭《关于中国标准出版社与中国劳动出版社著作权侵权纠纷案的答复》中,最高人民法院认为"强制性标准是具有法规性质的技术性规范"。基于此,有的学术观点认为,强制性标准在其法律性质上即具备"法规性质"和"技术性规范"两项特征。④ 但显然,上述文件所称的"法规性质"也很难为强制性标准创设与法规相当的法律属性。这是因为,行政法规或行政规章均是受《立法法》直接规制的规范类型,一旦强制性标准本身不具备《立法法》所规定的行政法规或规章的基本特性,既无法进入《立法法》所涵盖的"法律规范"体系之中,也无法直接具备实施效力上的强制性。

(二)学理探讨:技术标准形式外观与实际效果的不统一

在学术理论层面,学者们在探讨技术标准的法律属性时,往往从其形式外观、规范功能以及技术标准在司法裁判中的适用等角度出发,得出了不尽相同的结论。

比如,有观点认为,技术标准由"含有技术标准要求的法律规范文本部分"及

---

① 参见(2019)冀 06 民终 2799 号民事判决书。

② 参见(2017)吉民终 302 号民事判决书。

③ 1979 年《标准化管理条例》第 18 条(已失效)。

④ 参见谭启平、应建均:《强制性标准对合同效力的影响及规范路径》,载《求是学刊》2017 年第 4 期。

“作为专业性术语组成的纯粹标准参数部分”两个部分组成(该两个部分可能体现于不同的法律条文中),而法律规范文本部分构成技术标准规范的“假定”及“制裁”纯粹标准术语参数部分构成技术标准的“处理”,如此,技术标准可以对应法律规范“假定、处理和制裁”的结构要素,将技术标准与法律规范相结合,即可以使技术标准规范成为“真正意义上的法”。[①]

还有一些观点一方面将技术标准与《立法法》所规定的各类法律规范的形式进行对照,另一方面从实践作用以及实际功能的角度来审视技术标准的属性,由此认为,从标准制定的授权根据、制定程序、公布与否、外在形式等方面进行分析,技术标准并不具有法律规范的外观,但实质却发挥着约束社会主体行为、决定法律关系等与法律规范相类似的效果。[②]

就技术标准在司法适用中的地位问题,有观点认为,技术标准可以作为法官进行事实认定以及法律适用的根据,如在民事诉讼中,技术标准可能成为认定侵权纠纷中“过错”“缺陷”,合同纠纷中“违约”等事实的根据。进一步地,技术标准本身也成为法院进行有关事实认定的“证据”。[③]

(三)工程建设强制性标准是一种行政规范性文件

统观上述学理探讨,这些观点事实上形成了一个共识,那就是工程建设标准之类的技术标准本身确实不具备《立法法》所规定的法律、行政法规或规章的基本特性,即无法进入《立法法》所涵盖的“法律规范”体系之中。至于有关学术文章一再讨论的技术标准“实质意义上法的作用”,[④]可以认为,该等规则效果实际是技术标准经由各种路径或机制对社会主体行为所产生的影响作用,但这样的作用并不影响技术标准本身的法律属性。

本文认为,对工程建设标准法律性质的准确把握,不能脱离现行法律、法规的相关规定。从相关规定来看:

第一,工程建设标准系由国务院工程建设主管部门以及国务院其他有关行政主管部门根据《标准化法》《标准化法实施条例》等法规的授权制定。其中,工程建设国家标准由国务院工程建设主管部门组织草拟、审批,[⑤]工程建设行业标准由国

---

① 参见张艳、李广德:《技术标准的规范分析——形式法源与实质效力的统一》,载《华北电力大学学报(社会科学版)》2014 年第 2 期。

② 参见宋华琳:《论技术标准的法律性质——从行政法规范体系角度的定位》,载《行政法学研究》2008 年第 3 期;张圆:《论技术标准的法律效力》,载《中国科技论坛》2018 年第 12 期。

③ 参见包建华、陈宝贵:《技术标准在司法裁判中的适用方式》,载《法律适用》2019 年第 13 期。

④ 参见宋华琳:《论行政规则对司法的规范效应——以技术标准为中心的初步观察》,载《中国法学》2006 年第 6 期。

⑤ 《标准化法实施条例》第 12 条。

务院有关行政主管部门审批、编号和发布。①

第二,工程建设标准的制定有规范的程序要求。建设工程国家标准及行业标准的制定程序按准备、征求意见、送审和报批四个阶段进行。特别是对于建设工程国家标准而言,其各个制定工作阶段均对应着明确具体的工作要求,如征求意见阶段,需要开展调查研究并形成报告,进行测试验证、召开专家专题会议、编写征求意见稿和条文说明、进行审核后印发,相关制定程序和《规章制定程序条例》有关规章的制定程序大致类似。②

第三,工程建设标准是针对不特定对象发布且重复使用的。工程建设国家标准针对需要在全国范围内统一的技术要求制定,并由国务院工程建设主管部门以公告方式发布,工程建设行业标准则是需要在行业范围内统一的技术要求,由国务院行政主管部门发布。由此可见,工程建设标准对所有参与工程建设的主体均适用,且是在大量工程建设活动中重复使用的。

第四,工程建设强制性标准具有普遍的拘束力。工程建设强制性标准对建设、勘察、设计、施工等单位及其工程技术人员有普遍的拘束力,如有违反,工程建设主管部门可责令改正,并处以罚款。比如,根据国务院《建设工程质量管理条例》的规定,建设单位明示或暗示设计单位或施工单位违反工程建设强制性标准,降低工程质量的,责令改正,处 20 万元以上 50 万元以下的罚款。③

参考国务院办公厅《关于加强行政规范性文件制定和监督管理工作的通知》对行政规范性文件的定义:行政规范性文件是除国务院的行政法规、决定、命令以及部门规章和地方政府规章外,由行政机关或者经法律、法规授权的具有管理公共事务职能的组织(以下统称行政机关)依照法定权限、程序制定并公开发布,涉及公民、法人和其他组织权利义务,具有普遍约束力,在一定期限内反复适用的公文。

由此可见,工程建设强制性标准具备行政规范性文件的基本要素,可以认为,其属于行政规范性文件。

三、工程建设强制性标准对合同效力的影响

根据住房和城乡建设部标准定额研究所统计,截至 2016 年年底,我国有各类工程标准总计 7059 项,其中国家标准 1143 项,行业标准 2641 项。④ 在诸多标准之中,仅有部分标准可以基于《标准化法》及其实施条例,或工程建设国家标准、工程

---

① 参见建设部(已撤销)《工程建设行业标准管理办法》第 9 条。

② 参见建设部(已撤销)《工程建设国家标准管理办法》第三章。

③ 《建设工程质量管理条例》第 56 条。

④ 参见住房和城乡建设部标准定额研究所编:《中华人民共和国工程建设标准目录(2016 年版)》,中国建筑工业出版社 2017 年版,前言部分。

建设行业标准等法律法规的规定被识别为“工程建设强制性标准”,进而成为行政管理意义上“必须执行”的标准。

在民事法律或合同纠纷领域,工程建设强制性标准对合同效力的影响即被《第八次全国法院民事商事审判工作会议(民事部分)纪要》所确认,该纪要第30条规定:“……当事人违反工程建设强制性标准,任意压缩合理工期、降低工程质量标准的约定,应认定无效。”需要进一步讨论的问题在于,工程建设强制性标准影响合同效力的机制或路径如何?

(一)《民法典》第153条关于合同无效的规定

根据关于民事行为效力的法律规定并基于鼓励交易和合同自由的基本理念,[①]影响合同效力或导致合同无效的情形是被法律严格规范和限制的。建设工程合同可能涉及的无效情形主要对应《民法典》第153条的规定,即“违反法律、行政法规的强制性规定”以及“违背公序良俗”。

一方面,根据一般的理解,《民法典》第153条第1款规定系对原《合同法》第52条第5项规定的选择性继承,其适用效果是将“强制性规定”的法律位阶限制在“法律、行政法规”的有限范围之内。[②] 正如上文所述,工程技术标准,哪怕是其中拘束力最强的工程建设强制性标准,其自身法律属性也只是行政规范性文件,甚至达不到“规章”的效力级别,其原则上当然无法成为足以否定合同效力的“法律”或“行政法规”。此外,参考学理层面对规章等法律规范的认识,仅当存在明确的上位法依据及授权,且其规定内容旨在维护公共利益时,上述“强制性规定”的法律位阶限制才有可能被突破。[③]

另一方面,《民法典》第153条第2款规定的“公序良俗”涵盖了以往合同法律规定所称的“公共利益”。[④] 公共利益作为评价合同条款效力的“弹性条款”,[⑤]往往可以授权个案中的法官以此对现有法律、行政法规的强制性规定进行补充,从而适应个案裁判的客观需求,同时也可避免司法权与行政权的重大冲突。[⑥]

《民法典》第153条上述两款规定将规章、地方性法规、规范性文件等低位阶规范排除了否定合同效力的法律依据范畴,但又允许其对“公共利益”解释,从而在必

---

① 参见王利明:《合同无效制度》,载《人大法律评论》2012年第1辑。

② 参见叶雄彪:《违反“强制性规定”的合同效力问题研究》,载《法治社会》2020年第5期。

③ 参见王利明:《论无效合同的判断标准》,载《法律适用》2012年第7期。

④ 参见最高人民法院民法典贯彻实施工作领导小组主编:《中华人民共和国民法典总则编理解与适用》,人民法院出版社2020年版,第754页。

⑤ 参见王利明:《合同无效制度》,载《人大法律评论》2012年第1辑;贺小荣:《意思自治与公共秩序——公共秩序对合同效力的影响及其限度》,载《法律适用》2021年第2期。

⑥ 参见贺小荣:《意思自治与公共秩序——公共秩序对合同效力的影响及其限度》,载《法律适用》2021年第2期。

要限度内保障相关规范的社会管理功能。司法实践中也逐渐形成了此类裁判路径,即在个案中,以"是否损害公共利益"考察违反规则或其他国家政策的合同条款,从而认定该等合同条款的效力。[①] 这样的思路或许同样适用于工程技术标准对合同条款的效力影响的评价。

(二)工程建设强制性标准影响合同条款效力的路径之一:被法律、行政法规直接援引

尽管工程建设强制性标准本身并非效力性强制性规定,但我国与工程建设相关的专门性法律、法规往往会在其规范条文中援引工程建设强制性标准。相应地,工程建设强制性标准可以进入法律、行政法规的内容之中,从而对工程合同条款的效力产生影响。

该情形于《建筑法》及建设工程质量管理相关的行政法规之中十分常见。例如,《建筑法》即要求"建筑活动符合国家建筑工程安全标准",[②]"建筑工程设计应当符合按国家规定制定的技术规范",[③]"建设单位不得要求设计单位或施工企业违反建筑工程质量、安全标准"。[④] 此外,还有国务院《建设工程质量管理条例》规定"建设单位不得明示或暗示设计单位或施工单位违反工程建设强制性标准",[⑤]国务院《建设工程安全生产管理条例》规定"勘察单位应当按照工程建设强制性标准进行勘察""设计单位应当按照工程建设强制性标准进行设计",[⑥]等等。

一些针对专门管理事项制定的法律法规也会明确援引相关的工程建设强制性标准。例如,《防震减灾法》即要求设计单位、施工单位严格按照工程建设强制性标准进行抗震设计及施工。[⑦] 从此规定出发,相关工程合同的具体内容如违反了抗震方面的工程建设强制性标准,则当然违反了《防震减灾法》。

就上述内容,由于《建筑法》《建设工程质量管理条例》《防震减灾法》等法律法规关于建设工程质量及实施标准的规定一方面属于强制性规定,另一方面又具有保障人身安全的制度功能和规范目的,因此,违反此类法律规定的合同或合同条款应当被视为无效。相应地,被此类上位法条文所明确援引的工程建设强制性标准成为法律强制性规定的一部分,进而也可以对合同效力产生影响。

---

① 参见贺小荣:《意思自治与公共秩序——公共秩序对合同效力的影响及其限度》,载《法律适用》2021年第2期。

② 《建筑法》第3条。

③ 《建筑法》第37条。

④ 《建筑法》第54条。

⑤ 《建设工程质量管理条例》第10条。

⑥ 《建设工程安全生产管理条例》第12条、第13条。

⑦ 《防震减灾法》第38条。

(三)工程建设强制性标准影响合同条款效力的路径之二:社会公共利益考量

工程建设活动天然的特殊性在于,工程或建筑的质量往往关系到人民群众的生命健康、基本生活,也关系到国家基础设施建设和国民经济的正常运转。工程建设强制性标准中有相当一部分内容与工程质量、工程安全以及不特定人群的生命、人身健康相关联,其主要功能及制定目的也是在于保障工程质量及安全,维护不特定人群的生命及健康、基本生活以及社会基本经济秩序。因此,就此类工程建设强制性标准而言,工程合同条款对相关标准内容的违反即可能违反社会公共利益,基于《民法典》第153条的规定,该等合同条款也应当归于无效。

需要进一步探讨的是,一些强制性标准与工程质量、社会人群安全等事项的因果关系十分密切,如以工程质量控制、验收标准、防火、抗震、安全为内容的标准。例如,就工程验收的环节,如果当事人在建设工程施工合同中作出了符合特定情形的"视为完成验收"的约定,而该等约定又与《建筑工程施工质量验收统一标准》(GB 50300－2013)中的强制性条文存在冲突,那该等约定的效力如何?

但是,也有一些标准间接地与工程质量相关联,如涉及工程计价方式、计价风险归属的强制性条文,以及与工期管理与控制相关的强制性标准。比如,《建设工程工程量清单计价规范》(GB 50500－2013)第3.4.1条被住房和建设部明确为必须严格执行的强制性条文,该条文规定,"建设工程发承包,应在招标文件或合同中明确计价中的风险内容及其范围,不得采用无限风险、所有风险或类似语句规定计价中的风险内容及范围"。实践中,部分建设工程施工合同会作出"材料涨跌等价格风险均由承包人承担"之类的约定,此类约定是否有效?

实践中,违反后一类标准的工程合同条款效力问题往往面临着更多的争议。有观点就认为,目前还未有实证数据表明工程合同的价款与工程质量存在必然因果关系,因此对工程价款的相关强制性标准的违反不构成对公共利益的侵害,也即合同条款为有效约定。①

对此,本文认为,不宜以十分绝对的标准来衡量相关工程建设强制性标准与工程质量控制等社会公共利益的因果关系,只要在普遍情理上能够得出相关工程建设强制性标准与社会公共利益的关联性,在法律适用与合同效力认定的层面,就足以存在引导实施该等强制性标准的意义。如《建设工程工程量清单计价规范》第3.4.1条规定,从其文字表述上看是在规定工程价款,即计价风险的分担问题,但事实上,计价风险往往对应着施工成本。一旦计价风险事项发生,而相关风险须由承包方承担,承包方的施工成本必然增加,甚至可能因此出现施工成本高于施工合

---

① 参见曹文衔:《违反国家强制性标准的施工合同条款的效力认定——从违规价格条款出发》,载搜狐网,https://www.sohu.com/a/335664762_159412,最后访问时间:2021年9月25日。

同价款的情形。就人们通常的认识而言，建筑工程的承包方是营利性主体，因此，在许多计价方式下，施工成本与施工质量很难不产生关联。施工成本一旦过高，便很可能对工程质量产生影响。《建设工程质量管理条例》等法规有“建设工程发包单位不得迫使承包人以低于成本价格竞标”之类规定，应当也是出于此种考量。工期的问题同样如此，符合质量要求的建筑工程必然对应着一定合理的工期，一旦工期被过分压缩，承包方不得不过分赶工，工程质量就很难得到保证。

因此，就有关工程质量、工程价款、工期、施工安全、环境保护等内容的工程建设强制性标准，如果其确实关涉工程质量安全、生命健康、人身安全、社会经济稳定正常运转等公共利益，工程合同条款对该等强制性标准的违反即构成对社会公共利益与公序良俗的违背，应当认定为无效。

（四）与《民法典》第534条的规范效果一致性

除《民法典》第153条的规定之外，《民法典》第534条作出了对危害社会公共利益的合同监管的规定。根据该条规定，当事人利用合同危害社会公共利益的，由有关行政主管部门依据法律、行政法规的规定进行监督处理。对应到工程合同条款因违反工程建设强制性标准而违背社会公共利益的具体情形，在此情形下基于《民法典》第153条认定合同条款无效，事实上可以取得与《民法典》第534条相一致的规范效果。

具体而言，当建设单位与施工单位签订的合同条款存在违反工程建设强制性标准，降低工程质量的情形，即可能构成对社会公共利益的危害。根据《民法典》第534条及《建设工程质量管理条例》第56条的规定，就该情形主管部门首先可以“责令改正”，“责令改正”必然意味着“当事人不能再按照原本合同约定的违反工程建设强制性标准的条款内容执行”，这在事实上也就达成了与“原本的合同约定无效”相似的结果。

因此，从《民法典》两处条文规范效果一致性的角度考察工程建设强制性标准对合同条款效力的影响，也能在一定程度上印证上文的结论，即实质关涉社会公共利益的工程建设强制性标准可以对具体合同条款的效力产生影响。

四、小结

正如最高人民法院在《〈第八次全国法院民事商事审判工作会议（民事部分）纪要〉的理解与适用》中所认为的，建设工程的质量关系到人民群众的生命健康、基本生活，也关系到国家基础设施建设和国民经济的正常运转，而建筑开发行业本身是一个高速运转、高度逐利的行业，其对工程成本和工程工期的尽可能压缩是必然的、不可回避的市场现实。在此背景之下，对建设工程质量的监管，除了依靠以《标准化法》为核心的一系列工程技术标准要求和以《建筑法》为核心的行政管理规范及措施,在确实关系到公民基本人身权益、安全、卫生等公共利益的问题上,私法领域的法律判断也应当在必要范围内与行政监管的基本要求保持一致。

工程技术标准中的工程建设强制性标准虽然在法律属性上仅属于行政规范性文件,无法构成法律、行政法规或规章,但工程建设强制性标准仍然是基于标准化法体系和建设工程质量管理法律规范体系,同时基于建筑行业范围内具有代表性的、较为权威的专业认识所形成的技术标准,应当能够体现建筑质量控制的基本要求。这样的基本要求一方面被《建筑法》《建设工程质量管理条例》等法律法规直接援引,另一方面也与私法所要保护的公序良俗、社会公共利益相关联,基于此类机制,违反工程建设强制性标准的合同条款可能构成对法律法规强制性规定或公序良俗的违反,从而产生无效的后果。

论建设工程价款保理的担保实质

曾小元* 余 卫**

建筑行业因投入大、回款周期长，对资金有着天然的高需求，保理已成为发包人、承包人继传统银行抵(质)押贷款外的一种重要融资工具。《民法典》因应我国保理行业迅猛发展的现实，首次将保理合同作为有名合同予以规定。但《民法典》关于保理合同的规定属于总揽性的、一般性的规定，而建设工程价款债权属于融入了建设工程合同特色制度的"应收账款"，建设工程价款保理具有鲜明的担保工具属性，建设工程价款保理争议解决规则除应遵循《民法典》的一般规定，还应呼应建设工程合同的特殊属性和保理合同法律关系的实质。

一、对保理合同债权转让中心主义的定位应予反思

《民法典》颁布前，有学者指出，"保理无非是一种债权转让，受让人通知、追索权及重复让与的问题，其实依据债权让与的规则均可解决"①"债权让与是保理业的主导业务，是保理合同的主要内容，金融服务仅处于从属或次要地位"②，认为保理合同只是一种特殊的债权转让合同。《民法典》第769条也明确规定"本章没有适用的，适用本编第六章债权转让的有关规定"，立法者也指出"债权人与保理商之间的应收债权转让则是保理关系的核心"③。保理合同似乎只是债权转让合同的"升级版"，债权转让中心主义已然成为共识。

但对保理合同的债权转让中心主义定位不无反思之处：一是债权转让中心主

* 曾小元，武汉大学民商法硕士，浙江大公律师事务所律师。

** 余卫，武汉大学民商法博士，浙江大公律师事务所合伙人、律师。

① 石家友：《我们需要一部什么样的合同法？——评"民法典合同编二审稿(草案)"》，载中国民商法律网2019年1月2日，https://www.civillaw.com.cn/zt/t/?id=35119。转引自黄和新：《保理合同：混合合同的首个立法样本》，载《清华法学》2020年第3期。

② 朱广新：《论合同法分则的再法典化》，载《华东政法大学学报》2019年第2期。转引自黄和新：《保理合同：混合合同的首个立法样本》，载《清华法学》2020年第3期。

③ 黄薇主编：《中华人民共和国民法典合同编释义》，法律出版社2020年版，第601页。

义“头重脚轻”。保理合同不仅应当关注保理合同关系的型构,更应当关注保理合同的履行、结算等后续事宜,债权转让中心主义强调债权转让是保理合同中的核心功能,但未能涵盖保理合同中虚构应收账款抗辩限制、不利变更合同抗辩限制、有追索权保理人的结算义务(《民法典》第763条、第765条、第766条)等特殊的、关键的履行结算规则,显得“头重脚轻”。二是债权转让中心主义只体现“理”而无“保”。保理,既有应收账款管理催收的“理”,更有资金融通、付款担保的“保”,债权转让中心主义关注的是应收账款本身的财产权利价值,而没有关注到应收账款的担保融资功能,偏重“理”而忽视“保”,并没有反映保理的全貌。三是债权转让中心主义对有追索权保理缺乏解释力。既然保理是一种债权转让,为什么在有追索权保理中,保理人在应收账款即便没有瑕疵的情形下还有权行使追索权?债权转让后非经债务人同意转让通知不得撤销,为什么债权人回购债权无须债务人同意?保理人在主张应收账款后为什么还需要与债权人进行结算?① 四是债权转让中心主义以无追索权保理为原型,并不能适应保理行业的发展现状。无追索权保理在性质上属于应收债权买卖②,债权转让中心主义即以无追索权保理为原型。但鉴于当前我国社会信用体系并不完善,保理人进行信用调查存在较大困难且成本过高,无论是银行保理机构还是商业保理机构都倾向于以有追索权保理提供融资,从而既能降低风险,又能获取可预期的融资收益,相比较而言,有追索权保理占据主流地位。因而,以无追索权保理为原型的债权转让中心主义并不能适应保理行业的发展现状。

至于建设工程价款保理,较之于一般保理,在重“保”轻“理”和有追索权保理普遍化上走得更远,呈现出担保工具化的趋势,债权转让中心主义几乎没有用武之地。

二、建设工程价款保理的担保工具化

所谓担保工具化,就是在建设工程价款保理中,建设工程价款债权担保的意义远大于债权本身的意义,工程价款何时具备结算条件、如何结算、具体结算金额是多少等关涉建设工程价款债权本身的因素无足轻重,建设工程价款债权仅仅是一种担保符号和标签。对承包人而言,建设工程价款债权是“担保物”,承包人以其设定让与担保从保理人处获得融资;对保理人而言,建设工程价款债权是一种与人保

---

① 为行文方便,笔者参考《民法典》第761条关于保理合同的定义,在论及一般的保理合同时,统一将保理合同中提供保理服务的人称为“保理人”,将应收账款债权人简称为“债权人”,将应收账款债务人简称为“债务人”。在专门述及建设工程价款保理问题时,则上述主体的称谓分别对应为“保理人”“承包人”“发包人”。

② 参见黄薇主编:《中华人民共和国民法典合同编释义》,法律出版社2020年版,第614页。

相当的担保工具或符号，建设工程价款债权框定了发包人承担担保责任的范围。建设工程价款保理担保工具化，是由建设工程合同的特殊属性和建筑行业的特殊“行情”决定的。

首先，建设工程价款具有不确定性和周期性。与其他有名合同相比，通过结算方式确定合同价款是建设工程合同的特色之一，当事人无法在签订建设工程合同之始就确定工程价款，只有工程竣工后经结算才能确定最终价款，哪怕固定总价的建设工程合同也存在设计变更等因素导致工程价款的变动，建设工程价款具有高度的不确定性，同时，与工程建设的长周期相适应，建设工程价款无法一次性支付，存在较强的周期性。建设工程价款的不确定性和周期性决定了其并非典型意义的债权，有债权的符号但不易确定债权价值，债权属性不被认可。其次，建设工程价款债权属于高风险应收账款，并不适宜进行纯粹的保理。《商业银行保理业务管理暂行办法》（中国银行业监督管理委员会令 2014 年第 5 号）第 14 条规定：“……对因提供服务、承接工程或其他非销售商品原因所产生的应收账款……应当从严审查交易背景真实性和定价的合理性。”明确将建设工程价款债权识别为高风险应收账款并要求从严审核。故建设工程价款债权并非典型保理业务的合适标的，只有向保理中注入更多的担保元素才能降低保理人的交易风险。再次，建筑房地产行业的高杠杆需要实现融资工具“物尽其用”。房地产行业一直以来存在高周转、高杠杆的倾向，而建筑施工企业重资质、轻资产的运营模式较为普遍，进而导致发包人、承包人有形资产稀缺，融资工具特别有限，建设工程价款保理可以在无须提供有形资产的前提下有效满足企业的融资需求。最后，通过建设工程价款保理方式融资更为简易。债权属于相对性、观念性的财产权利，以建设工程价款保理融资，只需保理人、发包人、承包人书面认可即可，无须核查、验证真假，“包装”更容易，是一种简易的融资方式。

建设工程价款保理的担保工具化，决定了保理人更倾向于采用有追索权保理[①]的保理方式，将发包人无法清偿工程债务的风险转嫁给承包人。采用有追索权保理，反过来又以法律制度和合同约定强化了担保功能。因此，从当事人的真实意思表示以及穿透式审判思维出发，担保是建设工程价款保理的实质，担保理念应当成为确定建设工程价款保理争议解决规则的先导理念。[②]

---

① 截至 2021 年 5 月 17 日，笔者在“北大法宝”上，通过输入“建设工程”“保理”两个关键词，共搜集到最高人民法院、全国各高级人民法院关于建设工程价款保理的有效案例 30 个。这 30 个案例中涉及的保理类型无一不是有追索权保理的。

② 有学者将保理合同的规定作为《民法典》实质担保观的重要体现。参见谢鸿飞：《〈民法典〉实质担保观的规则适用与冲突化解》，载《法学》2020 年第 9 期。

三、在建设工程价款保理争议解决中导入担保理念的具体规则

价款结算、无效合同、实际施工人以及价款优先受偿权,系建设工程合同领域的四大特色制度。研究建设工程价款保理的特殊法律适用问题,当然应当对上述特色制度予以接应和观照。导入担保理念,可以有效解决建设工程价款保理的特殊法律适用问题,形成合理、完善的争议解决规则。

(一)发包人不得以工程价款未结算、未审计或实际结算价款偏低作为抗辩

一般情形下,工程未竣工结算,建设工程价款金额和履行期限无从确定,但如要等到工程竣工结算、债权“成熟”之时才能融资,恐发承包人双方根本无法支撑到工程竣工之时,为此,保理人可以通过协议确认、“截取”部分债权的方式,将建设工程价款债权的金额和履行期限予以明确化,如施工合同约定的工程暂定总价为1亿元,工程竣工时付至结算款的80%,保理人和发包人、承包人三方可以通过协议确认承包人对发包人享有7000万元工程债权,付款期限为2年,从而将未定型的建设工程价款债权予以确定化。① 当保理人、发包人、承包人三方事先确认了建设工程价款债权,发包人事后不得以建设工程价款未结算、未审计或者实际结算的工程价款偏低作为履行付款义务的抗辩,其理由在于,根据《民法典》第763条关于应收账款虚构抗辩限制的规定②,发包人对其确认的建设工程价款债权不得事后以其系虚构为抗辩,何况,在建设工程合同已就发承包人之间的工程承包关系明确的情形下,当事人“截取”部分工程价款作为应收账款予以确认,符合常理,并非“虚构应收账款”。

然而,建设工程价款债权因其存在天然的不确定性,将不确定的债权人为转化为确定的债权,很难说没有“虚构”的痕迹,以《民法典》第763条的规定解释前述问题似乎还稍显苍白。更适切的解释是,引入担保理念。如前所述,发包人确认的建设工程价款债权仅具有担保符号意义,框定了发包人的担保责任范围,名义上是债权而实际上就是发包人的担保责任范围,故以建设工程价款未结算、未审计或实际结算工程价款偏低为履行付款义务的抗辩,实际是发包人无正当理由突破担保责任范围,有违担保之目的和担保的真实意思表示,故此种抗辩应予限制。至于实际结算工程价款偏低时发包人的权利救济问题,同样贯彻担保理念,对于超出部分

---

① 《民法典》第761条将“将有的应收账款”也纳入保理合同的标的,似乎过于超前。“将有的应收账款”不等于“未到期的应收账款”,不仅债权履行期限和金额不确定,甚至债权是否必然产生也不确定,在当前保理业重融资的现状下,“应收账款”的口子放得太大,无疑会放大金融风险和助长欺诈骗贷。反观《商业银行保理业务管理暂行办法》(中国银行业监督管理委员会令2014年第5号)第13条明确规定,商业银行不得基于“未来应收账款”开展保理融资业务,持否定立场。

② 该规定的具体内容为:“应收账款债权人与债务人虚构应收账款作为转让标的,与保理人订立保理合同的,应收账款债务人不得以应收账款不存在为由对抗保理人,但是保理人明知虚构的除外。”

的款项，应认可发包人有权向承包人追偿。在“上诉人长江保理公司与被上诉人武警水电八支队、金飞集团公司、周某勇、杨某卫、周某金、金飞装饰公司合同纠纷案”[①]中，法院认为“保理合同签订后，债务人向保理商确认了债权人对其享有应收账款债权，确认知晓债权人将该应收账款转让给保理商，并承诺向保理商付款，保理商即享有在该应收账款范围内向债务人主张清偿的权利。因债务人上述确认与承诺实质上是其向保理商作出的单方承诺，故无论应收账款基础债权是否存在瑕疵均不影响保理商向债务人主张清偿的权利，债务人作出承诺后即负有必须确定地向保理商履行支付该应收账款的义务……武警水电八支队（发包人）已确认知晓金飞装饰公司（承包人）将对其的2,807,600元债权转让与长江保理公司（保理人），并承诺于约定期限内向长江保理公司履行该债务，现该约定期限已届满，武警水电八支队主张其与金飞装饰公司未结算故不应向长江保理公司还款并无法律与事实依据，本院对此不予支持。若武警水电八支队与金飞装饰公司最终结算结果确与《通知书》载明金额不符，双方可另行处理解决”。该案将建设工程价款债权认定为一种付款的“承诺”，并认定发包人不得以工程款未结算为由拒绝付款，发包人多付的款项应另行处理解决，充分体现了担保理念。

（二）保理人对发包人的权利主张不因建设工程合同无效而受影响

建设工程合同，因其设定的无效事由过多，加之建筑企业不规范运营的现象较为普遍，由此导致建设工程合同无效过多。《民法典》第765条只是规定了应收账款转让后，债权人和债务人无正当理由协商变更或终止基础交易合同损害保理人利益的，对保理人不发生效力，但并没有一般性的规定，明确应收账款转让后基础合同无效，债务人能否以合同无效主张付款抗辩。同样，建设工程价款保理中，也仍然需要更多地考虑建设工程合同无效的情形。

与一般合同的无效后果不同，《民法典》第793条确立了建设工程施工合同无效时“参照合同关于工程价款的约定折价补偿承包人”的规则，因此，对保理人而言，建设工程合同无效对其权利并无实质减损，发包人承担付款义务并不因合同无效而有所减轻，故发包人主张合同无效的抗辩并无实质效果。但这只是通常情况，“参照”意味着特定情况下发包人可以基于无效合同的过错原则主张少付或者不付工程款，如此，发包人主张合同无效的抗辩如何处理？按照现有的规定，似乎并无定论。但如导入担保理念，这一问题便可以迎刃而解：正因为交易各方只是将建设工程价款债权作为担保符号，并不关心建设工程合同的效力和具体价款结算，所以，建设工程合同无效对建设工程价款债权造成的“扰动”应当忽略不计。更夸张地说，即便承包人修复后的建设工程经验收不合格，以致无权请求参照合同约定折

① 重庆市第五中级人民法院（2019）渝05民终4740号。

价补偿,按照担保的理念,发包人仍需先行向保理人承担付款义务,事后再行向承包人追偿。

(三)实际施工人的付款请求权不得对抗善意的保理人

建设工程价款保理中,承包人转让建设工程价款债权后,发包人只能向保理人履行债务,如实际施工人基于最高人民法院《关于审理建设工程施工合同纠纷案件适用法律问题的解释(一)》(以下简称《建设工程施工合同解释一》)第 43 条第 2 款的规定①向发包人主张付款责任时,发包人能否拒绝实际施工人的付款请求或者付款后向保理人主张减少相应的付款责任呢?笔者认为,实际施工人的付款请求权存在的前提有二:一是承包人欠付实际施工人工程款;二是承包人对发包人享有工程价款债权。但在建设工程价款保理中,承包人已将其享有的工程价款债权转让给保理人,第二个前提已不具备,故实际施工人付款请求权的基础已被斩断,发包人有权拒绝实际施工人的付款请求。如发包人仍然付款,则属于错误支付,对保理人并不能产生债务清偿效果,并不能减免其对保理人的付款义务。

同样,如以担保理念观之,也会有殊途同归的解释:对发包人而言,确认的建设工程价款债权就是其承担担保责任的范围,并不因第三人主张付款责任而缩减其担保责任范围;对保理人而言,实际施工人法定的付款请求权附属于承包人的工程价款债权,实际施工人主张的权利涵括在承包人的工程价款债权之中,承包人以建设工程价款债权设定保理,实际是以工程债权设定了让与担保,根据《全国法院民商事审判工作会议纪要》(法〔2019〕254 号)第 71 条关于让与担保优先受偿效力的规定,则保理人依法享有对工程价款债权优先受偿的权利,其权利优先于实际施工人的付款请求权,故实际施工人的付款请求权不得对抗保理人受让建设工程价款债权。当然,也存在一种例外,如果保理人受让建设工程价款债权时,明知存在承包人欠付实际施工人工程款的,设定保理明显损害实际施工人的利益且与司法解释保护农民工工资的立法宗旨相悖,保理人显非善意,实际施工人则有权向发包人主张付款请求权,保理人应当自行承担债权无法实现的不利后果。

另外,挂靠情形下实际施工人的情况也需要特别考虑。挂靠的实际施工人能否依据前述《建设工程施工合同解释一》第 43 条的规定向发包人主张付款责任或者直接基于建设工程合同向发包人主张工程价款债权,目前尚无定论,但对于发包人明知的挂靠,挂靠的实际施工人有权直接向发包人主张工程款,这在某种意义上

① 具体内容为:"实际施工人以发包人为被告主张权利的,人民法院应当追加转包人或者违法分包人为本案第三人,在查明发包人欠付转包人或者违法分包人建设工程价款的数额后,判决发包人在欠付建设工程价款范围内对实际施工人承担责任。"如实际施工人基于《建设工程施工合同解释一》第 44 条关于代位权的规定向发包人主张付款责任呢?笔者认为,承包人向保理人转让建设工程价金债权后,承包人不再享有债权,实际施工人代位之债权不复存在,故实际施工人根本无从基于债权代位权向发包人主张付款责任。

已成为一种共识。与转包、发包人不明知的挂靠不同,发包人明知的挂靠,加入了发包人的过错因素,此种情形下,如发包人仍然向保理人确认名义承包人(被挂靠人)享有建设工程价款债权,基于担保理念,发包人属于自愿作出担保承诺,仍需对保理人承担付款义务,同时,因实际施工人(挂靠人)才是真正的权利人,发包人的债权确认行为侵害了实际施工人(挂靠人)的债权且存在明显过错,也不能免除其对实际施工人(挂靠人)的付款责任。

(四)保理人不应享有价款优先受偿权

《民法典》第 547 条确立了债权从权利随债权转让一并转让的规则,价款优先受偿权是否也可作为工程价款债权的从权利一并转让至保理人呢?笔者认为,《民法典》第 807 条将价款优先受偿权的权利主体限定为"承包人",《建设工程施工合同解释一》第 35 条进一步将价款优先受偿权的权利人限缩为"与发包人订立建设工程施工合同的承包人",连对工程建设有实际贡献的实际施工人都被排除在外,第 40 条更是对价款优先受偿权的受偿范围予以严格限定,第 36 条明确价款优先受偿权是优于抵押权和其他债权的"超级优先权",由此可见,《民法典》及其配套司法解释在对价款优先受偿权的权利主体和受偿范围予以严格限定的同时还赋予其超级效力,其用意无非就是为了精准治理建筑行业拖欠民工工资的社会顽疾,价款优先受偿权绝非民法意义上的担保物权,而是包含了政策意志和人文关怀的法定权利,遵循文义解释和目的解释,不应简单套用从权利随债权转让一并转让的规则,将价款优先受偿权的权利人随意扩及与工程建设无实际关联的主体,故保理人不能享有价款优先受偿权。

以担保观念视之,更应如此。保理人受让建设工程价款债权的目的在于担保融资款,其债权内容的本质是融资款项本息,建设工程价款债权不过是担保财产而非债权内容,发包人承担的也只是一种与保证相当的担保责任。如赋予保理人价款优先受偿权,则相当于发包人对自己承担的担保责任还另行附带具有优先受偿效力的担保,明显提升担保"量级",超出当事人关于担保内容和范围的约定,也损害了其他债权人的利益,造成利益失衡,何况,保理人在发包人不能履行付款义务时还可向承包人行使追索权,保理人的利益足以得到保障。再者,价款优先受偿权的"杀伤力"过大,而保理因其标的为无形债权,容易人为虚设,赋予保理人价款优先受偿权,将使普通的借款人"弯道超车",侵害建设工程担保物权人和农民工群体利益,引发极高的道德风险。

四、余论:担保架构系实现担保功能的前提

建设工程价款保理担保工具化,并不意味着保理合同可被虚置,事实上,保理合同的成立是建设工程价款保理实现担保功能的前提,如保理架构不具备、保理合

同不成立,将会使保理合同关系转变为其他合同关系,从而导致“脱保”的后果。建设工程价款保理存在三个“脱保”的倾向,值得重视:一是保理人虚构建设工程价款债权,名为保理、实为借贷。与单纯发包人、承包人之间虚构工程债权不同,保理商参与基础建设工程合同虚构,不仅仅是无法援引《民法典》第763条虚构债权抗辩限制的规则,还将动摇保理合同的基础,实则属于以保理之名行借贷之实,应当按照借款合同确定当事人的权利义务关系[①]。二是仅有债权转让与债权回购而无保理的意思表示,按无名合同处理。在“上诉人远通公司与被上诉人马洲公司、原审第三人神龙公司合同纠纷案”[②]中,法院认为“本案各方在签订案涉合同之时并未表明保理行为的意思表示,即使案涉《应收账款转让及回购合同》内容有保理合同的特征和倾向,因双方主体以及意思表示的因素,也不应认定该合同性质为商业保理合同”,最终因缺乏明确的保理意思表示,该案中关于应收账款转让与回购内容的合同按照无名合同予以处理。三是融资与建设工程价款债权缺乏实质牵连,按借款合同关系处理。在“上诉人中原航空融资租赁公司与被上诉人龙盛公司、原审被告国购投资公司、国购产业公司、京商公司、袁某宏、胡某兰借款合同纠纷案”中,承包人虽将建设工程价款债权转让给保理商,但未约定债权履行到期日,同时,承包人还需按照固定期限分期支付利息,法院最终认定融资与债权转让缺乏关联性,按借款合同关系处理。[③] 由此可见,建设工程价款保理中,保理合同的成立是实现担保功能的前提,建造保理架构、订立保理合同,不仅要保证基础建设工程合同的真实,还要有明确的保理意思表示,并将建设工程价款债权与融资款项有机结合。

---

① 参见黄薇主编:《中华人民共和国民法典合同编释义》,法律出版社2020年版,第614页。

② (2019)最高法民终1132号。

③ (2019)最高法民终1449号。相关具体裁判内容摘录如下:“本案中,被上诉人龙盛公司转让给上诉人中原航空融资租赁公司的债权并未约定具体的债权到期日,且龙盛公司在中原航空融资租赁公司支付15000万元融资款后,随即按月向其支付利息并约定按期归还本金,而非在应收账款到期后无法收回时归还融资本息。龙盛公司实际上是依照固定的融资期限而非依照应收账款的履行期限偿还本息,融资期限与基础债权债务关系的履行期限不具有关联性,亦不符合保理法律关系的基本特征。故原审依据查明的事实并结合应收账款的特征及双方基本权利义务的内容,将双方之间的关系认定为借贷法律关系,并无不当。”

《建设工程工程量清单计价规范》计价风险条款的司法适用

翟　嘉* 　杨　宵**

一、《建设工程工程量清单计价规范》强制性条文的法律属性

《建设工程工程量清单计价规范》(以下简称《清单计价规范》)是住房和城乡建设部在2003年发布的国家标准,又先后于2008年、2013年进行了修订。不管是"2003年版"、"2008年版"还是"2013年版",均包含强制性条文。并在住房和城乡建设部《关于发布〈建设工程工程量清单计价规范〉的公告》中明确"其中,第3.1.1、3.1.4、3.1.5、3.1.6、3.4.1、4.1.2、4.2.1、4.2.2、4.3.1、5.1.1、6.1.3、6.1.4、8.1.1、8.2.1、11.1.1条(款)为强制性条文,必须严格执行"。然而,实践中,发承包双方可能在建设工程施工合同中作出不同于《清单计价规范》强制性条文的约定,由此引发争议。关于违反《清单计价规范》强制性条文的法律效果,当前在实务界主要有以下几种观点:

(一)观点一:违反该强制性条文的约定无效

该观点认为,合同中违反该强制性条文的约定无效。主要理由为:第一,《清单计价规范》是国家强制性标准,其中的强制性条文必须严格执行。第二,《建筑法》第18条规定:"建筑工程造价应按照国家有关规定,由发包单位与承包单位在合同中约定……"《清单计价规范》作为国家标准,就是该条中的"国家有关规定"。因此,《建筑法》赋予了《清单计价规范》强制性的约束力。第三,建设工程标准化体系赋予《清单计价规范》强制性条文的效力,违反该规范的强制性条文等同于违反建设工程标准化体系的有关规定,视为无效。第四,违反《清单计价规范》的强制性条文要求就意味着违反了该规范的立法宗旨,可能会导致质量、工期等一系列问

---

* 翟嘉,陕西稼轩律师事务所律师。

** 杨宵,陕西稼轩律师事务所实习律师。

题,进而损害国家、集体利益。[①] 这是工程造价行业较为普遍的观点。

当然,在司法适用方面,也有持同样观点的案例,在(2020)鲁民终638号案中,法院认为:"……涉案合同有关约定合同价格不因市场价格的变动而调整的条款属于让上诉人承担无限风险,该约定违反了《建设工程工程量清单计价规范》(GB 50500-2013)第3.4.1条规定'建设工程发承包,必须在招标文件、合同中明确计价中的风险内容及其范围,不得采用无限风险、所有风险或类似语句规定计价中的风险内容及范围',应认定无效。"

江苏省高级人民法院在(2016)苏民终1151号案中认为:"《中华人民共和国建筑法》第十八条规定,建筑工程造价应当按照国家有关规定,由发包单位与承包单位在合同中约定。本案工程采用工程量清单计价方式通过招投标签订合同作为计算工程造价的依据,《建设工程工程量清单计价规范》系国家建设主管部门对工程量清单计价方式的规范文件,根据其中强制性条文第4.1.2条规定,采用工程量清单方式招标,工程量清单必须作为招标文件的组成部分,其准确性和完整性由招标人负责。本案建设工程施工合同第23.2条第C款约定如工程量清单存在漏项、错误、特征及工作内容描述不准确则由承包人承担不利后果的约定与该强制性条款相冲突,故不应作为双方的结算依据。"

(二)观点二:违反《清单计价规范》规定不导致合同无效

有观点认为,违反该强制性条文不属于违反法律、行政法规的强制性规定,合同依然有效。原因在于,《清单计价规范》属于国务院部委颁布的规范,是部门规章,而非法律、行政法规。

陕西省高级人民法院在(2018)陕民终718号案中认为:《清单计价规范》主要系用来规范建设工程发、承包及实施阶段的计价,并非法律法规所规定的效力性强制性规定,不能替代双方当事人对自身权利处分所达成的合意,故应尊重当事人意思自治的内容,优先适用当事人的合同约定,一审以《清单计价规范》第3.1.5条属强制性规定为由认定安全文明施工费应计取错误,二审予以纠正,安全文明施工费2,073,810.77元不应计入案涉工程造价。

(三)观点三:《清单计价规范》是带有规范性文件性质的国家标准[②]

该观点首先否认了上述两种观点,对《清单计价规范》中的强制性条文做出了类型化分析,结论是:国家标准《清单计价规范》中的强制性条文,并非都符合我国关于工程建设强制性标准的定义。2013年版《清单计价规范》中只有第3.1.5条

---

① 参见张晓丽、尹贻林、李彪:《〈建设工程工程量清单计价规范〉强制性条文的效力研究》,载《项目管理技术》2012年第5期。

② 参见高印立、黄丽芳:《〈建设工程工程量清单计价规范〉强制性条文效力的类型化分析》,载《北京仲裁》2016年第2期。

和第6.1.3条属于效力性强制性规范,违反该条规定的约定无效,违反其他强制性条文规定的,则不产生无效的法律效果。

由表1可以看出,除第3.1.5条、第3.1.6条、第6.1.3条外,其他12条强制性条文具有以下共同特点:第一,条文所规定的内容均无相应上位法,《清单计价规范》的法律性质决定了这些强制性条文的效力等级较低,不属于法律、行政法规的范畴;第二,条文内容不属于《标准化法》及《标准化法实施条例》规定的强制性标准,不关乎国家利益和社会公共利益。因此,对这12条强制性条文的违反不会导致合同无效。

表1 2013年版《清单计价规范》强制性条文的分类①

<table>
<tr><th rowspan="2">条文</th><th colspan="3">主要特点</th></tr>
<tr><th>自身效力</th><th>强制性标准定义</th><th>上位法规定</th></tr>
<tr><td>第4.2.1条、第4.2.2条、第4.3.1条、第6.1.4条、第8.1.1条、第8.2.1条</td><td>自身不产生规范效力</td><td>不符合《标准化法》及其实施条例中强制性标准的定义</td><td>规范效力源于《标准化法》及其实施条例的规定</td></tr>
<tr><td>第3.1.5条</td><td rowspan="4">自身产生规范效力</td><td>符合《标准化法》及其实施条例中强制性标准的定义</td><td>《安全生产法》第20条;《企业安全生产费用提取和使用管理办法》(财企〔2012〕16号)第7条</td></tr>
<tr><td>第3.1.6条</td><td rowspan="3">不符合《标准化法》及其实施条例中强制性标准的定义</td><td>税法、《社会保险法》第2条、《建筑法》第48条、《住房公积金管理条例》第18条、《水污染防治法》等</td></tr>
<tr><td>第6.1.3条</td><td>《招标投标法》第33条</td></tr>
<tr><td>第3.1.1条、第3.1.4条、第3.4.1条、第4.1.2条、第11.1.1条、第5.1.1条</td><td>无上位法规定,效力等级低</td></tr>
</table>

结合以上观点,笔者认为,《清单计价规范》的性质就是国家标准,不属于法律法规、部门规章。更无从谈起其具备导致民事法律行为无效的效力性强制性规范

① 参见高印立、黄丽芳:《〈建设工程工程量清单计价规范〉强制性条文效力的类型化分析》,载《北京仲裁》2016年第2期。

的性质。除效力位阶及发布程序上的原因①以外,具体分析如下:

第一,从形式上讲,《清单计价规范》的条文结构不具备法律规则属性。技术标准不符合法律规则的要求,不具备法律属性。其理由如下:技术标准不符合法律规则的形式要件。法律规则的完整逻辑结构一般分为"假设—处理—制裁"三个部分。假设部分为法律适用条件,处理部分可以分为应当、禁止和可以三种模式,制裁部分分为肯定、否定两种法律评价。也就是说,法律规则实际上假定一种行为模式,予以规范,不服从的予以制裁。出于立法技术的考量,单一法律条文往往也会出现省略假定部分,或者将假定与处理、制裁部分分离的做法。技术标准仅是针对技术要求的规则,实际上是一种行为模式的假定。强制性技术标准,要求从业人员遵守这种规则,不遵守的将面临行政处罚。如果是其他法律中授权行政机关制定发布该技术标准,往往制裁手段规定在其他法律规范中。所以,技术标准仅构成法规则"假定"规则的一部分。②

因此,标准作为非法律的规范系统,不能当然进入法律领域,标准进入法律领域需要一定的路径。

第二,《清单计价规范》多数条文不符合效力性强制性规定的规范目的。《清单计价规范》从形式上不属于法律法规,从法律规定的效力性强制性规定的含义和规范目的来讲,《清单计价规范》中的强制性条文并不都涉及保护实质性的公共利益。效力性强制性规定,意在禁止某类行为的发生,以避免对实质性的公共利益的损害,因而违反此类强制性规定的行为无效;管理性强制性规定,意在禁止以违反法律的方式进行某类行为,以避免对管理秩序造成危害,违反此类强制性规定应受法律制裁,但行为效力不受影响。③ 由此可见,《清单计价规范》除第 3.1.5 条和第 6.1.3 条外,其余条款均不涉及对公共利益的保护,甚至即便违反了其他条款,可能造成对管理秩序的损害,除第 3.1.6 条以外,也不至于达到应当受到法律制裁的程度。

第三,《清单计价规范》除第 3.1.5 条、第 3.1.6 条、第 6.1.3 条外,其余条文不

---

① 技术标准的制定和颁布机关权限不符合法律规则的要求。强制性技术标准,一般有立法明确授权。法律对适用该标准的范围、制定机关、制定标准的原则以及违反该标准的制裁后果,都进行了规定。制定机关仅在授权范围内,凭借行政机关的专业性和工作性质,按照法律规定制定技术标准。国务院有关行政主管部门依据职责负责强制性国家标准的项目提出、组织起草、征求意见和技术审查。法律则是由国家立法机关制定、公布。推荐性技术标准,如企业、团体标准的制定和颁布甚至是封闭的、不透明的。因此,强制性技术标准和推荐性技术标准均不符合法律规则的制定、颁布条件。技术标准的制定不符合立法程序。根据《立法法》和《规章制定程序条例》规定,规章制定应当具备立项、起草、审查、决定、公布几个环节。技术标准的制定仅需要计划、准备、起草、审查和报批。转引自宋华琳:《论技术标准的法律性质——从行政法规范体系角度定位》,载《行政法学研究》2008 年第 3 期。

② 参见包建华、陈宝贵:《技术标准在司法裁判中的适用方式》,载《法律适用》2019 年第 13 期。

③ 参见王轶:《民法总则法律行为效力制度立法建议》,载《比较法研究》2016 年第 2 期。

属于强制性标准。强制性标准的特点在于其强制性，即法律保障其实施的效力。“强制性不是标准所固有的，而是法律赋予的。”《标准化法》第 2 条第 3 项关于“强制性标准必须执行”的规定，是标准获得强制性的法律依据，也是其强制实施效力的来源。因此，所谓强制性标准，实际上是指法律赋予其强制实施效力的标准。在我国，法律赋予标准以强制实施的效力，并非指向特定的标准，也不是指向已经发布的标准，而是指向依据《标准化法》第 10 条第 1 款规定制定的标准，这类标准旨在“保障人身健康和生命财产安全、国家安全、生态环境安全”以及“满足经济社会管理基本需要”。在安全领域，赋予标准以强制实施效力，也是许多国家标准化的基本做法。[①]

以《清单计价规范》第 3.1.5 条为例，其规定“措施项目中的安全文明施工费必须按国家或省级、行业建设主管部门的规定计算，不得作为竞争性费用”。根据《建筑法》《安全生产法》《建设工程安全生产管理条例》等法律、法规的规定，招标人不得要求投标人对安全文明施工费予以优惠，投标人也不得以该项费用参与市场竞争。这样的规定旨在保障公共安全、生态环境安全，因此符合强制性标准的特征。

以第 3.4.1 条等计价风险条款为例，其条文的设置旨在维持承发包双方之间的交易公平，从而稳定市场秩序，但并不直接涉及保障公共安全等目的。

二、风险分担条款进入司法路径的必要性

笔者认为，尽管《清单计价规范》不具备法律属性，但其中涉及承发包双方计价风险分担的条文，符合《民法典》公平原则的要求。在司法适用过程中起到实现实质公平的作用。《民法典》第 6 条规定：民事主体从事民事活动，应当遵循公平原则，合理确定各方的权利和义务。公平原则首先要求民事主体在从事民事活动时，按照公平观念行使权利、履行义务，特别是双方民事法律行为，要求一方的权利和义务应当相适应，双方之间的权利和承担的义务应当对等，不能一方只承担义务另一方只享有权利，也不能一方享受的权利和义务相差悬殊。公平原则的这种要求在合同编中得到充分体现，如合同编中第 496 条第 2 款规定，采用格式条款订立合同的，提供格式条款的一方应当遵循公平原则确定当事人之间的权利和义务。第 497 条第 2 项规定，提供格式条款一方不合理地免除或者减轻其责任、加重对方责任、限制对方主要权利的格式条款无效。公平原则作为民法的基本原则，不仅仅是民事主体从事民事活动应当遵守的基本行为准则，也是人民法院审理民事纠纷应当遵守的基本裁判准则。

---

① 参见柳经纬：《标准的类型划分及其私法效力》，载《现代法学》2020 年第 2 期。

《清单计价规范》第3.4.1条规定了招标人应在招标文件中或在签订合同时载明投标人应考虑的风险内容及风险范围或风险幅度。风险是一种客观存在的、可能会带来损失的、不确定的状态。风险始终与损失相联系。工程施工发包是一种期货交易行为,工程建设本身具有单件性和建设周期长的特点。在施工过程中影响工程施工及工程造价的风险因素很多,但并非所有的风险都是承包人能预测、能控制和应承担的。基于市场交易的公平性要求和工程施工过程中发承包双方权、责的对等性要求,发承包双方应合理分担风险,所以《清单计价规范》要求在招标文件中或者合同中禁止招标人采用无限风险、所有风险或类似的语句规定投标人应承担的风险内容及风险范围或风险幅度。

根据《清单计价规范》承发包双方的风险分担总结如下:

1. 发包人完全承担的外部风险有:法律法规变化;人工费调整;政府定价或者政府指导价管理的原材料等价格的调整。

2. 发包人完全承担的内部风险:工程变更;项目特征不符;工程量清单缺项;工程量偏差。

3. 发包人与承包人共同承担的风险:市场物价波动;不可抗力。

4. 承包人完全承担的风险:承包人适用施工机械造成施工费用增加;承包人施工技术造成施工费用增加;承包人管理水平造成施工费用增加。

理论上说,建设工程合同的发包人与承包人均为理性的商业主体,具有平等的法律地位和行为能力。应当按照《清单计价规范》这样的行业标准,在合同中约定各自的权利义务。但事实上,在投资作为社会经济快速发展的主要拉动因素,且建筑市场供需矛盾非常突出的情况下,发包人相比于承包人而言,一般在市场交易中占有强势地位,尤其是在政府招投标的公共工程中,其强势地位更为明显。实践中发包人滥用强势地位影响合同平等、自愿原则的情形绝不鲜见。例如,在招标文件中明确要求排除业主的任何风险、恶意压低价格等,此时当事人名义上系自愿签订协议,实际上双方的合意度很低,所谓的意思自治很大程度上只是形式上的意思自由,而缺乏实质性的合意。[①] 当合意度降低,给付与对待给付之间的关系又严重失衡时,如果司法裁判中一味遵循合同严守原则,就难以在个案中体现公平原则。

因此,为了实现实质公平,笔者认为,《清单计价规范》中涉及承发包人平等权利义务的规范有必要进入司法领域。最高人民法院在《全国法院民商事审判工作会议纪要》(法〔2019〕254号)中提出了以下观点:在实践中存在大量法律、行政法规没有规定的情形,需要以地方性法规、部门规章、地方性规章甚至红头文件解决,

---

① 参见杨晓蓉:《动态系统论视角下情势变更原则的适用——以建设工程合同为例》,载《学海》2018年第3期。

发生纠纷后审判机关适用这些地方性法规、部门规章、地方性规章和红头文件是不可避免的，也需以是否违背公序良俗原则来确定民事法律行为效力。以公序良俗作为违反非效力性强制性规定民事法律行为效力的判断标准，能够明辨是非，解决实践中困惑已久的违反非效力性强制性规定民事法律行为的法律适用问题，具有重要的价值和意义。

在(2020)黔民终102号案中，法院认为：从交易习惯、行业惯例看，《清单计价规范》(GB 50500－2008)是国家行政主管部门基于工程造价管理深化改革与发展的需要，出于整顿和规范建设市场秩序的目的，对建设工程施工领域中工程量清单计价方式制定的国家标准，是建设工程领域工程量清单计价方式通常做法的最直接最权威的文件表现形式。

然而，尽管行业规范作为在一定的范围内获得最佳的秩序，对活动或其结果规定共同的和重复适用的规则、导则或特性的文件，但其非法律的规范系统，不能当然进入法律领域，标准进入法律领域需要一定的路径。标准之所以能够进入法律领域，不取决于标准而取决于法律，取决于法律对标准的接受。在私法领域里，法律对标准的接受方式即标准进入私法的路径包括法律的规定和当事人的约定。在《清单计价规范》中的风险分担条款，其体现的法律规定，应当就是《民法典》关于公平原则的规定。

三、《清单计价规范》计价风险条款的司法适用

以第3.4.1条为例，在目前的司法裁判案例中，在遵循合同严守原则的前提下，一些判决作出了不同于当事人约定的认定。

第一，比如，在(2019)最高法民申5682号案中，应该说《清单计价规范》是以证据形式在双方当事人风险分担问题上发挥了作用，成为司法鉴定意见书中判断事实所遵循的标准，判决如下：关于应否对人工费进行调整的问题。《住房和城乡建设部公告第1567号——关于发布国家标准〈建设工程工程量清单计价规范〉的公告》规定："其中，第……3.4.1……条(款)为强制性条文，必须严格执行。"《清单计价规范》(GB 50500－2013)第3.4.1条规定："建设工程发承包，必须在招标文件、合同中明确计价中的风险内容及其范围，不得采用无限风险、所有风险或类似语句规定计价中的风险内容及范围。"第3.4.2条规定："由于下列因素出现，影响合同价款调整的，应由发包人承担：……(二)省级或行业建设主管部门发布的人工费调整，但承包人对人工费或人工单价的报价高于发布的除外……"由上述规定可知，在案涉《建设工程施工合同》第11条价格调整部分未就人工费调整的风险承担作出约定情形下，并不当然按照《建设工程施工合同》约定的固定合同价款中的人工费标准对案涉工程计费，还应当考察省级或行业建设主管部门发布的人工费调

整是否影响合同价款调整。根据河南省住房和城乡建设厅《关于贯彻〈建设工程工程量清单计价规范〉(GB 50500 - 2013)〈建筑安装工程费用项目组成〉(建标〔2013〕44 号)文件有关问题的通知》(豫建设标〔2014〕29 号)关于"人工费指导价属于政府指导价,不应列入计价风险范围"的规定可知,案涉工程人工费调整应当依据施工期间政府颁发的人工费指导价进行调整,因此鉴定机构金鼎公司将 2#楼、6#楼及地下车库工程人工费价差 506,843.05 元计入变更工程造价,并无不当,聚尔溢公司提出的该费用不应计入变更工程造价的申请理由不能成立,本院不予支持。

除了上述判决,有观点认为,技术标准在司法裁判中,还应具备事实认定中的证据作用。作为证据使用的技术标准,则需要当事人双方举证。在事实认定领域,技术标准的第一种功能是作为事实,证明案件事实存在,即证据。① 那么,《清单计价规范》中的计价风险分担条款及调价方式等相关条款即可以证据的方式在司法裁判中发挥作用,尤其是在司法鉴定过程中,作为承发包双方利益失衡的参考。针对参考性、提倡性的国家规范,法院可以作为对鉴定意见证明力方面的判断标准。当事人双方也可以采用推荐性的技术标准作为质证依据,影响法官心证,从而获得有利的事实认定。我国 2016 年《司法鉴定程序通则》第 23 条规定,司法鉴定人进行鉴定,应当依下列顺序遵守和采用该专业领域的技术标准、技术规范和技术方法:(1)国家标准;(2)行业标准和技术规范;(3)该专业领域多数专家认可的技术方法。

第二,《清单计价规范》风险分担条款可以直接由当事人约定在合同中,从而进入司法适用领域。然而,在实操过程中,当事人可能会因为约定不明而无法实现分担风险的目的。比如,在(2020)皖 02 民终 705 号案中,安徽省芜湖市中级人民法院认为:关于对材料价差进行调整的主张违反双方的合同约定,不应支持。合同补充条款虽约定"材料调价按现行芜湖市政府有关文件执行",但该约定与合同专用条款约定不一致,且其所载"芜湖市政府有关文件"具体指何种效力层级的文件,属于约定不明,不应作为主材调差的合同依据。因此,笔者还是建议当事人在拟定合同过程中尽量明确具体文件名称、文件编号,避免因约定不明而导致损失。

第三,近年来,因市场波动,建筑材料、人工费上涨带来大量纠纷,所以在一些纠纷多发的省份的高级人民法院内部,也出台了相关的审判指导意见(见表 2)。四川、安徽、北京各高级人民法院的意见看似大致相同,都规定了合同严守的前提及因工期违约造成的损失风险裁判规则。但细究起来,三者对于行业规范的司法适用路径还是有区别的。四川省高级人民法院与北京市高级人民法院均认为在双

---

① 参见包建华、陈宝贵:《技术标准在司法裁判中的适用方式》,载《法律适用》2019 年第 13 期。

方合同没有约定的情况下，法院裁判时"可在市场风险范围和幅度之外酌情予以支持，具体数额可以委托鉴定机构参照工程所在地建设行政主管部门关于处理建材差价问题的意见予以确定"。当然四川省高级人民法院加入了如不调整显失公平的前提，更加完整地体现了民事法律的基本原则。

安徽省高级人民法院则认为在双方没有约定的情形下，可以直接"参照建设行政主管部门的规定或者行业规范处理"。当然，根据前文的分析，笔者也认为直接适用行业规范欠妥，应当通过公平原则的适用来进行裁判。

江苏省高级人民法院则直接突破了合同严守的原则，为实现承发包双方利益实质公平提出了突破性的意见。

表2　相关的审判指导意见

四川省高级人民法院《关于审理建设工程施工合同纠纷案件若干疑难问题的解答》(川高法民一〔2015〕3号)	24. 约定工程价款实行固定总价结算的施工合同在履行过程中材料价格发生重大变化如何处理?	约定工程价款实行固定总价结算的施工合同履行过程中，主要建筑材料价格发生重大变化，超出了正常市场风险范围，合同对建材价格变动风险负担有约定的，依照其约定处理	没有约定或约定不明的，当事人要求调整工程价款，如不调整显失公平的，可在市场风险范围和幅度之外酌情予以支持，具体数额可以委托鉴定机构参照工程所在地建设行政主管部门关于处理建材差价问题的意见予以确定	因一方当事人原因致使工期或建筑材料供应时间延误导致的建材价格变化风险由该方当事人承担，该方当事人要求调整工程价款的，不予支持
安徽省高级人民法院《关于审理建设工程施工合同纠纷案件适用法律问题的指导意见(二)》(2014年1月1日)		第15条　建设工程施工合同履行过程中，人工、材料、机械费用出现波动，合同有约定的，按照约定处理	合同无约定，当事人又不能协商一致的，参照建设行政主管部门的规定或者行业规范处理	因工期延误导致上述费用增加造成损失的，由导致工期延误的一方承担；双方对工期延误均有过错的，应当各自承担相应的责任

续表

北京市高级人民法院《关于审理建设工程施工合同纠纷案件》(京高法发〔2012〕245号)	12.固定价合同履行过程中,主要建筑材料价格发生重大变化,当事人要求对工程价款予以调整的,如何处理?	建设工程施工合同约定工程价款实行固定价结算,在实际履行过程中,钢材、木材、水泥、混凝土等对工程造价影响较大的主要建筑材料价格发生重大变化,超出了正常市场风险的范围,合同对建材价格变动风险负担有约定的,原则上依照其约定处理	没有约定或约定不明,该当事人要求调整工程价款的,可在市场风险范围和幅度之外酌情予以支持;具体数额可以委托鉴定机构参照施工地建设行政主管部门关于处理建材差价问题的意见予以确定	因一方当事人原因导致工期延误或建筑材料供应时间延误的,在此期间的建材差价部分工程款,由过错方予以承担
江苏省高级人民法院《关于审理建设工程施工合同纠纷案件若干问题的意见》	第9条第1款　建设工程施工合同约定工程价款实行固定价结算的,一方当事人要求按定额结算工程价款的,人民法院不予支持,但合同履行过程中原材料价格发生重大变化的除外			

综上,笔者认为,在司法裁判中,对于《清单计价规范》中的计价风险条款,可以通过公平原则适用的路径来实现个案的实质公平。当然,在当事人就风险分担约定不明的情况下,可以根据公平原则直接裁量。然而,承发包双方如有约定,且约定与《清单计价规范》风险分担原则相悖的情况下,是否突破合同严守的原则,则需要裁判者根据个案中的双方利益进行综合判断权衡。

另外,除司法途径之外,承发包双方也可采用行业调解等多元的纠纷解决方式。本文主要简单介绍目前有第三方介入的两种方式:(1)调解。合同当事人可以就争议请求建设行政主管部门、行业协会或其他第三方进行调解,调解达成协议的,经双方签字并盖章后作为合同补充文件,双方均应遵照执行。(2)仲裁。各地仲裁委目前纷纷成立建设工程仲裁院或建设工程争议仲裁中心来专门处理建设工程合同纠纷,高效解决建筑工程纠纷争议,为建筑行业健康发展提供绿色通道。上述方式相对司法途径在规则的适用方面较为灵活,《清单计价规范》等行业标准在其中能发挥更大的参考作用。

情势变更原则在建设工程领域的司法适用研究

宁　萌*

一、问题的提出

《民法典》第533条规定,"合同成立后,合同的基础条件发生了当事人在订立合同时无法预见的、不属于商业风险的重大变化,继续履行合同对于当事人一方明显不公平的,受不利影响的当事人可以与对方重新协商;在合理期限内协商不成的,当事人可以请求人民法院或者仲裁机构变更或者解除合同。人民法院或者仲裁机构应当结合案件的实际情况,根据公平原则变更或者解除合同"。

上述条文是关于"情势变更原则"的规定,本质是通过重新协商、变更或解除合同的手段,对交易双方的风险重新分配,以实现实质性的公平正义。众所周知,建设工程施工合同属于特殊的承揽合同,一般具有履行周期长、标的大、建材复杂多样的特点,且合同计价方式往往多为固定价,实际履行过程中极易受自然、社会、国家政策等外界因素影响,导致合同基础动摇甚至是丧失,以至于无法履行或继续履行将对一方造成严重损失。因此,情势变更原则在建设工程施工合同纠纷中的主张适用极具广泛普遍性,但《民法典》第533条的规定中适用"情势变更"限定条件的内涵及标准并不清晰——比如何谓"合同基础条件发生变化"、何谓"无法预见"、何谓"不属于商业风险"、何谓"明显不公平",前述是众多学者早已指出过的普遍性问题尚未予以立法解决,而在建设工程领域的适用亦存在其特殊性解读及问题亟待研究解决——比如"固定价下材料上涨能否适用情势变更","施工合同无效下,情势变更原则适用的空间","行政主管部门的调价文件或国家政策能否作为适用情势变更的依据","情势变更在建设工程领域的行使期限及失权问题","情势变化,当事人再协商变更合同是否会认定为实质性变更而无效"等。

建设工程领域的司法实践中,存在情势变更原则的适用率低、司法裁判结果呈

---

* 作者单位:天津四方君汇律师事务所。

现极大恣意性的情况。由此可见,厘清情势变更原则的普遍性问题,梳理研究情势变更在建设工程领域的特殊性问题,殊有必要。

二、情势变更原则在建设工程领域司法实践中适用现状及问题

研究情势变更原则在建设工程领域适用中的特殊性问题,还需回归到司法实践中,本文筛选了32个具有代表性的判例,并通过类型化问题加以归纳总结,以期提炼出情势变更原则在建设工程领域适用中产生的问题。

(一)固定价格下主材的市场价格上涨达到何种程度方能认定情势变更

表1 相关案件裁判意见

序号	案号	承包人主张的材料价格上涨幅度	法院认定	认定理由
1	(2017)最高法民申4858号	炸药价格从双方约定时的4000多元/吨至施工中上涨到8000多元/吨【上涨2倍多】	支持	爆破材料涨价是客观事实,其价格上涨了1倍左右,雄姿公司对此亦未否认,且案涉路段的发包人枞阳县人民政府实际已将该部分的材料差价补偿给雄姿公司
2	(2017)苏0282民初8431号	钢筋投标价2556.56元/吨,实际采购平均含税单价为3811.68元/吨【上涨1.49倍】	支持	短期内钢材价格即发生了大幅上涨,是当事人在订立合同时无法预见的,属于合同成立后客观情况发生重大变化。如继续履行合同对于陶都公司明显不公平,也使陶都公司的合同目的无法实现。且建筑材料价格的大幅波动将严重影响发承包双方对施工合同的正常履行,给工程施工带来潜在的质量安全隐患。故,钢材的价格应予调整
3	(2020)苏民再8号	钢价格从3130元/吨上涨4240元/吨,工程系钢结构工程,钢材为主要材料,钢材占工程造价比例在70%以上【上涨1.35倍】	支持	建筑行业系微利行业,承包人利润有限。上述钢材价格涨了近两倍已远超出正常的合理预期,如强求承包人按照原合同价格履行,其后果与承包人低于成本中标并无差别,将严重影响发包承包双方对施工合同的正常履行,亦给工程施工带来潜在的质量安全隐患。故其提出解除合同实属无奈之举,根据公平原则和诚实信用原则酌定辰宇公司向鑫源公司赔偿损失142,000元,用履约保证金予以冲抵
4	(2015)湘高法民一终字第68号	材料费总计多支付了63万元,整个合同价款190万元	支持	本案合同虽为固定价格,但本案发生以下情形,情势已经变更,即合同赖以存在的基础有变。一是工期有变,原合同计划6个月完工,但实际施工工期五年,原因包括当地村民的持续阻工、2006年夏天郴州市区的持续降雨以及施工场地挡土墙护坡未能及时修复达标。二是材料价格有变,当地村民对材料供应及价格的垄断导致施工成本显著增加

续表

序号	案号	承包人主张的材料价格上涨幅度	法院认定	认定理由
5	(2016)粤民再331号	投标时钢筋报价是3600元/吨,施工时采购的钢筋价格达6500元/吨【上涨1.8倍】	不支持	工料机价格随着经济形势的变化出现较大幅度的波动,并非突变的过程,而是逐步演变,中建五局作为专业的建筑公司,理应对工料机价格的大幅波动有所预见。双方已就工料机的价格不予调整达成了一致意见。且调差金额占工程造价金额的10.4%,尚未造成当事人之间利益明显失衡的程度。(认可了一审法院将调差占总工程款比例比照《关于适用〈中华人民共和国合同法〉若干问题的解释(二)》(现已失效)第29条对过高损失的认定)
6	(2016)苏民终149号	商品砼C20,投标时市场指导价为259元,施工期间平均价为330元【上涨1.27倍】	不支持	固定总价已经包含施工期间各类建材的涨跌价和国家政策性调整等所有风险系数。上诉人主张依据情势变更原则要求按实结算不符合双方合同约定
7	(2020)赣民终64号	投标时,钢板的价格是3000~3150元;施工期涨到4950~5200元;投标时螺纹钢2600~2700元,施工期涨到4400~4500元【上涨1.6倍】	不支持	钢材的市场价格从来就是波动的,有上涨的可能,亦有下跌的可能,而鞍钢工程公司作为专业从事工程承包的企业,对钢材价格存在波动这一市场风险常识是明知的,钢材价格的上涨并不属于双方订立合同时不可预见的情况……建筑和安装工程费仅占合同总价的28.45%,而钢材款又仅是其中一部分。故未达到情势变更的构成要件

其他固定价格下未明确主材价格具体涨幅的判决,法院不予支持情势变更的理由

序号	案号	认定理由
8	(2019)最高法民申5829号	重庆建工集团作为专业、理性的建筑工程施工企业是在仔细研究了招标文件的全部内容并综合考虑相应的商业风险和成本变动后投标,本案中建筑材料价格上涨应属于投标和签订合同时应合理预见的商业风险,且上涨幅度并未超过市场价峰值,因此不应适用情势变更
9	(2013)民申字第1099号	合同约定,总价不调整。该约定系针对合同约定的施工期间内包括主要建材价格产生变化的市场风险承担条款,说明当事人已预见到建材价格变化的市场风险,故二审认定建筑材料上涨不属于情势变更,并无不当
10	(2020)鲁民终647号	湖南建工在投标时的报价比当时公布的造价信息高出36%,应认为湖南建工在报价时已经充分预见了价格的浮动……未提交证据证明在出现其主张的重大变化时,曾与发林公司协商或请求人民法院变更或者解除合同。因此,本案不构成情势变更

续表

序号	案号	认定理由
11	(2017)鲁民再513号	招标文件规定:材料、价格按现行市场价,自行承担市场价格变动的风险……要慎重适用情势变更原则,以防止情势变更原则被滥用而影响市场正常的交易秩序
12	(2020)吉民申1217号	市场的物价波动不符合法律规定的情势变更的情形,翔盛公司作为商事主体应该自行承担潜在的市场风险。如果发生物价下调的情况,本案合同价款亦不随之减少,因此这种合同约定并不存在显失公平的情况

从上述司法数据内容我们可以看出,不存在归责问题的情况下,施工单位在固定总价合同项下提出材料调差的请求时,法院一般会选择从两点进行考量:一是主材上涨是否为商业风险应被预见;二是主材上涨是否会导致合同基础动摇,按约履行将导致显失公平。

实践中,对于第一个问题,大多数法院将主材的上涨认定为可预见的商业风险,理由大致分为以下三类:一是多数法院引用金融危机背景下最高人民法院发布的《关于当前形势下审理民商事合同纠纷案件若干问题的指导意见》(法发〔2009〕40号),认定建筑主材上涨是逐步演变而非突变,市场主体应有预判。二是有的法院认为同意订立固定价包主材上涨风险的计价合同本身就是对市场风险的预见。三是有的法院将建材上涨的幅度与市场峰值相比较,未超过则不是不可预见;还有的法院将投标报价与当时公布的信息价相比较,如已超过当时的信息价则不是不可预见。对于第二个问题,法院会从主材调差金额占整个工程造价的比例来考量,有的法院将"《关于适用〈中华人民共和国合同法〉若干问题的解释(二)》(已废止)第29条"作为参照认为占比如果不到30%的就不足以造成利益失衡。

(二)行政主管部门的调价文件能否作为适用情势变更的依据

表2　相关案件裁判意见

序号	案号	行政主管部门发布的调价文件	法院认定	认定理由
13	(2018)京民终540号	北京市住房和城乡建设委员会《关于加强建设工程施工合同中人工、材料等市场价格风险防范与控制的指导意见》(京造定〔2008〕4号)	适用	法院认为:鉴定人员表示,北京市住房和城乡建设委员会《关于加强建设工程施工合同中人工、材料等市场价格风险防范与控制的指导意见》对此(风险范围)有明确约定,可以适用于本案

续表

序号	案号	行政主管部门发布的调价文件	法院认定	认定理由
14	(2019)最高法民申4968号	人工费政策性调整文件	适用	人工费价差属于政策性调整,行政主管部门发布的人工费政策性调整文件,在工程建设行业具有一定的普遍约束力。鉴定机构依照地方政策性文件规定调整人工费价差,并不违背法律禁止性规定
15	(2018)最高法民终380号	陕西省交通厅《关于在钢材市场价格大幅上涨且波动较大期间加强全省公路建设项目合同支付管理工作的通知》	不适用	《合同协议书》约定在施工期间对合同价格不予调整。一审判决认定不能以该通知为依据突破合同约定要求黄延公司承担材料涨价的损失并无不妥
16	(2018)吉民终415号	吉林省住房和城乡建设厅《关于2011年度吉林省建设工程结算有关规定的通知》(吉建造〔2011〕18号)	不适用	该文件发布于2011年12月1日,该工程竣工于2011年12月30日,龙某宇未提供证据证明其在上述文件发布后,以及其在工程施工过程中和竣工后曾向金地公司主张调整工程价款,并且该工程已于2013年7月30日进行决算,吉建造〔2011〕18号文件第5条规定发、承包双方已经结算完的工程不再调整,因此不应适用该规定进行价格调整
17	(2017)鲁民再513号	山东省建设厅《关于加强工程建设材料价格风险控制的意见》(鲁建标字〔2008〕27号)	不适用	该文件施行范围是"2008年新开工的工程,以及2008年1月1日后完成的工程量",而联通建筑公司提供的发票显示其涉及的工程量均在2008年1月1日前,不宜以情势变更原则进行调整
18	(2009)粤高法民一终字第62号	广东省建设厅《关于指导调整建材价格的通知》(粤建价函〔2004〕6号)	不适用	该通知只是行政指导性意见,不具有法律的效力性强制性。在签订合同时电白建筑公司就应当预见可能存在建筑材料上涨的风险,故该段建筑材料上涨属于正常的商业风险,不是情势变更
19	(2011)浙民终字第10号	湖州市规划与建设局《关于加强湖州市建设工程人工、材料要素价格风险控制的指导意见》(湖建发〔2008〕255号)	不适用	本工程非该文件规定的"实施之日前签订的施工合同并在合同条款中对建设工程要素价格的风险约定、幅度有明确的约定",双方又未对调整价差协商一致并签订补充协议,故该政策性指导文件不能作为适用情势变更原则的依据

从上述司法数据内容我们可以看出,施工单位依据政府发布的调差文件主张情势变更,来调整人工或主材价差时,法院对是否采纳调差文件的观点虽有分歧,但大部分法院对以政府调差文件为依据适用情势变更持否定态度,主要是从文件的效力等级、个案情况对比调差文件的适用范围这两个方面进行驳斥;最高人民法院及北京市高级人民法院认为应该适用的两则判例则是采纳了鉴定机构的意见。

(三)国家政策及其他客观情由在何种情况下能作为适用情势变更的依据

表3 相关案件裁判意见

序号	案号	国家政策及其他客观情由	法院认定	认定理由
20	(2020)鲁民终774号	国务院《关于印发加快剥离国有企业办社会职能和解决历史遗留问题工作方案的通知》	不适用	从上诉人的公司性质及股东情况看,其应当具有获知的合理途径和时间,合同签订前应属明知;从文件的内容看,该文件的出台也未否定本工程的必要性,亦不必然导致合同目的无法实现的法律后果。故本案不存在情势变更情形
21	(2018)最高法民终105号	大型工业项目,因厦门市民抵制,2008年年底至2009年年初,原国土资源部、原环境保护部等相关部委对项目由厦门市迁建至漳州市漳浦县古雷镇古雷港作了批复	适用	厦门市政府宣布缓建案涉项目、国家相关部委批准案涉项目搬迁,该事件属于各方当事人在订立合同时无法预见、无法防止的情势变更,已经导致合同基础动摇,案涉合同事实上已经无法履行
22	(2015)民提字第39号	常州市政府根据省政府《关于进一步加强污染物减排工作的意见》的要求,调整了节能减排的政策,明确要求新东公司自备电厂在2012年6月底前拆除燃煤锅炉	适用	客观情况发生了重大变化,导致新东公司原定的对燃煤锅炉进行脱硫工程改造项目继续进行已经没有意义,无法实现合同目的,该变化是当事人无法预见的……应该认定本案属于情势变更
23	(2019)川民终453号	四川省环境保护厅、四川省质量技术监督局《四川省岷江、沱江流域水污染物排放标准》	适用	因该标准发布前,庆中公司已经完成设计,因此双方在立约时均不能预见《四川省岷江、沱江流域水污染排放标准》规范的具体内容,该变化不属于商业风险,不可归责于双方,因此,本案属于情势变更

续表

序号	案号	国家政策及其他客观情由	法院认定	认定理由
24	(2020)冀民终349号	邯郸市重污染天气应急指挥部下发《关于强化重污染应急响应管控措施的通知》,要求全市钢铁企业球团竖炉全部停产,未完成活性焦脱硫脱硝一体化治理技术的烧结机全部停产	适用	本案不是一方或双方违约导致的合同解除,双方对合同解除均不存在过错,故对于中科创新园公司的损失应当依据公平原则处理
25	(2016)鲁民终1984号	济宁市政府对圣华宁苑花园小区规划进行调整,其中原规划地上建筑面积由12.48万平方米增加至19.26万平方米、由原规划设计为六层的商业住宅楼变更为十四层的高层建筑等	适用	济宁市政府的调整规划行为是原、被告无法预见的,非不可抗力造成的不属于商业风险的重大变化,继续履行合同对一方当事人明显不公平或者不能实现合同目的,法院应当根据公平原则,并结合案件的实际情况确定是否变更或解除合同

上述判例均是因政府政策致使合同一方丧失履行意愿遂解除合同,最终呈诉至法院。法院审查的焦点可归纳为两点:一是合同的解除是否属于因情势变更;二是对损失应如何补偿承担。

对于第一个问题,并非只要是政府发布的政策就均能作为个案的情势变化,而是需要考量该政策对个案当事人是否具有不可预见性、继续履行之必要性以及影响之直接性,如订立合同基础是否直接因政策的变化而动摇。比如20号判例,法院认为政府的政策并没有直接否定案涉工程的建设,而不认可属于情势变更;再如23号判例,工程的质量标准因排污标准的更新完全变更;又如25号判例中,工程的图纸因政府规划调整已变更,法院则认为是属于不可归责于双方的情势变更。

对于第二个问题,合同解除的损失一般包括实际支出与可得利益两部分。根据20号判例,在情势变更不成立的情况下,合同因一方违约解除的,法院则判定违约一方应向守约方支付实际发生的费用并赔偿损失,即包括可得利益部分。在21~25号判例中,在法院认定非一方或双方违约导致的合同解除,双方对合同解除均不存在过错的情况下,法院一般"依据公平原则"处理,不支持可得利益部分,而对于实际支出的费用往往予以支持。如实际支出的证据不充分,如22号判例,施工单位没有提供准确的支出明细及凭证,但法院认为合同履行过程中确实会发生人工费、施工管理费、差旅费和运输费等支出,因此对施工单位主张的金额酌定一半予以补偿。

(四)情势变更在建设工程领域的行使期限及失权问题

表4 相关案件裁判意见

序号	案号	法院认定不予适用情势变更的理由
26	(2020)最高法民申5763号	合同于2010年年底已履行完毕,且浩航公司未提供证据证明在案涉工程施工合同履行期间,因发生"5.12大地震"导致人工和材料价格大幅上涨,继续履行合同会产生显失公平的结果,亦未向人民法院起诉请求变更合同。故本案不适用情势变更原则
27	(2015)鄂民一终字第00111号	"期间原材料价上涨,应属于商业风险,即便诚信物业公司认为该风险属于"情势变更"而应调整单价,则其也应于一年内主张,否则其超过了法律规定的撤销、变更合同的除斥期间

从以上两则最高人民法院及湖北省高级人民法院的判例可以看出,法院会从情势变更行使的时间效力角度来考量是否支持,认为情势变更的请求属于除斥期间,施工单位主张调整单价的应在一年内主张,否则失权。

值得指出的问题是,在《民法典》实施以前,《合同法》(现已失效)中并未明确规定具体变更权、解除权行使"合理期间"的时间长度。然而,一般参考适用的"3个月"及"1年",也是最高人民法院关于审理商品房买卖合同纠纷案件解释的规定,商品房买卖与建设工程所属的行业特性、履行周期与复杂程度无法同日而语。法院认定情势变更在一年内行使值得商榷,而且并没有明确应从何日开始起算行使期限。

更重要的是,《民法典》实施之后,第199条明确了除斥期间为"法律规定或当事人约定的撤销权、解除权等权利的存续期间"。那么"等"权利是否包括情势变更中的"变更权"呢?另外,第564条虽规定解除权的行使期限是自知道或者应当知道解除事由之日起一年,但"提起变更"是否同样适用一年除斥期间,以及是自施工单位实际采购主材知道价格上涨之日起算,还是施工单位与甲方再协商被拒之日起算,对这些问题的思考与解决,需要特别关注建筑行业的特性,其履行与结算周期长、施工单位处于弱势一方,要求施工单位在施工过程中即通过法律程序请求对主材进行调差并不符合现实情况。

(五)情势变化,当事人再协商签订的《补充协议》是否会认定为对合同构成实质性变更而无效

表5　相关案件裁判意见

序号	案号	法院认定	认定理由
28	(2014)粤高法民二申字第64号	无效	肇庆二建公司主张悦城指挥部、德庆县人民政府支付油差补偿工程款符合情势变更原则,但其在进场施工之前就与悦城指挥部、德庆县人民政府签订《补充协议书》,约定柴油价格可调整的行为与招投标合同确定的单价相违背,本院不予支持
29	(2013)皖民四终字第00036号	无效	广城置业公司上诉认为2008年4月18日双方签订的建设工程施工合同没有履行,2010年3月12日的补充协议是根据情势变更而签订的理由不能成立,本院不予支持
30	(2016)赣01民终2447号	有效	《补充协议》的主要内容亦是根据材料的差价进行调整,主要目的是保证中泰公司不亏本,不属于当事人就同一建设工程另行订立的建设工程施工合同,并与经过备案的中标合同实质性内容不一致的情形。故《补充协议》为双方当事人的真实意思表示,不违反法律、行政法规的强制性规定,为有效协议,即本案工程的固定价调整为403万元

从上述司法数据中,我们可以发现现行的情势变更制度在建设工程领域适用中存在的隐患。黑白合同之争、实质性变更之争历来都是工程实践和审判实践中的痛难点,而《民法典》第533条引入了"再协商制度",如主材价格涨幅异常,业主方为保障工程质量,保全施工单位的基本利润,经协商后同意对包死固定价进行材料调差或变更合同价款而签订《补充协议》,该协议是否构成对合同的实质性变更应是司法实践中审查的难点。

如果司法认定《补充协议》应有效适用,在一定程度上会引起前期投标人竞争基础的变化,对其他投标人不公,进而未来又将可能演变为发承包双方串标的门径;但如果司法认定《补充协议》违反招投标法属于实质性变更,又会导致施工单位利益受损,进而未来会存在施工单位仅能通过向法院提起变更或解除来保障自身利益,导致建设工程领域中"再协商制度"被架空的情况。

(六)建设工程施工合同无效下,情势变更原则适用的空间

表 6 相关案件裁判意见

序号	案号	裁判观点
31	(2014)吉民一终字第 27 号	仲某金主张依据情势变更原则,根据调整后的定额,通过鉴定的方式来确认应给付的工程价款数额。但是本案的《工程内部承包协议书》已经被确定为无效合同,对于无效合同不存在适用情势变更原则的问题
32	(2014)连民终字第 1619 号	从公平角度考虑,本案可以将按以上两种方法鉴定出的工程造价之间的差额 1,658,840.42 元作为损失来处理,即按照泰兴分界公司与郁鑫佳宅公司造成合同无效的过错责任进行分担

从上述两则判例中,笔者不禁思考一个问题:情势变更制度价值在于平衡合同主体的风险负担,以实现合同履行的实质公平。但目前我国工程市场的现状是,在多重因素影响下经备案的合同无效已属于常态,如果情势变更仅能适用于有效的施工合同中,那么出现建材上涨动摇合同基础或国家政策调整导致无法履行的情况,如何衡平各方利益并及时止损是亟须关注的问题。

一般观点认为,若合同无效,则可直接适用无效处理原则,即合同自始没有法律约束力,当事人可以不履行双方签订的合同,当然也就不存在变更或解除合同之必要。但是,笔者认为,该问题仍需考虑建筑行业的特性,施工合同无效一般都是发承包双方"共谋""明知",任何一方都不会因合同无效而终止履行,且司法实践中,无效施工合同的计价结算基本都是"有效处理",即参照合同的计价原则结算。因此,笔者认为,为衡平双方利益实现实质公平,当无效施工合同发生情势异动时,可与《民法典》第 793 条的立法精神相衔接,亦应作"有效处理"。

三、情势变更原则在建设工程司法实践中适用问题之归纳分析

(一)从主材上涨视角看情势变更认定的"普遍性问题"

首先,关于商业风险的标准。本文所选第 1 ~ 7 号判例中列明了主材上涨幅度,虽存在同等涨幅得到不同判决的情况,但笔者认为,如仅以上涨的幅度标准来定是否属于商业风险、是否构成情势变更则为一孔之判,因交易的复杂性、风险本身对特定交易影响的特殊性、当事人预见能力差异等,都决定商业风险与情势变更的区分只能在个案中得到落实。

其次,关于可预见性。第一,可预见性的判断标准应适中,虽然施工单位应被视为具有专业资质及经验的经济人、理性人,但如 4 号判例,非承包人的原因导致工期延长期间的主材上涨则应视为情势变更。也就是说,标准适中要看缔约之际

与情势变更相距多长时间,如果间隔过久,则不宜认定当事人应当预见到。第二,司法实践中过度适用“可预见性”标准,而忽略“后果性”标准的适用,法院习惯于引用《关于当前形势下审理民商事合同纠纷案件若干问题的指导意见》(法发〔2009〕40 号)以“可预见”为由将变化界定为商业风险,但难以解决承受该类风险与情势变更的区分,导致情势变更制度难以发挥其价值。

最后,前文所述的“后果性标准”也就是合同基础条件动摇与显失公平。笔者认为,第一,如果继续履行合同的成本已高于违约的成本应认定是已经达到了需要动摇合同约束力的影响程度,如第 3 号判例,虽然钢材涨幅仅约为 1.35 倍,但案涉工程为钢结构,钢材占整个工程比例为 70%,虽然法院未明确适用情势变更且酌定施工单位赔偿甲方损失 14.2 万元,但法院适用了“公平原则”,且案件事实符合情势变更的成立要件,实质上就是适用了情势变更。第二,虽商业风险的标准不能以立法确立,但变化至何种程度属于合同基础动摇应以立法确定参照系,如第 5 号判例以 30% 为标准。

(二)情势变更的时间效力性

本文所列的第 17 号、第 27 号、第 28 号判例,法院或者认为施工单位应在工程施工过程中或竣工后主张调整工程价款,或者认为施工单位应向法院起诉请求变更合同,或者认为调整单价应于一年内主张,否则超过了法定的除斥期间。有专业人士也认为“当事人自知道或者应当知道变更或解除事由之日起一年内没有向法院或仲裁机构请求行使变更或解除权,则该权利消灭,此处的一年为不变期间,不适用诉讼时效中止、中断或者延长的规定。

但笔者认为,《民法典》没有规定“提起变更”应同样适用一年的除斥期间,而且在工程实践中,工期长、结算及索赔滞后,要求施工单位在知道材料上涨之日起一年内就必须向法院提起变更之诉未免过于严苛,但考虑到法律不保护“躺在权利上睡觉的人”,因此,笔者建议,只要在工程竣工结算之前,施工单位以联系单或签证或索赔等方式向甲方主张过权利即不能认定为丧失了主张情势变更的权利。

(三)再协商制度下达成的合意与实质性变更

有学者认为,再交涉义务应当作为情势变更规则的第一性法律效果,意义在于通过当事人之间自主性的相互交涉实现各自利益的最大化。但如前文所述,在建设工程领域,中标后的“再协商”有可能存在违反了招投标市场秩序,对其他中标人不公的情形。然而,如把合同价款变更的协议一概而论为无效,则又可能损害了合同主体利益。

因此,笔者认为,在司法实践中审查《补充协议》的效力应考虑从以下几个方面予以综合判断:补充协议签订的时间与发生情势变化的时间是否属于同一时期;补充协议签订的内容是否仅为材料调差;如果是仅单价发生变更能否与施工单位提供的采购凭证相对应,如果是固定总价发生变更,能否就变更差额进行合理说明。

(四)施工合同无效下,"情势变更"适用的空间

建设工程竣工验收合格而合同无效的情况下,发包方占有建设工程构成不当得利,承包方参照有效合同请求支付的所谓工程款性质上属于不当得利而非损害赔偿。关于违法无效合同的比例返还问题,我国法律虽然尚无明确规定,但参考《民法典》第157条,民事法律行为无效后果的"比例分担"原则,笔者认为,前文所述的"情势变更原则的有效处理"并非直接适用情势变更原则调整材料差,而是像第32号案例,考量造成合同无效的过错责任,对材料差价款进行分担,分担款项的性质应属于不当得利款返还的分配。另外,合同无效下其计价及结算条款亦应属无效,"参照"结算而非"按照"结算,直接对全部或部分返还材料差价的请求予以否定欠缺一定的合理性。

四、结论

近阶段,受国际局势以及国家宏观调控政策等多重因素影响,大宗商品价格趋势走高,全国范围内的建筑材料出现猛烈上涨的情况,情势变更原则在协商或诉讼阶段的主张适用愈加广泛。

但观察本文梳理的裁判观点可知,法院在建设工程案件中对情势变更原则的主张往往采取消极态度,其逻辑是严格按照大陆法系传统的构成要件模式据以裁判,如果不符合任一构成要件,人民法院依旧坚持契约严守原则驳回诉请。在一定程度上,笔者认为,判决的适当性是值得商榷的,一是因为人的理性是有限的,特别是对于内容复杂、履行周期长、市场属性活泼的合同,即使已对合同风险作出了一定的分配和平衡,也并不能保证其完备及科学。二是交易成本的有限性。交易主体在缔约过程中,对于合同细节的投入需要花费巨大的交易成本,对于交易主体而言,即使有些风险可以预见并在合同中予以规划,当事人也不会投入过多的成本,这也造成了合同的不完善。

情势变更原则的适用与法官自由裁量权的行使息息相关,如果法院对建工类案件以"类案"的判断标准逐一对情势变更原则构成要件进行论证,以顺应最高人民法院统一法律适用的精神,必然难以对现有法律问题产生良好的解决效果。因此,笔者认为,应以"动态"的思维去评判"情事"的考量因素,最大程度地实现个案的实质正义。

情势变更原则在工程建设领域的适用研究

刘学松[*]　唐煜晖[**]

一、引言

自2021年5月上旬以来，国内钢材价格持续上行，远超市场主体合理预期。国家统计局公布的《2021年5月上旬流通领域重要生产资料市场价格变动情况》①显示：与2021年4月下旬相比，5月上旬螺纹钢价格上涨11%。5月14日以后，以铁矿石为首的黑色系品种一改五一假期后暴涨局面，开始全线下跌。在这波材料价格的大幅涨跌背后，是包括钢材贸易、制造、建设工程领域等相关行业主体高度紧张的神经和岌岌可危的合同关系。原材料价格的剧烈波动直接影响着市场交易的成本收益比。面对客观现实的市场环境变化，以合同维系着的交易关系显得相对脆弱，违约风险被无限放大，这在与钢材等大宗商品存在高关联度的建设工程领域显得尤为突出。

鉴于建设工程领域具有投资大、周期长、涉及主体复杂等特点，在合同的订立、履行、终止过程中，各类客观、主观因素等均可能发生重大变化。很多时候，如果仍然坚守"合同自由"原则，可能导致建设工程合同一方利益遭受严重损失，合同当事方之间利益失衡，从而违背合同公平原则。在合同自由与合同公平发生冲突时，情势变更原则的正确适用成为司法实务界、理论界颇为关注的课题。

二、情势变更原则的概念及理论依据

关于制度与其社会根源的联系，马克思谓之制度只不过是个人之间迄今所存在的交往的产物。故而理解某项法律制度价值，对其社会根源进行分析不失为可行路径之一，诚如"任何事物只要说清楚了起源，就说清楚了一半"之论断，在讨论

---

* 刘学松，浙江王建军律师事务所专职律师。

** 唐煜晖，浙江王建军律师事务所专职律师。

① 参见国家统计局网站，http://www.stats.gov.cn/tjsj/zxfb/202105/t20210514_1817450.html。

如何正确适用情势变更原则之前,笔者认为,从制度的概念、社会根源及其理论依据出发颇为必要。

(一)情势变更原则的概念和社会根源

情势变更原则,学理上概念一般是指在合同成立后履行完毕之前,因当事人不能预见的事情的发生(或不可归责于双方当事人的原因发生情势变更),而导致合同的基础动摇或丧失,若继续维持合同原有效力有悖诚实信用原则(显失公平)时,应允许变更合同内容或者解除合同①。

合同订立时的客观条件在此后发生变化,即情势发生变更通常为不可避免的客观现象,若继续坚守、履行合同的条款将在实质上造成当事人之间的不公平现象。作为一项司法制度的情势变更原则正是基于已发生重大变化的客观条件(或称为合同基础条件),通过调整、变更合同内容乃至于解除合同,消除情势变更导致的不公平,使民事行为合乎诚实信用之理念,维护公平正义。正如拉伦茨教授所言,适用情势变更原则的根本目的是救济实质性的合同正义的一方当事人②。

情势变更原则在西方国家的法律体系中深具传统,按目前通说,一般认为,情势变更原则源于西欧中世纪中后期(十二三世纪)注释法学派在其著作中提出的情势不变条款理论,该理论认为,每一个缔结的合同,都隐含存在一个默示条款,即作为缔结合同基础条件的客观情况在合同缔结后仍应继续存在且保持不变,假如客观情况消失或发生了变更,应准予变更或解除合同。但直至 19 世纪,自罗马法以来的契约严守原则一直是合同法的基石,情势不变条款理论被认为与合同自由、契约神圣的社会潮流相悖。至 20 世纪,因受两次世界大战、资本主义经济危机的影响,大量合同尤其是约定长履行期的合同,无法严格履行,为解决违约责任问题,情势不变条款理论遂被借鉴,各国在立法中逐步发展、确立情势变更原则。

(二)情势变更原则的理论依据

作为英美法系典型代表,英、美两国将合同目的落空理论作为情势变更原则的理论依据,该理论认为,如果合同订立后发生了无关当事人过错的情势变更,订立合同时所追求的目的无法达成,或者订立合同所基于的理由、条件已不复存在,尽管合同的履行仍有可能,但合同义务人可不履行合同项下义务③。

德国以哥廷根大学奥特曼教授在 1921 年提出的交易基础丧失理论作为情势变更原则的理论依据,该理论认为,合同缔结之际,当事人对情势(交易基础)的认识或预期,尽管没有被写入合同条款,但是这些认识或预期已经根本性地影响了缔

① 参见梁慧星主编:《中国民法经济法诸问题》,中国法制出版社 1999 年版,第 170 页。

② 参见[德]卡尔·拉伦茨:《德国民法通论》,王晓晔等译,法律出版社 2013 年版,第 45 页。

③ 参见裘宇清:《论情势变更原则在建设工程合同纠纷中的适用》,载《技术经济与管理研究》2008 年第 4 期。

约当事人的行为且相对人知悉认识或预期的存在，基于这种认识或预期形成了意思表示，当这种认识或逾期后来被证明是错误的，该行为人即不该再受其意思表示的拘束[①]。拉伦茨教授肯定该理论的合理性，将情势（交易基础）进一步分为主、客观两类，提出的“修正交易基础丧失理论”成为德国民法学说中关于情势变更原则理论依据的通说。

三、情势变更原则在我国立法及司法中的演变

从立法层面来说，我国在改革开放初期制定的《经济合同法》第 27 条第 1 款第 4 项规定，由于一方当事人虽无过失但无法防止的外因，致使经济合同无法履行的，允许变更或者解除经济合同。笔者认为，该规定虽将因“无法防止的外因”与不可抗力并列规定，作为合同变更或解除的前提，但当时司法实践已引用该条作为适用情势变更原则的法律依据[②]。

1999 年《合同法》制定过程中，曾将有关情势变更的规定写入《合同法》草案中，但当时理论界和实务界对此存在不同意见，主流意见认为，我国当时的市场经济体制尚处于早期发展阶段，计划经济体制在经济活动中仍发挥主导作用，经济运行形势稳定，商品价格大幅度波动，发生重大变更的可能性并不高。加之出于节约司法资源、避免法官自由裁量权过大、防止情势变更原则适用扩大等考虑，并无必要规定此项法律制度，立法机关在最终通过的《合同法》中删除了该条规定。

虽然在 1999 年《合同法》中未规定情势变更原则，但为了适应当时的经济运行状况，特别是全球性经济危机情形下劳动用工形势的变化，2008 年 1 月 1 日起实施的《劳动合同法》及其实施条例在多个条文中规定，在劳动合同订立时所依据的客观情况发生重大变化的情况下，用人单位可就劳动合同与劳动者进行再协商或解除劳动合同、实施经济性裁员[③]。

在我国《民法典》的编纂过程中，立法机关接受了情势变更原则。2021 年 1 月 1 日起实施的《民法典》第 533 条规定了情势变更原则，首次以立法的形式规定了情势变更原则适用的条件及后果。该条规定，合同成立后，合同的基础条件发生了当事人在订立合同时无法预见的、不属于商业风险的重大变化，继续履行合同对于当事人一方明显不公平的，受不利影响的当事人可以与对方重新协商；在合理期限

---

① 参见张继承：《论情势变更原则在建设工程合同中的适用》，载《华南理工大学学报（社会科学版）》2012 年第 4 期。

② 例如，武汉市煤气公司诉重庆检测仪表厂购销煤气表散件合同纠纷案，即最高人民法院法函〔1992〕27 号回复函中载明的案件。

③ 详见《劳动合同法》第 40 条第 3 项、第 41 条第 4 项；《劳动合同法实施条例》第 19 条第 10 项、第 14 项。

内协商不成的,当事人可以请求人民法院或者仲裁机构变更或者解除合同。人民法院或者仲裁机构应当结合案件的实际情况,根据公平原则变更或者解除合同。《民法典》的该条规定在《关于适用〈中华人民共和国合同法〉若干问题的解释(二)》第26条的基础上进行了创新发展,将变更因素限缩为“合同的基础条件”,删除了“不能实现合同目的”的结果要件,另增加了前置再协商规则。

从司法层面来说,为裁决司法实践中因情势变更引发的合同履行纠纷,司法机关最初通过司法政策性文件规定情势变更原则。

最高人民法院在《关于武汉市煤气公司诉重庆检测仪表厂煤气表装配线技术转让合同购销煤气表散件合同纠纷一案适用法律问题的函》(法函〔1992〕27号)中表明,在合同履行过程中,由于发生了当事人无法预见和防止的情事变更……如要求仍按原合同约定的价格供给煤气表散件,显失公平,对于对方由此而产生的纠纷,你院可依照《经济合同法》第27条第1款第4项之规定,根据本案实际情况,酌情予以公平合理的解决。

最高人民法院在1993年印发的《全国经济审判工作座谈会纪要》中规定,由于不可归责于当事人双方的原因,作为合同基础的客观情况发生了非当事人所能预见的根本性变化,以致按原合同履行显失公平的,可以根据当事人的申请,按情势变更的原则变更或解除合同。该纪要虽非司法解释,但无疑对司法实践中法律的适用提供了指引作用。

为了应对当时金融危机的挑战,最高人民法院2009年5月13日开始实施的《关于适用〈中华人民共和国合同法〉若干问题的解释(二)》对情势变更原则进行了规定,该司法解释第26条规定,合同成立以后客观情况发生了当事人在订立合同时无法预见的、非不可抗力造成的不属于商业风险的重大变化,继续履行合同对于一方当事人明显不公平或者不能实现合同目的,当事人请求人民法院变更或者解除合同的,人民法院应当根据公平原则,并结合案件的实际情况确定是否变更或者解除①。

在我国立法、司法的进程中,尤其是在《民法典》的颁布施行后,情势变更原则与不可抗力免责制度、民事法律行为撤销制度②共同构成依据诚信、公平原则解决合同争议纠纷的规则体系。

四、情势变更原则在建设工程领域纠纷案件司法实践中的适用情况分析

在《民法典》第三编第二分编所规定的19类典型合同中,建设工程合同因建设

---

① 详见《劳动合同法》第40条第3项、第41条第4项;《劳动合同法实施条例》第19条第10项、第14项。

② 详见我国《民法典》第147~151条、第180条、第590条等。

工程固有的投资标的额大、合同履行周期长、生产要素种类繁多、易受经济环境影响等显著特征，合同的缔约基础条件在长期的履行过程中发生变更具有较大可能，且建设工程合同涉及合同各方当事人的重大利益，甚至涉及社会公共利益。因此，司法实务中对建设工程合同是否适用、如何适用情势变更原则极易产生争议，故本文特以建设工程合同为特例，对情势变更原则在建设工程领域的适用进行分析研究。

（一）建设工程领域纠纷案件司法实践中涉及情势变更原则的现状及特征

为便于阐明情势变更原则在建设工程合同纠纷类案件中的适用情况，笔者于2021年4月18日以"情势变更""建设工程"为关键词，在中国裁判文书网上进行检索，由检索结果可知，从2013年到2020年，涉及情势变更原则的民事判决案件（未统计以调解、裁定方式结案的案件，下同）一共8948件，每年案件数量见图1：

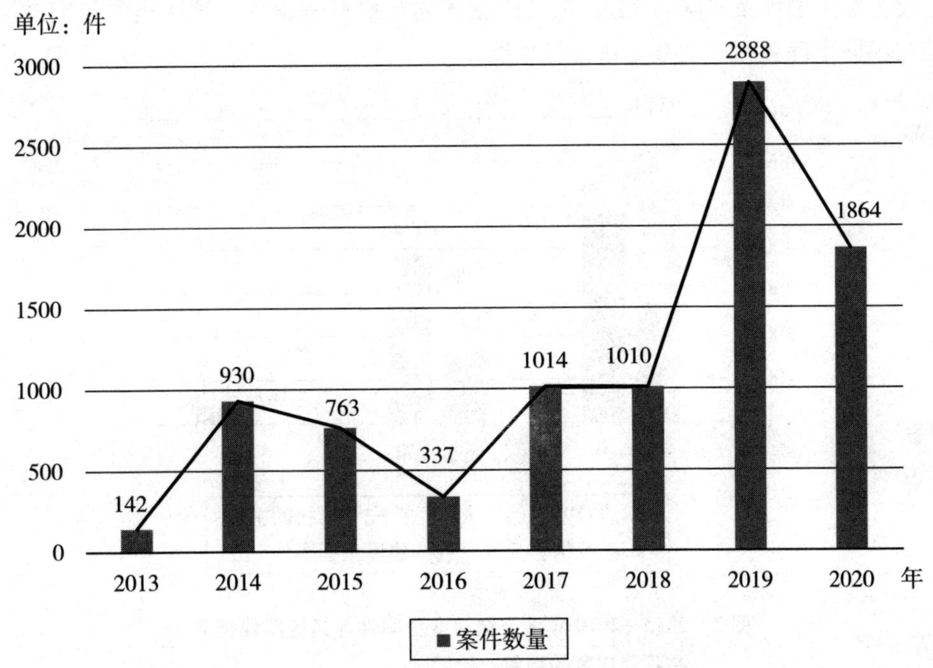

图1　2013—2020年涉及情势变更案件数量图

从图1载明的数据可以看出，2013年至2020年，各级法院所审理的涉及情势变更原则的案件数量总体上呈现大幅度上升的趋势，2017年之后，该种趋势更加明显。以从中国裁判文书网上检索获取的案件数量为基数，以所适用的审判程序进一步进行分类，发现在8946件案件中（案件总数为8948件，剔除其中2件适用特别程序的案件），一审案件为4786件、二审案件为3755件、审判监督案件405件。在一审终结后启动二审程序的案件比例约42%，一审终结最终启动审判监督程序的案件比例约4.5%。

为了便于将工程建设领域涉及情势变更原则适用的案件与该领域其他类型的纠纷案件审理情况进行数据上的对比,笔者在中国裁判文书网上以"建设工程""实际施工人""价款优先受偿权"为关键词进行检索①,检索数据显示:2013年至2020年涉及实际施工人、工程价款优先受偿纠纷的建设工程合同纠纷判决案件一共9519件。对该类型案件案件进行进一步分类,发现在9480件案件中(案件总数为9519件,剔除其中36件第三人撤销之诉案件、3件适用特别程序的案件),一审案件为6543件、二审案件为2750件、审判监督案件187件。

以案件总数及一审、二审、再审案件数量为标准,对前述两种类型的案件进行对比发现,在建设工程领域争议解决司法实践中,涉及情势变更原则适用的案件一审终结后,启动二审、再审程序的案件所占比例甚至超过了司法实践被普遍认为矛盾较为突出的涉及实际施工人、工程价款优先受偿权的案件。该两类争议案件类型在不同审理程序中的数量对比详见图2:

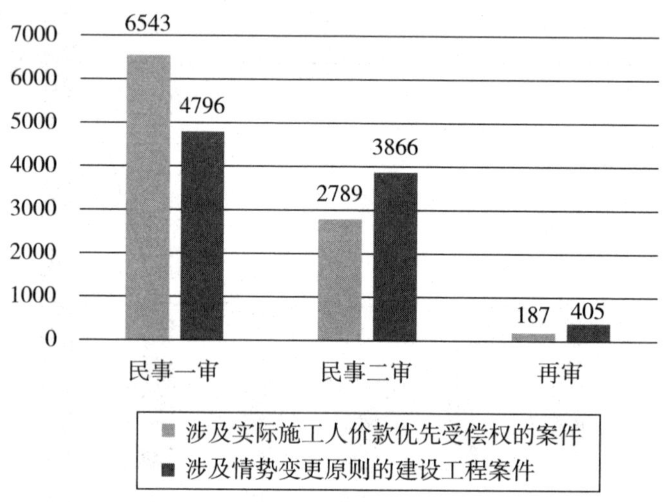

图2 2013—2020年涉及情势变更案件与其他案件类型在不同程序的数量对比图

(二)涉及情势变更原则的建设工程领域纠纷案件启动二审、审判监督程序比例高的原因分析

前文已述及,与建设工程领域其他争议较大的案件类型进行比较,涉及情势变更原则的案件类型之所以在一审终结后仍启动二审程序,甚至是启动作为"纠错程

① 在司法实践中,同时涉及实际施工人权益、工程价款优先受偿争议的纠纷案件,通常为诉讼各方之间争议较大、矛盾较为尖锐的案件类型,为在一审终结后启动二审程序、审判监督程序比例较高的案件类型。

序”的审判监督程序具有更高的比例，笔者认为，其原因在于情势变更原则在司法实务中的适用属于极富争议且困难的问题。

自20世纪80年代的《经济合同法》以来，法律、司法解释、司法政策性文件就情势变更原则的定义、适用要件已有多次规定。如果说在《关于适用〈中华人民共和国合同法〉若干问题的解释（二）》施行之前，情势变更原则尚且属于一项法理原则，那么在该司法解释施行之后，情势变更原则已然成为司法活动中的一项具体的法律制度，但将其准确无误地适用于具体个案的裁判活动，仍然是极具争议和困难的问题。也正是基于前述争议、困难，最高人民法院于《关于适用〈中华人民共和国合同法〉若干问题的解释（二）》通过之后在司法政策性文件中指出，要以合理调整当事人利益关系为出发点，慎重适用情势变更原则，确需在个案中适用的，应当由高级人民法院审核，必要时应提请最高人民法院审核[①]。因此，有学者指出，对情势变更原则的学理界定是科学和明确的，但实践中它的内容和边界却又显得朦胧和模糊[②]。究其原因，系作为情势变更原则适用条件的“不属于商业风险的重大变化”“明显不公平”“合同基础条件”属于不确定的法律概念。按照法律未经解释不得适用的法律适用逻辑，在适用该条规定时，需要法官对这些不确定的法律概念进行解释及价值补充，而对不确定的概念的解释及价值补充本身也有非确定性和争议。

五、情势变更原则在建设工程领域纠纷案件中的适用规则探究

在纷繁复杂、日新月异的经济形势下，情势变更原则的适用对于因出现新情况而发生的合同纠纷处理具有重要意义。也正因各类可能出现“情势”的复杂性、新颖性，在立法技术上要精准涵盖所有适用条件确实存在现实困难，导致对现行“情势变更原则”规定条款的演绎适用存在不确定性，故而在具体适用上，实际是由法官在具体的个案中予以“自由裁量”而完成的，这样就不可避免地带来了司法裁判规则的不统一性困境。

既然情势变更原则的适用原本就是基于现实“情势”事件的具体发生，那么以法条规定的演绎适用为纲，辅之以对现实事件实践规则的归纳总结，结合不同法律关系领域的不同特点，厘清情势变更原则的具体适用边界，进而运用于后续的司法实践，不失为探索情势变更原则有效适用规则的可行方法。针对建设工程合同领

---

① 详见最高人民法院在2009年4月27日发布的《关于正确适用〈中华人民共和国合同法〉若干问题的解释（二）服务党和国家的工作大局的通知》（法〔2009〕165号）；2009年7月7日发布的《关于当前形势下审理民商事合同纠纷案件若干问题的指导意见》。

② 参见吴俍君：《情势变更原则研究路径及方法的再探究》，载《汕头大学学报（人文社会科学版）》2013年第1期。

域的特殊性,笔者认为,可以从以下几个具体实践层面厘清情势变更原则的适用规则边界:

(一)情势变更与商业风险的合理辨别——以工程施工所需建材价格波动为例

从我国法律中关于情势变更原则的规定可见,适用要件之一为所涉变更需为"不属于商业风险的重大变化"。建设工程行业属于需要投入大量建材等生产要素的行业,尤其是钢铁、水泥等主要建材。在一般的工程建设活动中,此类建材往往占建设成本的60%以上,此类生产要素价格的波动,自然对合同双方的权益造成重大的影响。工程施工行业本属于利润率低的行业,如前述主要建材的市场价格大幅度上涨,势必对施工方履行施工合同构成重大的、实质性的障碍,但究竟应以何种程度的价格波动作为辨别情势变更与商业风险的标准,现有的法律、司法解释未提供相应标准,鉴于社会经济活动的差异性,从立法技术角度来说,也无法提供明确的标准。

情势变更和商业风险的合理辨别应为正确适用该项制度的必然路径,否则可能使有的当事人以此规避正常的商业风险①。在建设工程领域,建设行政主管机关为了达到合理辨别的目标,将"重大变更"这一不确定概念进行客观化,即通过数据的方式表达变更的程度,如江苏省建设厅曾规定在固定价施工承包合同中,当第一类、第二类建筑材料价格波动超过10%、5%时,超过部分价差由发包人承担或受益,发、承包双方相应变更工程价款并备案②。笔者认为,将前述范围之内的价格波动认定为应合理预见并承担的商业风险,将范围之外的价格波动认定为情势变更具有合理性。

司法机关出于司法的谦抑性、被动性及注重个案的差异,并未就"重大变更"做类似于建设行政主管机关进行数字化的规定,但司法机关在审理涉情势变更原则案件时,往往参考建设行政主管部门的规定,如北京市高级人民法院曾规定,主要建材价格发生重大变化,当事人对此没有约定的,可酌情支持,具体数额可通过鉴定或参照建设行政主管部门处理建材差价问题的意见确定③。由此可见,通过数字化的客观标准辨别情势变更与商业风险,虽不免招致法官自由裁量权存在的空间被客观化的批评,但笔者认为,该方式仍不失为司法实务中较为合理之适用方式。

---

① 参见孙礼海主编,全国人大法制工作委员会民法室编著:《〈中华人民共和国合同法〉立法资料选》,法律出版社1999年版,第163页。

② 详见江苏省建设厅2008年3月发布的《关于加强建筑材料价格风险控制的指导意见》(苏建价〔2008〕67号)。除此之外,北京、上海、广东、福建、云南等省市的建设行政主管部门也曾就材料价格波动风险承担范围规定具体的数值,数值范围3%~10%不等。

③ 详见北京市高级人民法院《关于审理建设工程施工合同纠纷案件若干疑难问题的解答》(京高法发〔2012〕245号)第12条。

(二)情势变更原则与不可抗力制度的区别——以“新冠”疫情及防控措施为例

毋庸置疑,在《民法典》颁布之前,法律规定中二者在定义上的区别可谓泾渭分明。《关于适用〈中华人民共和国合同法〉若干问题的解释(二)》第26条明确规定情势变更原则中的“情势”需为“非不可抗力”性质的客观因素,明确将因不可抗力造成的“情势”变更情形排除在情势变更原则适用范围之外。

与立法机关意图相比,因情势变更原则、不可抗力制度均以客观因素变化时合同履行障碍为规范对象,故司法实务中对二者的适用,难以分明。以2020年我国新冠肺炎疫情及防控措施为例,在司法实践①中,人民法院认定新冠肺炎疫情及防控措施对合同缔约方而言属不可抗力,但原、被告可通过协商或诉讼的方式变更合同条款,原告的解除通知不符合《合同法》第94条第1项之规定,即司法机关已认定新冠肺炎疫情及防控措施属不可抗力②,进而应当按照《民法典》第180条(或《合同法》第117条)关于不可抗力制度的规定,认定当事人在此情形下不能履行民事义务时,不再承担民事责任。但司法机关未按照《合同法》的前述规定适用不可抗力制度,却相反适用《关于适用〈中华人民共和国合同法〉若干问题的解释(二)》第26条关于情势变更原则的规定,认定当事人可通过变更合同的方式消除客观因素变化导致合同履行的障碍。

由上例可见,因不可抗力产生的争议,可能适用情势变更原则进行裁决,二者在适用中存在交叉、重合的可能性,况且“情势变更”“不可抗力”本就属于不确定的法律概念。鉴于分别适用二者对于民事主体权利义务的影响差异显著,后果悬殊,故在具体争议解决过程中应做到对二者严格区分适用。笔者认为,区分二者的标准不在于触发适用条件的客观事实的本身,而应以完整的适用条件为标准对两者进行区分,适用情势变更原则的完整条件是“情势”发生变更,致使合同基础条件、合同对价关系发生变化,使“对一方当事人明显不公平”或“不能实现合同目的”,但不否定合同仍存在可履行性。与之相区分的是,不可抗力制度则应以某种不可预见、不可避免、不可克服的“情势”致使合同无法履行为适用条件,已完全否定合同的可履行性。二者区分的根本标准应为所造成的结果,而不是“情势”“不可抗力”的客观形态。

值得关注的是,《民法典》第533条删除了原《关于适用〈中华人民共和国合同法〉若干问题的解释(二)》第26条中“非不可抗力”的表述,取消了不可抗力排除情势变更的规定。该规定舍弃了在定义上非此即彼的逻辑,为司法实务中以所致结果区分适用二者提供了法律依据。

---

① 参见吉林省长春市中级人民法院(2020)吉01民初363号民事判决书。

② 新冠肺炎疫情属于不可抗力当无争议,全国人民代表大会常务委员会法制工作委员会在2020年2月10日答记者问时指出新型冠状病毒感染肺炎疫情这一突发公共卫生事件属不可抗力。

(三)合理确定合同自由的边界——以当事人约定排除情势变更原则适用条款为例

民事主体依其意志自由创设法律关系,为私法自治理念的标志。自愿原则也是我国民法所奉行的民事活动基本原则之一,我国《民法典》规定,民事主体在从事民事活动中,享有按照自己的意思设立、变更、终止民事法律关系的权利。合同是民事主体意思表示的产物,这种意思表示是自愿、自由的,合同自由不仅体现民事主体决定缔结合同、选择合同相对人的自由,更在于决定合同内容(确定合同条款)的自由。

在建设工程领域,不论是作为业主的发包人,还是作为施工人的承包人,通常为理性的商业主体,具有平等的法律地位。但从现阶段经济环境及建设工程市场供需关系的层面考察,作为业主的发包人一般在交易中占据主导、强势地位。发包人出于节约建设投入、控制建设成本的动机,往往利用自身的强势地位,在建设工程合同中设定类似于"建设过程中材料价格上涨、人工费增加等风险全部由承包方承担""合同价款为固定价格,不做任何调整,风险由承包人承担"等条款。当在施工合同履行过程中发生建材价格上涨、人工成本增加,甚至是价格大幅度上涨或费用急剧增加时,发包人仍援引前述相关条款,以双方已通过约定方式排除情势变更原则为拒绝变更价款条款的抗辩理由。

笔者认为,前述排除情势变更原则适用之条款从外观上看,似完全出自双方的自由意志,符合意思自治的应有之义,但该意思自治只是形式上的自由,缺乏实质性的合意。此时的建设工程合同所承载的给付与对待给付之间貌似平衡,实则失衡。建设工程行业于承包人而言,属于高风险、高投入的微利行业[①],如建设合同履行过程中诸如建材价格、人工费用大幅上涨,超出承包人在订立合同时可预见的合理商业风险的范围,排除承包人援引情势变更原则,势必导致承包人合同目的难以实现,也可能导致建设工程质量下降的后果。

诚然,情势变更原则赋予合同困境中的当事人通过申请司法权力介入,变更原有的合同条款或解除合同,适用的后果体现了司法对民事活动中意思自治的干预,与合同自由理念不相容。但笔者认为,合同自由仍应有其边界,司法机关在适用情势变更原则时,不应片面尊崇合同自由,应考察合同当事人的经济地位、合同订立时所依据的条件,合理确定其边界,故应否定建设工程合同中有关排除情势变更原则适用的条款,依当事人申请而适用情势变更原则,避免当事人丧失最低限度的实质性合同正义。

---

① 按照中国建筑业协会发布的相关报告,2020 年、2019 年,建筑业产值利润率分别为 3.15%、3.37%。

（四）合理确定可预见情形的边界——以群体性持续阻工事件导致工期延误为例

“订立合同时无法预见”是对情势变更原则适用时民事主体主观要件的描述，系基于无责任即须合同当事方对于“情势”变化在主观上无过错的基本法律规则逻辑。

以建设工程领域的群体性持续阻工事件导致工期延误情形为例，建设工程履行实践中引起工期延误的原因，以责任主体为标准，可分为施工方原因（如施工方工程实施进度偏离、效率管理失误问题、资金等生产要素匮乏等）、发包方原因（如迟延支付工程进度款、未按期提供工程技术性资料等）、非属缔约当事人法律行为的原因。如因施工方或发包方自身原因而导致工期延误，一般仅涉及合同当事人违约认定问题，应属缔约当事人可预见合理范围，自无情势变更原则适用之主观要件。应予适用情势变更原则的情形，多因合同当事人“无法预见”的非属缔约当事人法律行为的原因。

按前述关于工期延误原因的区分标准，以建设工程领域的群体性持续阻工事件为例，群体性事件导致工期延误在建设工程实践中仍存在不同类别，如因施工方与其雇员或材料设备供应商之间纠纷导致的群体性阻工事件、因工程所在地周边协调、安置问题导致的群体性阻工事件等。笔者认为，尽管以上因不同原因引发的群体性事件均属“非属缔约当事人法律行为的原因”，但因具体情形的不同，情势变更原则仍应加以区分适用。例如，因施工方与其雇员或材料设备供应商之间纠纷导致的群体性阻工事件，根源仍在于施工方，如仍适用情势变更原则，显然违背了“任何人不得从其过错行为中获利”的法律基本精神。故而，在此情形下的规则适用，应合理确定合同当事方可预见的边界。

在司法实践中，对于群体性持续阻工事件导致的情势变更原则适用有持肯定的观点。例如，生效判决认定，工期不合理延长的主要原因是当地村民持续阻工及持续降雨引起的施工场地挡土墙未能及时修复，上述原因不能归责于施工方及引起情势变更原因不能归责于施工方，故而认定若继续按照原合同约定的固定价款结算对施工方明显不利，应对合同结算价格等予以变更①。值得注意的是，法院在该案中对情势变更原则适用仍然是以“不可归责”于施工方为前提的，也即表明合同外第三方原因应为合同当事方在订立合同时所“无法预见”，同时也应为不可归责于该合同当事方的原因。

基于造成群体性事件的成因、在建设工程施工过程中所处的阶段等具体情形各有差异的前提，笔者认为，湖南省高级人民法院在（2015）湘高法民一终字第68

① 参见湖南省高级人民法院（2015）湘高法民一终字第68号民事判决书。

号案中的裁判观点①可作为合理确定缔约当事人可预见情形边界的有益借鉴,而单纯通过对"无法预见"作文义解释并以该解释作为适用情势变更原则之判断标准,可能出现情势变更规则在司法适用上的偏差,有违立法初衷。

六、结语

情势变更原则旨在调整合同当事人之间失衡的利益关系,有助于实现法律的实质公平。在我国经济、社会持续发展,私法活动日渐活跃的新的历史发展时期,情势变更原则有着不可替代的制度价值。《民法典》第533条基于对此前法律、司法解释中关于情势变更原则的扬弃,有力地推进了该原则在我国的司法适用的进程。尽管如此,解决司法实践中这一原则适用的不确定性、不统一性等问题,仍然是理论及实务界任重而道远的课题之一。基于情势变更原则起源的特殊性,通过对司法实践经验的归纳总结来厘清其适用规则不失为一种较为可行的方式。特别是在建设工程领域复杂性、长期性及投资大的特点下,结合具体实际对情势变更原则适用规则作出归纳总结,更有利于该领域此类争议的顺利解决。

---

① 参见湖南省高级人民法院(2015)湘高法民一终字第68号民事判决书。

工程总承包模式下工程质量缺陷认定标准及路径探讨

陈鸣飞*

工程总承包是以实现"项目功能"为最终目标的"设计、采购、施工、竣工试验、工程接收和竣工后试验"实施阶段全过程或若干实施段的承包。① 与施工总承包模式不同,工程总承包模式下,承包人最终是向发包人提交一个符合发包人预期生产功能和使用价值的工程项目。工程质量是工程总承包合同的核心内容之一,因此,对工程总承包模式下的工程质量内涵、质量边界的理解以及工程总承包模式下工程质量缺陷的认定标准和认定路径的探讨,都是目前行业内亟须解决的核心课题。

一、工程总承包模式下工程质量的内涵探讨

在传统施工总承包模式下,工程质量是指工程的等级要求,通过设计图纸和施工说明书、施工技术标准加以确定。②《建筑工程施工质量验收统一标准》(GB 50300－2013)对施工质量等级进行了"合格"与"不合格"的划分。因此,施工总承包模式下,《建筑工程施工质量验收统一标准》(GB 50300－2013)所确定的"合格"标准为工程质量(工程实体质量)的最低要求。《建筑法》第 58 条③、《建设工程质量管理条例》第 28 条第 1 款④都对施工总承包模式下的施工企业及工程质量提出

---

* 陈鸣飞,中国移动通信集团设计院有限公司信息建筑业务部。

① 刘玉珂:《建设项目工程总承包合同示范文本(试行)组成、结构与条款解读大纲》(上),载《中国勘察设计》2011 年第 11 期。

② 胡康生主编:《中华人民共和国合同法释义》,法律出版社 1999 年版。

③ 《建筑法》第 58 条规定:"建筑施工企业对工程的施工质量负责。建筑施工企业必须按照工程设计图纸和施工技术标准施工,不得偷工减料……"

④ 《建设工程质量管理条例》第 28 条第 1 款规定:"施工单位必须按照工程设计图纸和施工技术标准施工,不得擅自修改工程设计,不得偷工减料。"

了要求,即施工企业必须按照工程设计图纸、施工技术标准等进行施工,不得擅自修改工程设计,不得偷工减料。由此可见,《建筑法》《建设工程质量管理条例》等法律法规把施工总承包模式下的工程质量诠释为一种"按图施工""按标准建造"的质量内涵,即工程质量在施工总承包模式下被认为是工程实体的质量,也即施工质量,且应符合设计和相关施工技术标准的要求。

随着组织建设模式的改变,工程质量的内涵在工程总承包模式下出现了变化。根据《房屋建筑和市政基础设施项目工程总承包管理办法》对工程总承包的定义,工程总承包是涵盖工程设计、采购、施工或者设计、施工等阶段,并对工程的质量、安全、工期和造价等全面负责的工程建设组织实施方式。由此可见,在工程总承包模式下,工程质量的形成已不再是承包人简单地按照施工图进行施工,而是基于发包人预期要求的交付。因此,工程总承包模式下的工程质量不再局限于工程实体质量。

FIDIC 银皮书第 4.1 款规定,EPC 模式下的承包商在竣工时,工程应能满足合同规定的工程预期目标。除此之外,工程还要满足雇主要求或合同隐含要求的任何工作以及(合同虽未提及但)为工程稳定、或完成、或安全和有效运行所需的所有工作。可知,工程总承包人应向发包人提供一个能满足合同约定并符合约定预期目标的工程项目。因此,FIDIC 项下的工程总承包的质量内涵不仅应包含施工总承包模式下设计、施工质量的内涵,还包括(合同虽未提及但)为工程稳定、或完成、或安全和有效运行所需的与工程质量相关的其他要求。进一步地,可以认为工程总承包模式下的工程质量是一种广义概念上的工程质量,较之于狭义的工程实体质量的概念,还包含形成这一工程实体并未达到合同预期目的的所有环节的质量要求。

二、工程总承包模式下工程质量边界的探讨

《房屋建筑工程质量保修办法》把质量缺陷定义[①]为:房屋建筑工程的质量不符合工程建设强制性标准以及合同的约定。从该办法可知,质量缺陷的判定根据法定的标准或约定的要求。对于工程总承包建设项目而言,特别是某些工业建设项目,发包人往往会对性能标准提出专门的要求,显然合同里约定的性能要求应属于工程总承包模式下质量缺陷判定的依据,也是工程质量内涵的一部分。有文献[②]

---

① 《房屋建筑工程质量保修办法》(建设部令第 80 号)第 3 条规定:本办法所称房屋建筑工程质量保修,是指对房屋建筑工程竣工验收后在保修期限内出现的质量缺陷,予以修复。本办法所称质量缺陷,是指房屋建筑工程的质量不符合工程建设强制性标准以及合同的约定。

② 陈鸣飞、李树祯:《工程总承包模式下建设项目性能标准的探讨》,载《中国工程咨询》2020 年第 12 期。

对于性能标准给出了相关定义:性能标准是对工程(或区段工程)、系统、设备(或部件)等工程整体或组成部分的一项或者若干项有关设备性能指标、工艺指标、产品质量标准、消耗指标、产能指标、运营指标、环保指标等关键要素指标进行考核或评价的依据。① 设定性能标准的目的,是通过竣工后试验及试运行环节检验该建设项目的生产能力、使用功能等是否达到设计要求。为了进一步明确性能标准的含义,有文献②③对性能标准进行了不同层级的释义(见表1)。

表1　性能标准的层级概念释义

性能层级	性能定义	FIDIC	释义
最低层级	(项目本身的)最低性能标准	fit for their ordinary purpose(s)	目标对象本身固有的、内在的要求,无须约定
发包人可接受的最低层级	最低(可接受的)性能标准	minimum acceptable performance criteria	发包人最低可接受的标准,需要约定
目标层级	(预期的)性能标准	performance criteria specified in the Employer's Requirements	发包人预期的性能标准,需要约定

由表1可知,最低(可接受的)性能标准和(预期的)性能标准都需要发包人在合同中约定,而(项目本身的)最低性能标准则是目标对象本身固有的、内在的要求,无须约定。由上述释义可知,对于不满足"(项目本身的)最低性能标准"的情形,不应仅认定构成质量缺陷,而应认定为工程项目已完全丧失生产和使用价值,其已远远超过质量缺陷的范畴。为了厘清工程总承包模式下工程质量的边界,本文基于上述论述构建了工程总承包模式下工程质量的边界示意图,详见图1。

---

① 陈鸣飞、李树祯:《工程总承包模式下建设项目性能标准的探讨》,载《中国工程咨询》2020年第12期。

② 陈鸣飞、李树祯:《工程总承包模式下建设项目性能标准的探讨》,载《中国工程咨询》2020年第12期。

③ 常设中国建设工程法律论坛第十工作组:《建设工程总承包合同纠纷裁判指引》,法律出版社2020年版,第294~300页。

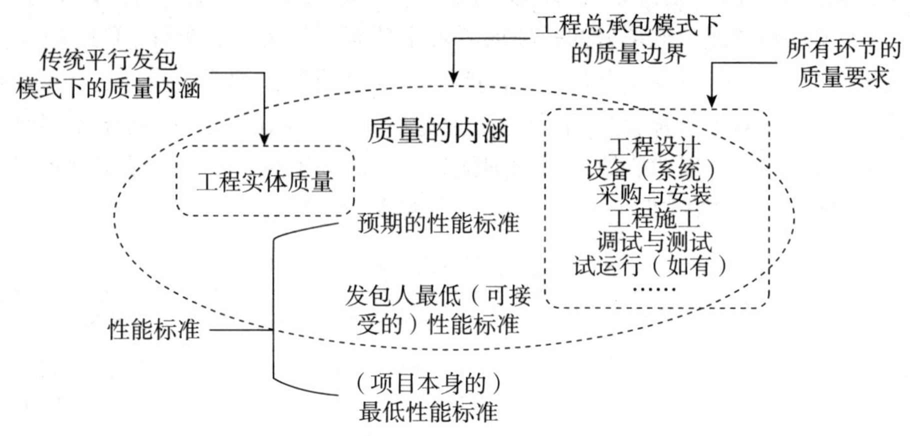

图1　工程总承包模式下的质量边界

三、工程总承包模式下工程质量缺陷的认定标准探讨

FIDIC 系列合同中，第 4.1 款(承包人的一般义务)和第 5.4 款(技术标准和规范)，指出承包人负责的设计、施工、承包商文件(包括设计图纸、竣工记录、运维手册等)应符合合同规定和项目所在国的法律要求、技术标准和规范及合同约定的其他技术标准，工程竣工后应符合预期使用目的(FFP)。[①] 这是 FIDIC 系列合同对工程总承包项目的质量提出的总体要求。进一步看，对于由“按图施工”转换为“按约建设”的工程总承包模式而言，对其工程质量是否存在缺陷的认定不宜机械地采用分环节、分阶段的碎片化认定方式，而应遵循“结果导向”原则追寻其交付成果的总体及实质性的质量情况，即整体性质量缺陷认定标准。然而，不是所有行业建设工程都存在整体质量缺陷的认定标准，如对于某些不具有生产性功能的房屋建筑工程而言则难有相匹配的整体性质量缺陷认定指标。由此可见，采用整体性质量缺陷认定标准并非适用于任何建设项目。仅简单套用此种认定标准在国内现有的行政监管体制下可能还会带来极大的争议解决障碍，在争议解决环节或会被质疑存在过大“自由裁量”的问题。因此，基于我国现有国情的考量以及考虑整体性质量缺陷认定标准所存在的适用性问题，建议对采用工程总承包模式的建设项目按照项目所涵盖的建设阶段进行阶段性与整体性相结合的综合质量缺陷认定标准。

---

① 陈勇强、吕文学、张水波等编著:《FIDIC 2017 版系列合同条件解析》，中国建筑工业出版社 2019 年版，第 58 页。

(一)阶段性质量缺陷认定标准

工程总承包模式下工程质量要求是基于传统模式下设计、设备采购、施工质量要求做的延伸。因此,对工程总承包模式下质量缺陷的认定可以从设计、设备采购、施工质量等环节分别予以判定。以设计环节的质量缺陷认定为例,设计的质量是决定整个建设工程质量的基础,如果设计的质量存在问题,整个建设工程质量也就没有保障,因此工程的设计必须符合质量要求。《建筑法》第37条①、第52条②和《建设工程质量管理条例》第21条③等均对设计质量提出了相应的质量要求,因此工程总承包模式下承包人提交并用于实施的工程设计文件应符合以下要求:(1)符合法律法规的强制性规定;(2)符合工程建设强制性标准的要求;(3)符合合同约定的技术标准或发包人要求;(4)符合相关行业设计文件编制深度的规定。如果承包人所提交并用于实施的工程设计文件不符合上述质量要求,则可认为承包人所交付的工程总承包建设项目存在一定的质量缺陷。

相应地,采用阶段性质量缺陷认定标准的,亦可对设备采购环节、工程施工环节进行质量缺陷的认定,即在工程总承包建设项目承包范围内的任何阶段出现的质量缺陷均可被认为工程总承包建设项目存在相应的质量缺陷。为此,可构建阶段性的工程总承包建设项目质量缺陷认定标准如下:(1)工程建设项目不满足设计文件的要求;(2)工程建设项目不满足施工任务书(技术标准)的要求;(3)工程建设项目不满足工程建设强制性标准的要求;(4)工程建设项目存在违反法律法规强制性规定的要求;(5)工程建设项目实施各阶段不满足合同约定的要求;(6)工程建设项目实施各阶段出现的其他质量缺陷情形。

然而,阶段性质量缺陷认定标准仍然存在一个较大的问题,即工程总承包范围内的各阶段存在的质量缺陷是否必然引起工程总承包建设项目质量缺陷。换言之,阶段性的质量缺陷是否必然导致整体性质量缺陷?答案显然是否定的,如建设项目实施过程中的工程设计文件未达到国家、行业关于设计深度的要求,在施工总承包模式下,理应被认定为设计文件存在质量缺陷,但在工程总承包模式下承包人依然可以通过其对项目的深刻理解及其具备的专业素养和能力进行合格实体成果的交付,该工程设计阶段的质量缺陷并不必然影响到建设项目的整体质量,发包人依然可以获得符合其预期目的的工程建设项目。由此可见,工程总承包模式下阶

---

① 《建筑法》第37条规定:建筑工程设计应当符合按照国家规定制定的建筑安全规程和技术规范,保证工程的安全性能。

② 《建筑法》第52条规定:建筑工程勘察、设计、施工的质量必须符合国家有关建筑工程安全标准的要求,具体管理办法由国务院规定。有关建筑工程安全的国家标准不能适应确保建筑安全的要求时,应当及时修订。

③ 《建设工程质量管理条例》第21条规定:设计单位应当根据勘察成果文件进行建设工程设计。设计文件应当符合国家规定的设计深度要求,注明工程合理使用年限。

段性的质量缺陷不必然会影响到实体成果交付环节,换言之,仅简单套用阶段性的质量缺陷认定标准对工程总承包建设项目的质量缺陷进行认定本身亦存在一定的缺陷性。

(二)整体性质量缺陷认定标准

解决阶段性质量缺陷认定标准本身存在的缺陷性问题,需要引入工程总承包建设项目整体性质量评价方式予以纠偏验证。对于发包人而言,其采用工程总承包建设模式的初衷即希望最终接收的工程能达到预期的功能和性能目标。当然,这里的功能和性能也应当与既定的建设项目相匹配,如发包人初衷是想建一座发电站,但最终交付的发电站不能实现发电功能或发电量达不到发包人的预期要求,可以理解为承包人并未向发包人交付一件合格的工程产品,理应承担相应的质量缺陷责任,即使承包人在各阶段所交付的成果均满足质量要求。采用工程总承包模式的建设项目,特别是对于机电工程项目(或者以机电工程作为主要组成部分的建设工程项目)而言,常要求工程完工后达到某一性能标准。该性能标准的实现是对建设全过程、各阶段的整体性质量评价。因此,可将性能标准(或使用功能)的实现与否作为整体性质量缺陷认定依据。有文献①②根据性能标准的不同维度,对性能标准进行了维度的划分(见表2)。

表2 性能标准的维度划分

维度	性能项	示例	性能指标示例
设备(或部件)	设备性能	柴油发电机	柴油机的转速、输出功率、电压等
系统	系统性能	供配电系统	电能利用效率
单位工程(子单位工程)	集成系统性能	微模方③	抗震性能、装机率、PUE
单项工程(整体工程)	产能指标、环保指标、安全性能等	垃圾处理站、污水处理厂	日处理垃圾吨数、污水处理厂的出水水质标准

备注:某些工程的性能要求,与其可依赖的基本物理输入条件相关,如水处理厂的原水水质标准对于出水水质则有较大影响性。

---

① 陈鸣飞、李树祯:《工程总承包模式下建设项目性能标准的探讨》,载《中国工程咨询》2020年第12期。

② 常设中国建设工程法律论坛第十工作组:《建设工程总承包合同纠纷裁判指引》,法律出版社2020年版,第294~300页。

③ 微模方是中国移动通信集团设计院自主研发,为解决单层仓储式机房高大空间利用率不足,在业界首创的一种双层双联微模块产品,可为ICT设备提供实现独立运营功能的一种标准化模块单元。

由表2可知，不同建设项目因各自特点不同，存在不同维度的性能标准。对于某些房建项目，仅存在设备、系统维度的性能标准要求；对于某些工业项目，则存在单位工程、单项工程等整体性的性能标准要求。因此，采用整体式质量缺陷认定方式时，应根据工程总承包建设项目的不同特点，基于不同维度的性能标准进行质量缺陷的认定。

四、工程总承包模式下工程质量缺陷的认定路径探讨

对于工程总承包建设项目，应根据不同的建设项目类型采用不同的工程质量缺陷认定路径，如对于存在阶段性质量缺陷的建设项目，应进一步识别阶段性质量缺陷是否会影响工程总承包建设项目整体性质量评价，不宜直接基于阶段性质量缺陷认定该项目存在质量缺陷。相反，对于具备整体性质量标准的建设项目，当存在整体性质量缺陷时则可直接认定该项目存在质量缺陷。基于上述论述，本文结合阶段性和整体性工程质量缺陷认定标准的思路构建了工程总承包建设项目的质量缺陷认定路径，详见图2。

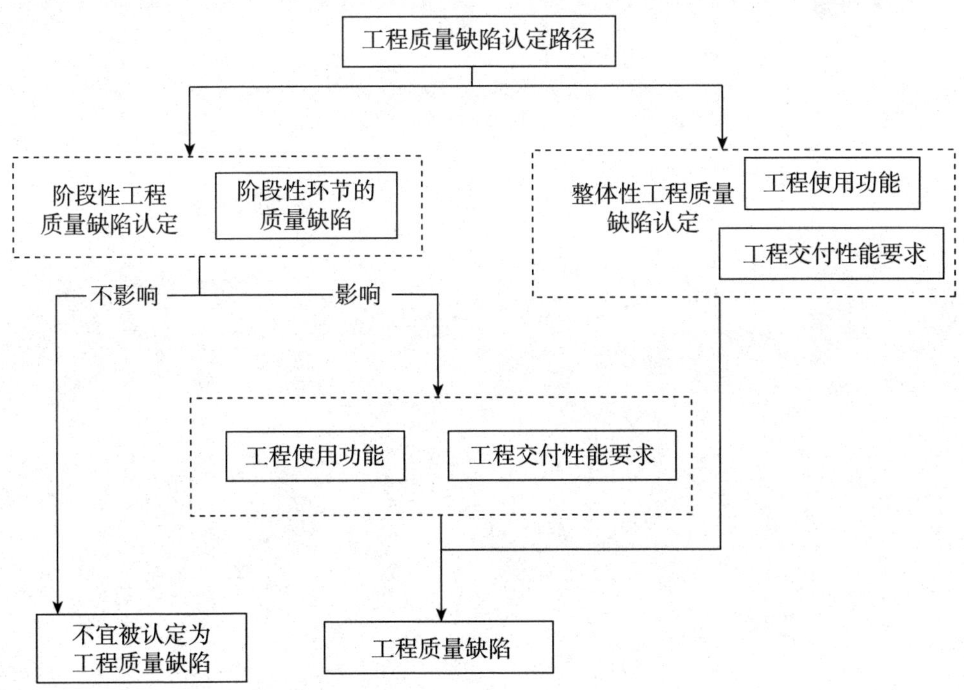

图2 工程总承包模式下工程质量缺陷认定路径

五、结语

工程总承包建设项目是以“按约建设”作为其显著特征,是向发包人提交一个符合发包人预期生产功能和使用价值的工程项目。因此,工程总承包模式下的工程质量内涵较传统施工总承包模式下发生了巨大变化。对工程总承包模式下质量缺陷的认定应采用阶段性和整体性相结合的认定标准,仅阶段性缺陷认定方式下查验的阶段性质量缺陷,不宜直接认定为工程总承包建设项目的质量缺陷,而应进一步识别其是否会影响工程总承包建设项目整体性质量评价。

特邀文章

建设工程设计合同解除后设计费的认定

高印立*

一、前言

在建设工程设计合同纠纷中，因当事人违约、项目审批等导致合同解除的情形较为常见。特别是在设计工作尚未全部完成的情况下，如何认定设计人的设计费常常成为案件的争议焦点。一般来说，设计工作量可以根据设计文件的深度和工作量所占比例确定，但如果设计工作由于某种原因终止，对设计文件完成深度和比例的判断并无确定的量化标准。在这种情况下，即使进行设计工作量的鉴定，也是由鉴定人根据有关设计文件深度编制规定的定性要求和自身设计经验进行判断，由此可能导致鉴定结果的主观性较强，而客观性则相对较弱。因此，如果裁判者(特别是具备相关专业知识的仲裁员)通过庭审调查、质证等手段能够对设计工作所处阶段、工程量完成比例和设计文件的深度作出认定，就不必进行设计费用的鉴定，因为鉴定机构的鉴定结果未必就比裁判者的认定更加准确，反而增加了当事人的费用，降低了审理效率。

结合建设工程设计工作的一般规律，本文对设计合同解除后设计费的认定和计算进行探讨。

二、设计成果质量符合要求的，应当按照约定支付设计费

《民法典》第566条第1款规定："合同解除后，尚未履行的，终止履行；已经履行的，根据履行情况和合同性质，当事人可以请求恢复原状或者采取其他补救措施，并有权请求赔偿损失。"在建设工程设计合同中，设计人提供的是利用其劳务和技术凝聚成的智力成果，无法返还。而且，建设工程设计合同是一种继续性的合

---

* 高印立，教授级高级工程师，北京采安律师事务所合伙人、高级顾问，北京仲裁委员会(北京国际仲裁中心)仲裁员，中国国际经济贸易仲裁委员会仲裁员。陈鑫范律师、孙傲律师和单宾律师对本文提出了宝贵建议，特此致谢！

同。因此,建设工程设计合同解除不发生溯及既往的法律效果,合同解除后,已经履行的部分无法恢复原状,应当继续有效。《民法典》第 806 条第 3 款规定即体现了建设工程合同的这一特殊性:"合同解除后,已经完成的建设工程质量合格的,发包人应当按照约定支付相应的工程价款;已经完成的建设工程质量不合格的,参照本法第七百九十三条的规定处理。"根据该款规定,建设工程设计合同解除后,已经完成的设计成果质量符合要求的,发包人应当按照合同约定和交付的设计成果工作量支付相应的设计费。

"质量符合要求"具有如下含义:

1. 质量符合要求既包括设计成果符合发包人的设计任务书要求及合同约定的标准规范规定,又包括其应当符合国家有关设计强制性标准的规定。

2. 合同约定的质量标准高于国家有关设计标准规定的,应当按照合同约定的质量标准确定质量是否合格;反之,合同约定的质量标准低于国家有关设计强制性标准规定的,则应当按照国家有关设计强制性标准的规定确定质量是否合格。

3. 发包人对设计成果的质量要求不明确的,应当按照强制性国家标准确定质量标准;没有强制性国家标准的,按照推荐性国家标准确定质量标准;没有推荐性国家标准的,按照行业标准确定质量标准;没有国家标准、行业标准的,按照通常标准或者符合合同目的的特定标准确定质量标准。

需要注意的是,建设工程设计合同在性质上属于承揽合同,发包人的主要合同义务是支付报酬,设计人的主要合同义务是交付合格的工作成果,《民法典》第 770 条、第 780 条均有相应规定。因此,在建设工程设计合同解除后,当事人应当以设计人交付设计成果的工作量为依据,按照合同约定进行清理和结算。合同解除前设计人已完成但未交付的设计成果所产生的费用,可作为设计人的损失,由违约解除人承担。具体来说,因发包人导致合同解除的,由发包人参照合同约定和相应设计成果的工作量承担该损失;因设计人违约导致合同解除的,由设计人承担该损失。当然,合同解除后,如果设计人将未在合同履行期间交付的设计成果交给发包人,发包人实际使用该成果的,发包人应当支付相应费用。

此外,建设工程设计工作具有阶段性,如建筑工程设计一般包括方案设计、初步设计、施工图设计阶段;水利工程设计一般包括初步设计、招标设计、施工图设计阶段;电力工程、交通运输工程一般包括初步设计、施工图设计阶段等。一般来说,前一设计阶段应当满足后一阶段设计的需要,且其每一个阶段的设计成果输出都将成为下一阶段设计工作的输入。在上一设计阶段未通过有关部门审批或合同约定的发包人评审,且发包人也未指令或同意设计人开始下一设计阶段工作的情况下,设计人自行开始下一阶段的设计不符合设计工作的一般规律,属于超越设计阶段进行设计。设计人超越设计阶段进行设计,不利于设计质量的控制,也容易因返工、修改工作等造成不必要的人工损失和设计周期延长。《民法典》第584条规定,当事人一方不履行合同义务或者履行合同义务不符合约定,造成对方损失的,损失赔偿额应相当于因违约所造成的损失,但不得超过违约一方订立合同时预见到或者应当预见到的因违约可能造成的损失。因此,即使在发包人违约解除合同的情况下,发包人对设计人因超越设计阶段进行设计的费用损失也无法合理预见,发包人不应当承担该部分费用。

当然,如果有关部门对上一设计阶段的设计文件没有审批要求,发包人也没有评审要求,设计人对两个阶段(如初步设计阶段、施工图设计阶段)连续进行设计的,不应认定设计人超越设计阶段,违约解除设计合同的发包人仍应当承担相应的费用损失。

三、设计成果质量不符合要求的,当事人应当承担相应责任

经审图机构的施工图审查、发包人组织评审或者质量鉴定机构鉴定,认为设计人交付的设计成果质量不符合要求的,参照《民法典》第800条的规定,发包人可以合理选择请求设计人继续完善设计、减收或者免收设计费、赔偿损失等。由于合同已经解除,设计人无法进行修改、返工工作,故其应当承担减收设计费、赔偿损失等违约责任。具体来说有以下两种情形:

1. 发包人未使用设计人的设计成果,但该设计成果经修改后可以达到质量要求的,发包人有权主张减收设计费;如果设计成果无法修改或修改花费较大不符合经济性原则的,发包人有权主张免收设计费。

2. 发包人请他人把设计人的设计成果修改至质量符合要求,且修改费用未超过设计人的设计费的,发包人可选择主张减收、免收设计费或者由设计人承担相应的修改费用;如果修改费用数额超过设计人的设计费,发包人既有权请求设计人承担相应的修改费用,也有权在主张免收设计费的同时,请求设计人承担超出设计费部分的修改费用。

上述情形中,如果因设计成果质量不符合要求造成了发包人的其他损失,发包人还有权要求设计人赔偿相应损失。

此外,发包人对设计成果质量不符合要求有过错的,应当承担过错责任。当然,发包人的过错并不免除设计人应当承担的责任。发包人的上述“过错”包括但不限于以下几种情形:

1. 发包人要求设计人违反法律和工程质量、安全标准进行工程设计,降低工程质量的。

2. 发包人要求设计人违反经批准的规划条件进行工程设计的。

3. 发包人提供的勘察报告、测绘成果等基础资料不准确、不完整或存在错

误的。

4. 发包人要求的钢材用量、混凝土用量等主要技术指标控制值不符合有关工程设计标准规定的。

5. 发包人未严格遵守其要求的主要技术指标控制的前提条件,导致设计成果超出主要技术指标控制值的。

需要注意的是,设计人尚未完成完整的设计阶段工作的,其交付的可能是初步或部分设计成果,当事人就此会进行多轮讨论和沟通。在此基础上,设计人会对设计成果进行进一步完善,这种情形在建设工程的概念设计、方案设计阶段中尤为常见。在此类情形下,认定设计人交付的设计成果是否符合要求时,应当着重审查设计成果是否明显违反了合同约定的设计标准及有关任务书的要求,是否违反了有关设计强制性标准的规定。如果设计成果未违反上述要求和规定,发包人仅因对设计美感、功能定位等的不同理解,认为设计成果不符合要求从而主张减收设计费的,一般不应得到支持。

四、合同解除后设计费数额的认定

建设工程设计合同解除后,设计人交付的设计成果质量符合要求的,发包人应当按照该设计成果的实际工作量支付设计费,这是一个一般的原则,但当事人另有约定的,应当尊重当事人的约定。由于建设工程设计工作的专业性很强,对设计工作量的准确确定存在较大困难,因此,基于设计工作具有的阶段性特点,按照交付设计成果所处阶段来认定设计费相对简便,而且合理、实用。以下分两种情形分别进行分析。

(一)合同约定了各阶段设计费的,根据合同约定和实际工作量认定设计费

许多情况下,当事人对合同解除后设计费的确定方法有明确约定,此时应当按照合同约定的方法和实际工作量来认定设计费。比如,《建设工程设计合同示范文本(房屋建筑工程)》(GF-2015-0209)第14.1.1条规定:“合同生效后,发包人因非设计人原因要求终止或解除合同,设计人未开始设计工作的,不退还发包人已付的定金或发包人按照专用合同条款的约定向设计人支付违约金;已开始设计工作的,发包人应按照设计人已完成的实际工作量计算设计费,完成工作量不足一半时,按该阶段设计费的一半支付设计费;超过一半时,按该阶段设计费的全部支付设计费。”

由于建设工程设计的专业性、复杂性,认定未完设计工作的工作量存在相当大的困难,而上述规定简化了合同解除后设计工作量的确定方法,有利于法院或者仲裁机构对设计费的认定。

当然,许多当事人并未采用上述示范文本,而是约定合同解除后按照设计人实

际完成的工作量计算设计费,这就需要根据合同对各个阶段设计费的约定和设计人交付成果的工作量来认定。同样地,合同对解除后设计费的确定方法没有约定的,也应当按照设计人交付成果的实际工作量和其所处设计阶段来认定设计费。实践中,法院或者仲裁机构可以根据已交付设计成果的阶段、设计文件的深度和未完成阶段的完成情况酌定一个比例,并以此来计算设计费,即全部设计费 = 已完成阶段的设计费 + 未完成阶段的设计费 × 完成比例(%)。

(二)合同未约定各阶段设计费的,按照行业惯例和实际工作量认定设计费

建设工程设计合同仅约定了总的设计费金额,但未约定各个设计阶段金额的,根据建设工程设计工作的特点,可以按照行业惯例来确定不同设计阶段的比例,从而认定设计人交付设计成果的设计费。

2002 年,由当时的建设部和当时的国家计委发布的《工程勘察设计收费管理规定》虽然已经废止,但该规定所附《工程设计收费标准》中各个设计阶段的工作量比例具有客观性和一定的科学性,在工程实践中被普遍接受和认可,因此,上述工作量比例可以作为行业惯例使用。

此外,当事人未签订书面合同或合同中未约定设计费的,可以根据工程特点、当事人之间的交易习惯及市场价格认定设计费,具体原则如下:

1. 当事人就相同工程签订的其他合同约定有设计费单价的,可参照该单价认定设计费。

2. 同一时期内,当事人就类似工程约定有设计费单价的,可参照该单价认定设计费。

3. 不同时期内,当事人签订的建设工程设计合同约定有设计费单价的,可在考虑不同时期的市场价格变化、工程特点及复杂程度的基础上,参考上述单价认定设计费。

4. 无法根据上述 1 ~ 3 项确定设计费的,可以根据工程特点、复杂程度等参考工程所在地区的市场价格认定设计费。

5. 无法根据市场价格认定设计费的,可以参考上述《工程设计收费标准》等行业惯例认定。

五、设计成果所处设计阶段的认定

如前所述,合同解除后,应当按照设计人交付成果的实际工作量和其所处设计阶段来认定设计费。实践中,当事人对设计成果属于哪个设计阶段往往存在争议。因此,对交付设计成果所处设计阶段的判断就十分重要。具体来说,可以从以下几个方面来判断设计成果所处的设计阶段。

(一)设计成果的签收文件

一般来说,设计人交付设计成果时会要求发包人出具签收文件,如果此类签收

文件中载明了所提交设计成果的阶段,如“收到初步设计建筑、结构、电气图纸×份”等,则原则上可以将签收文件所载明的阶段认定为设计成果所处的设计阶段。

需要注意的是,某些情况下,签收文件所载明的内容不应作为认定设计阶段的唯一依据,还需要结合其他证据综合进行判断。比如,在某设计合同纠纷案中,设计人将设计图纸交给了未经发包人授权的财务人员,财务人员在设计人拟好的载明“收到工程施工图”的签收单上签字。由于财务人员无法对设计图纸的内容作出判断,故仲裁庭并未直接根据该签收单认定交付设计文件所处的阶段,而是综合当事人之间的往来函件、设计费支付及发包人未提出异议等情况,认定设计人交付的设计图纸处于施工图设计阶段,同时,结合预算书尚未提交和施工图尚未审查的事实,认定设计人该阶段的设计工作尚未全部完成。

(二)当事人之间的往来文件及付款情况

实践中,许多建设工程设计合同在履行过程中并无设计成果的签收记录,这固然与设计人的法律风险防范意识不足有关,但电子邮件、微信、QQ 等交流方式的普及也不无影响。在这种情况下,需要根据当事人之间往来的函件、电子邮件、微信或 QQ 聊天记录内容来认定设计阶段。某些情况下,发包人实际支付设计费的比例与合同约定的匹配程度,也可以作为一个考量因素。

比如,在某建设工程设计合同纠纷案中,合同约定,主楼初步设计出图后 15 日内支付 43.6 万元,主楼施工图出图后 30 日内支付 65 万元。当事人对于设计人交付设计文件的阶段发生争议。仲裁庭注意到,设计人于 2012 年 2 月 20 日交付设计图纸,并向发包人发函要求支付设计费,发包人于 2012 年 3 月 6 日回函称:“虽然酒店主楼建筑结构设计图纸已经出来,但根据合同规定,主楼出图设计费在出图后 30 日内交付。”该案中,主楼初步设计相对应的设计费已于 2011 年 10 月支付,故仲裁庭认为该函中所述的“设计费”系指对应主楼施工图部分的设计费,同时结合该案其他证据,仲裁庭认定设计人交付的图纸为主楼施工图文件。

(三)政府有关部门的许可或批复文件

发包人申领建设工程规划许可证,需要按要求提交设计图纸。因此,建设工程规划许可证的办理情况,可以作为判断设计人工作所处阶段的重要参考。

需要注意的是,我国不同地区对办理建设工程规划许可证所需设计文件的要求并不完全相同。比如,在北京市,办理市政交通基础设施工程的工程规划许可证,设计文件应满足有关市政公用工程设计文件编制深度规定中初步设计文件的深度要求;办理房屋建筑工程的规划许可证,需要满足北京市《建设工程规划设计技术文件办理指南》(市规划国土发〔2018〕87 号)的相应要求。根据该指南中关于申请建设工程规划许可证的技术要求,要求图纸给出主要结构和建筑构造部件的位置、尺寸和做法索引,主要建筑设备和固定家具的位置和做法索引,以及基础底板配筋图,因此,按照《建筑工程设计文件编制深度规定(2016 年版)》来衡量,该指南中对建设工程规划许可申报设计文件的深度实际上已处于施工图设计阶段。同样,在上海市和天津市,办理建设工程规划许可证,也需要提交相应的施工图设计文件。在浙江省的一些地区,要求提交的则是建设工程设计方案。

此外,我国一些地区还保留着对建设工程各个设计阶段进行审批的制度,在这些地区的设计项目中,有关部门的审批文件、当事人往来文件中所载有关审批的内容均可以作为判断设计成果所处阶段的重要参考。

(四)设计文件的内容和深度

设计人所交付设计文件的内容和深度,是判断其所处设计阶段的直接依据。然而,裁判者不是建设工程设计的专业人士,而委托鉴定机构鉴定又严重影响审理效率,而且对于具体工作量的判断同样也存在主观性的问题,因此,根据当事人在庭审或往来文件中对设计内容的描述进行判断值得提倡。

比如,在某建设工程设计纠纷案中,仲裁庭注意到,在发包人发给设计人的电子邮件中明确要求"就有关商业、酒店塔楼和公寓塔楼的立面效果,提供具体可实施的立面构造设计方案,不同方案应分别表示平面、立面对应关系及立面细部构造示意""公寓塔楼平、立面对应确认可实施性,细部明框等细节构造,请深入研究细部尺寸,并提供研究成果"。邮件最后要求设计人"安排足够设计力量投入到某项目立面方案设计深化工作中,技术可行前提下确保方案效果可实现"。仲裁庭认为,方案深化设计是对概念设计方案的细化,方案深化设计的目的在于完成概念设计方案的可行性设计,上述邮件中关于要求设计人确认可实施性、研究细部尺寸、确保方案效果可实现等的描述表明,后续安排的是方案深化设计工作,而非发包人所称的概念方案设计工作。

六、房屋建筑工程各设计阶段的判断示例

为帮助裁判者对各个设计阶段的设计文件进行判断,结合《建筑工程设计文件编制深度规定(2016 年版)》的规定和工程实践,以房屋建筑工程为例,对建筑、结构专业在各设计阶段的基本区别见表 1、表 2:①

① 该表所列区别仅针对一般情形。实践中,具体工程项目各个阶段的设计深度可能因项目情况、设计人自身要求的不同而有所不同。

表1 建筑工程建筑专业各设计阶段的判断示例

项目 \ 设计阶段	方案设计	初步设计	施工图设计
设计说明	1. 建筑方案设计构思和特点; 2. 说明防火设计的设计原则,如"本体育馆采取空间分流法,解决各种人流的组织与疏散"	1. 说明防火分区数量、防火分区面积、总疏散宽度及最大疏散人数; 2. 简述建筑装修的做法,如卫生间采取防滑地砖、瓷砖墙面	1. 在初步设计基础上,增加防火救援窗的设置; 2. 列明《装修做法一览表》,并注明详细做法,如花岗岩楼面做法:30厚1:4干硬性水泥砂浆结合层;素水泥面(洒适量清水)……铺20厚花岗石楼面灌稀水泥浆擦缝
主要图纸类别	1. 平面图; 2. 立面图; 3. 剖面图	1. 平面图(含防火分区图); 2. 立面图; 3. 剖面图; 4. 局部平面放大图,如教室大样图(如需要); 5. 节点详图(如需要)	1. 平面图(含防火分区图); 2. 立面图; 3. 剖面图; 4. 楼梯、电梯、厨房、卫生间、阳台等局部平面放大和构造详图; 5. 节点详图; 6. 门窗立面组合图
平面图	1. 标注开间、进深尺寸和总尺寸; 2. 标出柱网、承重墙位置; 3. 标出房间名称	1. 标注轴线编号和定位尺寸; 2. 标注各楼层标高; 3. 画出建筑设备(如卫生器具)的位置; 4. 画出防火分区平面图	1. 标注门窗编号及定位尺寸; 2. 标注墙厚、柱宽尺寸; 3. 标出建筑设备(如卫生器具)的做法索引; 4. 标出楼梯详图索引
立面图	1. 体现造型特点; 2. 可无任何标注	1. 标注两端轴线和编号; 2. 表示或说明主要材料,如白色面砖、玻璃幕墙、花岗岩等; 3. 标注高差变化部位的标高; 4. 画出门窗	1. 标出装饰材料的做法,如面砖外墙,白色,做法见88J1外墙66/67-1; 2. 标注门窗洞口上下标高
剖面图	1. 标注室外地面标高; 2. 标注各层标高; 3. 标出总高度	1. 标注柱、承重墙的轴线和编号; 2. 画出内外门窗	1. 标出门、窗洞口高度及节点构造详图索引号,如屋面采光顶棚做法详见厂家图

表 2　建筑工程结构专业各设计阶段的判断示例

设计阶段 项　目	方案设计	初步设计	施工图设计
设计说明	1. 结构选型,如砖混结构、框架结构、框架—剪力墙结构、剪力墙结构等; 2. 基础方案,如天然地基、桩基础等; 3. 混凝土强度、钢筋种类; 4. 特别说明:是否进行风洞试验、振动台试验、抗震设防专项审查等; 注:建筑外形方案完全确定之后就可以做风洞试验	1. 工程地质和水文地质概况(对应初步勘察报告); 2. 结构分析与计算,包括采用的程序名称、整体分析和基础计算结果,如结构自振周期、基底剪力与弯矩、地震作用下的位移等; 3. 如需要进行超限审查,完成超限审查(一般 2 ~ 4 个月)	1. 钢筋混凝土工程: (1)列出"构造要求",包括混凝土保护层厚度、钢筋锚固长度、搭接长度、钢筋接头形式(机械连接或焊接)。 (2)钢筋布置,如剪力墙内采用双排双向钢筋。 2. 钢结构: (1)焊接材料:焊条、焊丝、焊剂; (2)螺栓种类,如 10.9 级摩擦型高强度螺栓; (3)钢结构制作、安装要求。 3. 结构分析与计算,无须再列明计算结果,但计算书要存档
主要图纸类别	可以不出结构专业图纸	1. 图纸编号:结初 – X; 2. 基础平面布置图; 3. 主要楼层结构平面布置图; 4. 结构关键节点、支座示意图	1. 图纸编号:结施 – X; 2. 基础平面图; 3. 基础详图(含配筋); 4. 各楼层结构平面图、剪力墙平面布置图; 5. 配筋图; 6. 钢筋混凝土构件详图,如楼梯详图; 7. 结构节点和构造详图
图纸内容	—	1. 结构平面图中,标出基础构件、结构主要构件的截面尺寸; 2. 无配筋图	1. 各种墙、柱、梁、楼梯的配筋图、配筋表; 2. 详图,如楼梯、汽车坡道、预留洞、电梯井等

当然,在裁判者依据前述方法均无法作出判断时,可以委托专业的鉴定机构进行设计工作量的鉴定。

安全文明施工费法律研究

何红锋[*]　任兴华[**]

一、问题的提出

安全文明施工费在2013年《建设工程工程量清单计价规范》（以下简称《2013清单计价规范》）第3.1.5条中被规定为不可竞争费用，然而，在工程实践中经常有违背该规定的做法，司法机关和地方行政机关也对该规定有着不同的认识，这使安全文明施工费的法律定性在立法界与司法界、中央行政机关和地方行政机关之间产生了严重冲突。

（一）司法实务对违反不可竞争规定合同的效力判决不同

笔者以"安全文明施工费""不可竞争""合同有效"为关键词，在威科先行·法律信息库网上进行检索，共有30个结果；①以"安全文明施工费""不可竞争""合同无效"为关键词，在威科先行·法律信息库网上进行检索，共有113个结果。② 在对143份文书进行筛选后，去除了79份无关和相同文书后，整理有关案例共64件，其中对违反安全文明施工费不可竞争规定合同的效力采用无效说的案例有32件，采用有效说的案例有32个。在对案例进行整理后，笔者对案例数量从法院级别与所采取观点进行了统计。

---

* 何红锋，南开大学法学院教授，博士生导师。

** 任兴华，南开大学法学院研究生。

① 参见威科先行·法律信息库网，最后访问时间：2021年12月6日。

② 参见威科先行·法律信息库网，最后访问时间：2021年12月6日.

表1 违反安全文明施工费不可竞争规定合同的效力争议案件数量与受理法院级别表

学说观点 \ 法院级别	最高人民法院	高级人民法院	中级人民法院	基层人民法院	合计
无效说	3	14	13	2	32(50%)
有效说	2	8	15	7	32(50%)
合计	5(7.8%)	22(34.4%)	28(43.8%)	9(14%)	64

在检索的64个有关违反安全文明施工费不可竞争规定合同的效力案例中,由最高人民法院审理的有5个案件,其中(2014)民一终字第310号、(2019)最高法民终353号和(2020)最高法民申2649号,共3个案件采用了无效说,肯定了安全文明施工费不可竞争的规定;(2018)最高法民申5642号和(2019)最高法民终1335号案例采用了有效说,否定了安全文明施工费不可竞争的规定。在检索的64个有关案例中,有22个由高级人民法院审判的案例,其中四川、黑龙江、河北、安徽、青海省高级人民法院采用无效说,宁夏回族自治区高级人民法院采用了有效说。从统计数据可以看出,在不同地区高级人民法院间,甚至在最高人民法院内部对违反安全文明施工费不可竞争规定合同的效力案件都会产生不同判决结果,这反映了司法实务在此方面有着较大争议。

另外,在检索的64个有关案例中,河南省高级人民法院审理了4起案例,其中1起案件采用无效说,3起案件采用有效说;江苏省高级人民法院审理了2起案例,其中1起案件采用无效说,1起案件采用有效说;陕西省高级人民法院审理了6起相关案例,其中3起案件采用无效说,3起案件采用有效说。值得一提的是,陕西省高级人民法院审判员滕欣燕参与审判的(2018)陕民终710号、(2016)陕民终376号和(2018)陕民终718号案件都采用了有效说,而其参与审判的(2020)陕民终39号案件却采用了无效说。由此,我们可以看出,关于违反安全文明施工费不可竞争规定合同的效力案件,在同一法院,甚至同一法官审理中,仍会出现同案不同判的情形,这进一步说明了司法实践中关于违反安全文明施工费不可竞争规定合同的效力争议较大。

虽然表1统计的64个有关案例数据存在审结时间较近、数据来源误差和样本数量较少的局限性,但64个有关案件中50%的案件采用无效说、50%的案件采用有效说,能够在一定程度上反映在司法实践中各地司法机关对违反安全文明施工费不可竞争规定合同的效力认定有着较大差异,且进一步映射了判决背后司法机关对安全文明施工费是否可竞争、安全文明施工费不可竞争规定是否属于强制性标准观点不同的现象,这体现了立法界和司法界在安全文明施工费法律定性上的冲突。

（二）部分地方行政机关取消安全文明施工费不可竞争的规定

2020年7月24日，住房和城乡建设部办公厅印发《工程造价改革工作方案》，决定在北京市、浙江省、湖北省、广东省、广西壮族自治区五个地区开展方案试点工作。上述五个地区已经先后出台了相关的具体改革方案，其中湖北省和广西壮族自治区住房和城乡建设厅发布的试点方案中明确取消安全文明施工费作为不可竞争费用的规定，北京市住房和城乡建设委、浙江省住房和城乡建设厅发布的试点方案通过规定安全文明施工费“应根据相关施工措施和市场价格测算确定”和“可根据企业实际情况编制”实质上取消安全文明施工费作为不可竞争费用的规定。除了四个试点地区之外，河南省住房和城乡建设厅印发的《河南省工程造价市场化改革实施方案》也明确取消安全文明施工费作为不可竞争费用的规定。多地（不限于试点地区）已经出台的相关具体改革方案中普遍“取消安全文明施工费作为不可竞争费用的规定”，体现了中央行政机关和地方行政机关在安全文明施工费法律定性上的冲突。

二、违反强制性条文合同效力分歧

司法实务的判决不同不利于建筑行业招投标活动的稳定性，我们认为要解决司法实务矛盾做法、统一司法，就要准确判断违反安全文明施工费不可竞争规定合同的效力，即判断违反《2013清单计价规范》第3.1.5条合同的效力。因第3.1.5条在住房和城乡建设部第1567号公告中被明确为《2013清单计价规范》中的强制性条文，所以我们首先应判断违反《2013清单计价规范》中强制性条文的合同效力。这是因为《2013清单计价规范》第3.1.5条为强制性条文，如果《2013清单计价规范》中强制性条文可以作为《民法典》第153条第1款中的强制性规定，就必须被法院援引作为判断合同效力依据，违反《2013清单计价规范》中强制性条文约定改变安全文明施工费的合同应被确认为无效合同，反之则应被确认为有效合同，那么司法实务中关于安全文明施工费的矛盾做法也就得以解决了。违反《2013清单计价规范》中强制性条文合同的效力，目前在理论界主要有两种观点：

（一）无效说

主张该观点的一部分学者认为，《2013清单计价规范》是被纳入《标准化法》的强制性国家标准，《标准化法》规定“强制性标准必须执行”，对强制性标准的违反就是对《标准化法》的违反，“强制性标准必须执行”当然是效力性法律的强制性规定，因此，如果合同约定不执行规定的安全文明施工费，就违反了《民法典》第153条第1款，约定无效。① 另一部分学者认为，违反《2013清单计价规范》的强制性条

① 参见何红锋：《两个视角下的安全文明施工费》，载微信公众号“何红锋评论平台”2021年1月13日。

文要求就意味着违反了该规范的立法宗旨，可能会导致质量缺陷、工期延长等一系列问题，进而损害国家、集体利益，因此合同无效。[①]

还有一部分学者认为，《标准化法实施条例》第 42 条规定："工程建设标准化管理规定，由国务院工程建设主管部门依据《标准化法》和本条例的有关规定另行制定，报国务院批准后实施。"住房和城乡建设部根据上述规章制定程序制定了《实施工程建设强制性标准监督规定》，规章根据上位法作出了具体规定，可以依据上位法确认合同的效力，因此《实施工程建设强制性标准监督规定》中强制性条文的法律效力等同于《标准化法实施条例》中强制性条文的法律效力[②]，故违反《实施工程建设强制性标准监督规定》中强制性条文的合同无效。《实施工程建设强制性标准监督规定》第 2 条规定："在中华人民共和国境内从事新建、扩建、改建等工程建设活动，必须执行工程建设强制性标准。"第 3 条第 2 款规定："国家工程建设标准强制性条文由国务院住房城乡建设主管部门会同国务院有关主管部门确定。"《2013 清单计价规范》是由住房和城乡建设部、国家质量监督检验检疫总局（以下简称国家质检总局，现已撤销，其职能并入国家市场监督管理总局）发布的工程建设强制性标准，其制定程序遵循了《实施工程建设强制性标准监督规定》第 3 条第 2 款规定，故也能适用《实施工程建设强制性标准监督规定》第 2 条。因此，违反《2013 清单计价规范》中的强制性条文即违反《实施工程建设强制性标准监督规定》中的强制性条文，在法律效力上又等同于违反《标准化法实施条例》中强制性条文，所以能够适用《民法典》第 153 条第 1 款，确认违反《2013 清单计价规范》中强制性条文的合同无效。

（二）有效说

该观点认为，根据《规章制定程序条例》的规定，部门规章应当经部务会议或者委员会会议决定，由部门首长签署命令予以公布。《2013 清单计价规范》虽由住房和城乡建设部发布，但其内容和形式均为国家标准，并按照一般技术标准的程序制定，且非以"部长令"的方式发布。因此，《2013 清单计价规范》不应被认定为部门规章。[③] 在我国行政法学中行政规范通常被分为两大部分：一是通过行政立法活动所制定的法，即行政法规和行政规章；二是除此之外行政机关所制定的其他规范性文件。[④]《2013 清单计价规范》是针对不特定多数人适用的抽象行政行为，即行政

---

① 参见张晓丽、尹贻林、李彪：《〈建设工程工程量清单计价规范〉强制性条文的效力研究》，载《项目管理技术》2012 年第 5 期。

② 参见史鹏舟：《〈建设工程工程量清单计价规范〉法律效力解析》，载《中国律师》2010 年第 4 期。

③ 参见高印立、黄丽芳：《〈建设工程工程量清单计价规范〉强制性条文效力的类型化分析》，载《北京仲裁》2016 年第 2 期。

④ 参见朱芒：《论行政规定的性质——从行政规范体系角度的定位》，载《中国法学》2003 年第 1 期。

机关发布的行政规范,其不属于法规或规章,应属于行政规范性文件。根据《民法典》第 153 条第 1 款可知,合同无效只是违反法律法规的强制性规定的法律后果,违反行政规范性文件的强制性规定,并不会出现合同无效的法律后果。

三、探究违反强制性条文合同效力

(一)强制性国家标准在形式上不是判定合同效力依据

《立法法》对于法律、行政法规的立法程序都作了基本的规定,其中第 25 条和第 44 条规定法律由国家主席签署主席令予以公布、第 70 条规定行政法规由总理签署国务院令公布。在 2017 年,《标准化法》修改之后强制性国家标准虽是由国务院批准发布或者授权批准发布,但《标准化法》并未规定强制性国家标准由国务院总理签署国务院令公布,而《强制性国家标准管理办法》第 36 条规定了强制性国家标准应当以国务院标准化行政主管部门公告的形式发布。故强制性国家标准立法程序与法律、行政法规立法程序不符,强制性国家标准不是行政法规更不是法律。此外,强制性国家标准在形式上与行政规章也有较大的差别。

从制定程序看,《规章制定程序条例》规定了部门规章的制定程序包括:立项、起草、审查、决定、公布。《强制性国家标准管理办法》将强制标准制定程序大致分为项目提出、立项、起草、征求意见、对外通报、审查、发布,这与部门规章制定程序有着较大差别。[①] 从公布程序看,《立法法》第 85 条规定部门规章由行政首长签署命令予以公布,而《标准化法》没有对强制性国家标准公布程序予以明确规定,《强制性国家标准管理办法》第 36 条规定了强制性国家标准应当以国务院标准化行政主管部门公告的形式发布,因此强制性国家标准没有被规定以“部长令”的形式公布,与部门规章公布程序不同。从公开程序看,《规章制定程序条例》第 31 条规定部门规章签署公布后,应及时在国务院公报或者部门公报和中国政府法制信息网以及在全国范围内发行的报纸上刊载,而《强制性国家标准管理办法》第 36 条、第 37 条规定国务院标准化行政主管部门应当自强制性国家标准在部门公告发布之日起 20 日内在全国标准信息公共服务平台上免费公开文本,《国家标准管理办法》第 25 条规定国家标准由中国标准出版社出版。由此可知,强制性国家标准未在中国政府法制信息网公开,不符合部门规章公开程序。从法律规范结构看,一般认为,法律规范应由适用条件、行为模式和法律后果三部分组成,缺少其中任何一个部分就不能称为法律规范,虽然有些条文并不具备完整的法律规范结构,但行为模式是法律规范必不可少的,部门规章的条文也理当如此。[②] 强制性国家标准条文中

---

① 参见龚贵寒:《试论国家标准的法律性质》,载《内蒙古农业大学学报(社会科学版)》2010 年第 5 期。

② 参见叶必丰、周佑勇:《行政规范研究》,法律出版社 2002 年版,第 50 页。

规定的大多是行为模式和适用条件,违反强制性国家标准的法律后果不在强制性国家标准条文中,而是通过《标准化法》和《标准化法实施条例》加以规定,因此强制性国家标准条文不符合部门规章的规范结构。

综上,强制性国家标准在形式上不属于部门规章,应属于另一类行政规范——行政规范性文件。强制性国家标准中的强制性条文在形式上不属于法律、行政法规的强制性规定,不能作为判定合同效力的依据。

(二)强制性国家标准在实质上是判定合同效力依据

强制性国家标准在形式上作为行政规范性文件不属于法律、行政法规的强制性规定,因此有一部分学者主张,《2013 清单计价规范》作为强制性国家标准,违反其中的第 3.1.5 条不能适用《民法典》第 153 条第 1 款规定,不会造成双方合同无效的后果。虽然强制性国家标准在形式上是行政规范性文件不能作为判定合同效力的依据,但我们认为,从实质上看并非所有行政规范性文件都不能作为判定合同效力的依据,其中强制性国家标准在实质上能作为判定合同效力的依据。

关于《民法典》第 153 条第 1 款中能使合同无效法律规范的效力等级限定,可以追溯到《合同法》(现已失效)第 52 条第 5 项和《关于适用〈中华人民共和国合同法〉若干问题的解释(一)》(现已失效)第 4 条。但在《关于适用〈中华人民共和国合同法〉若干问题的解释(一)》颁布实施之后,司法实践并没有将法律和行政法规之外的法律规范全部排除在外,根据行政规范性文件认定合同无效的案例也是存在的①,如(2021)京 02 民终 12780 号和(2020)苏 0902 民初 1400 号。那么,哪些行政规范性文件能作为判定合同效力的依据,违反其能适用《民法典》第 153 条第 1 款规定呢?我们认为行政规范性文件中的强制性国家标准,解释、实施法律法规的强制性规定能作为判定合同效力的依据,违反强制性国家标准规定能适用《民法典》第 153 条第 1 款。

强制性国家标准在形式上和其他的行政规范性文件一样,没有法律、行政法规、行政规章的外形,但用实质性的眼光审查强制性国家标准的法律效果,可以发现其在实质上与部门规章并无差别。学界普遍认为,法律是指由国家制定或认可的、规定人们权利义务并以国家强制力保障实施的社会规范。因此,为个人设定权利义务、具有普遍约束力是法律的基本特征,部门规章也同样如此,于是可以从两个方面论述强制性国家标准与部门规章的关系:(1)个人权利义务方面,《标准化法》规定"强制性国家标准必须执行",所以强制性国家标准本身尽管并没有明确行政相对人的权利与义务,却是行政机关作出具体行政行为的法律依据,当规范的

---

① 参见董国彦:《〈民法典〉第 153 条第 1 款释论》,载《太原理工大学学报(社会科学版)》2021 年第 4 期。

客体不符合强制性国家标准将会给相对人带来一定的否定性法律后果,如受行政处罚,这就相当于给相对人增设了一些义务;当规范的客体符合强制性国家标准时,相对人将获得一些有利的后果,如获得行政许可,也等于为相对人设置了权利。所以,强制性国家标准在实质上给相对人设置了权利义务。(2)效力方面,强制性国家标准是行政机关判断事实认定构成要件的基准,必须依照相应的强制性国家标准来作出相应的具体行政行为,其违反、不适用相关的强制性国家标准或适用错误,都可能导致行政行为的违法与不当,而"强制性国家标准必须执行"也已成为行政相对人必须遵守的义务,违反该义务会被行政机关给予行政处罚,因此强制性国家标准对行政主体和行政相对人均具有普遍约束力与强制力。① 综上所述,法律的基本特征在强制性国家标准身上都有所体现,强制性国家标准与部门规章在实质上没有区别。

部门规章和强制性国家标准都不属于法律法规的强制性规定,但并不是所有的部门规章和强制性国家标准都不能作为判定合同效力的依据。我们认为,应该把部门规章中的强制性规定分为两类:一类是为了适用法律法规而另外新制定的强制性规定;另一类则是为了解释、实施法律法规中的强制性规定而将该规定进一步细化的强制性规定。对于前者,由于其没有法律法规中强制性规定的上位法依据,属于部门规章新设定的强制性规定,所以它不应该成为判定合同效力的依据。对于后者,由于其有法律法规中强制性规定的上位法依据,只是为了适用上位法中强制性规定而具体化的强制性规定,应视为法律、行政法规的强制性规定,能够作为判定合同效力的依据。②

强制性国家标准在实质上与部门规章没有差别,都是国务院各部、委、行、署和直属机构为个人设定权利义务、具有普遍约束力的抽象行政行为。强制性国家标准实际上也是为了适用《标准化法》和《标准化法实施条例》中的强制性规定而具体化的强制性规定,是具有强制性规定的上位法依据的。综上,我们可以得出结论:从实质上看,强制性国家标准应视为法律、行政法规的强制性规定,能作为判定合同效力的依据,违反强制性国家标准能适用《民法典》第 153 条第 1 款。

(三)违反强制性条文合同无效

《2013 清单计价规范》第 3.1.5 条规定:"措施项目中的安全文明施工费必须按国家或省级、行业建设主管部门的规定计算,不得作为竞争性费用。"其在前言中规定:"本规范中以黑体字标志的条文为强制性条文,必须严格执行。"第 3.1.5 条

① 参见宋华琳:《论技术标准的法律性质——从行政法规范体系角度的定位》,载《行政法学研究》2008 年第 3 期。

② 参见何红锋、王亚坤:《房地产经纪服务费用约定过高的合同效力》,载《中国房地产》2008 年第 8 期。

正是黑体字，结合《标准化法实施条例》第18条第2款第3项规定，工程建设的质量、安全、卫生标准及国家需要控制的其他工程建设标准属于强制性标准，可知安全文明施工费是强制性标准，属于不可竞争性费用。

2017年版《标准化法》对强制性国家标准的制定程序作出了巨大修改："国家标准中的强制性标准由国务院批准发布或者授权批准发布"，但2017年版《标准化法》的发布晚于《2013清单计价规范》的发布，故《2013清单计价规范》执行的还是1988年版《标准化法》。1988年版《标准化法》第6条规定：国家标准由国务院标准化行政主管部门制定。住房和城乡建设部、国家质检总局属于标准化行政主管部门中的行业标准化行政主管部门，故其联合发布的《2013清单计价规范》中的国家标准合法有效，又因1988年版《标准化法》并未区分强制性国家标准和推荐性国家标准的制定主体，可知《2013清单计价规范》第3.1.5条是国家标准。

综上可以得出，《2013清单计价规范》第3.1.5条既是强制性标准又是国家标准，即为强制性国家标准。根据以上论述，《2013清单计价规范》第3.1.5条作为强制性国家标准在形式上不能作为判定合同效力依据，但在实质上能作为判定合同效力依据。我们认为，形式上的判断固然重要，但仅从形式上判断强制性国家标准能否作为判定合同效力依据会导致一系列问题：第一，强制性国家标准是对上位法《标准化法》和《标准化法实施条例》中强制性规定的具体化，在实践中得不到有效实施，会导致上位法在事实上处于闲置状态，损害法律的权威性。第二，违反强制性国家标准会导致行政处罚的后果，在司法上却得不到合同无效的法律后果，行政执法和司法裁判存在冲突，会导致国家机关之间不协调、法治不统一的现象。第三，如果违反强制性国家标准，所遭受的行政处罚带来的损失小于所带来的利益，那么合同双方将无视契约正义，恶意利用契约自由，损害《标准化法》第10条所要保护的国家、集体、第三人的合法权益，使《标准化法》的立法目的难以实现。基于这些问题，我们认为，不能"一刀切"地仅因强制性国家标准是行政规范性文件，判断其不能作为判定合同效力依据，而应该从实质角度考虑将为了适用《标准化法》和《标准化法实施条例》的强制性规定而具体化的强制性国家标准判断为判定合同效力的依据，即违反强制性国家标准的合同因适用《民法典》第153条第1款而无效。

因此，《2013清单计价规范》第3.1.5条作为强制性国家标准，能够作为判定合同效力的依据，因违反《2013清单计价规范》第3.1.5条适用《民法典》第153条第1款，会导致合同无效的法律后果。在住房和城乡建设部等部门正式发布的新《建设工程工程量清单计价标准》生效之前，安全文明施工费在法律上的定性是不可竞争费用，司法机关应当统一将违反《2013清单计价规范》第3.1.5条规定的合同约定确认为无效，以达到明确安全文明施工费的法律适用、实现安全文明施工费法律定性统一、保障建筑行业招投标稳定的目标。

四、安全文明施工费不可竞争不合理

虽然安全文明施工费在新《建设工程工程量清单计价标准》生效之前,法律定性仍为不可竞争费用,但司法实务和地方行政机关已经出现否定安全文明施工费不可竞争规定的做法,其实是符合未来安全文明施工费改革方向的,因为在现有国情和社会主义市场经济背景下仍然坚持安全文明施工费不可竞争的规定有着很大不合理之处:

(一)强制性国家标准不涉及费用

2017 年《标准化法》第 10 条规定,对保障人身健康和生命财产安全的技术要求,应当制定强制性国家标准,施工期间的安全措施显然属于保障人身健康和生命财产安全的技术要求,应该是强制性的。但是,安全文明施工费不是技术要求,而是政府定价,它的作用是安全措施的物质保障,换句话说,其是完成目标的手段,与目标不能混为一谈。故从文义解释上看,安全文明施工费不是技术要求,不属于《标准化法》强制性国家标准。从立法目的上看,强制性国家标准制定的目的是保障人身健康和生命财产安全、国家安全、生态环境安全以及满足经济社会管理基本需要。但安全文明施工费被纳为强制性国家标准,反而因其计取方式死板造成在一定情况下无法满足施工现场实际的安全文明施工相关需要,会导致承包方偷工减料、降低安全文明施工措施标准,这无疑是不符合立法目的的。最后,《家用和类似用途电器的安全第 1 部分:通用要求》(GB 4706.1 - 2005)也是保障人身健康和生命财产安全的强制性国家标准,但其中仅规定了各项元件所需达到的技术要求,未规定必须花费多少费用来打造这些元件,这从横向证明了国家性强制标准不包括费用,安全文明施工费不可竞争不合理。

(二)费用不可竞争背离市场经济规律

《2013 清单计价规范》关于安全文明施工费不可竞争化的规定,逻辑起点在于,没有费用的保障,施工期间的安全措施也无法保障。如果按照这样的逻辑,可以推出以下结论:如果不能保障汽车的价格,汽车的安全性无法保障,因此,汽车的价格不可竞争;如果不能保障饭店的价格,饭店的饭菜质量将无法保障,因此,饭店的饭菜价格不可竞争。这个结论显然违背了市场经济规律,是严重的计划经济时代思想。实际上在我国市场经济改革初期,政府对市场经济采取一定强制性干预是有着积极意义的,当时的国情决定了安全文明施工费不可竞争是必要的。但随着我国市场力量不断增强,国家治理能力和国家治理体系现代化要求更好地发挥市场能动性以促进市场经济的进一步发展,同样政府强制性干预在安全文明施工费领域的局限性也逐渐展现出来了。住房和城乡建设部早在 2014 年 9 月 30 日发布的《关于进一步推进工程造价管理改革的指导意见》就提出了“加强市场决定工程造价的法规制度建设”和“企业自主报价,竞争形成价格”的指导意见;2020 年 7 月 24 日发布的《工程造价改革工作方案》进一步强调充分发挥市场在资源配置中的决定性作用。因此,我们可以得出结论,无论是从国情还是政策而言,安全文明施工费不可竞争无疑是背离市场经济规律,注定是要被时代淘汰的。

五、区分对待施工费用与施工措施

北京市、浙江省、湖北省、广西壮族自治区、河南省出台的试点改革方案,取消了安全文明施工费不可竞争的规定,但也同时强调“保证工程质量前提下”“施工措施应当符合安全文明施工管理及相关标准规范的规定”。尤其是北京市住房和城乡建设委发布的《北京市建设工程安全文明施工费管理办法(试行)》(以下简称《试行办法》)在第 4 条中明确区分对待安全文明施工费用与安全文明施工措施,我们赞成这种区分对待安全文明施工费用与安全文明施工措施的“二分法”,用不同制度设计施工费用和施工措施。

(一)安全文明施工费用可竞争化

2021 年 11 月 17 日住房和城乡建设部标准定额司发布了《建设工程工程量清单计价标准(征求意见稿)》,其内容代表了未来正式发布的新《建设工程工程量清单计价标准》方向。对比征求意见稿和《2013 清单计价规范》,我们可以发现征求意见稿编号从原来的 GB 50500 – 2013 变成了 GB/T 50500 – 202 ×,《工程建设国家标准管理办法》第 29 条规定:国家标准的编号由国家标准代号、发布标准的顺序号和发布标准的年号组成,并应当符合下列统一格式:(1)强制性国家标准的编号为:GB 50 * * * – * * * *;(2)推荐性国家标准的编号为:GB/T 50 * * * – * * * *。可知从强制性国家标准降为推荐性国家标准,这预示着新《建设工程工程量清单计价标准》不再具有强制性效力,对其的违反也不会导致合同的无效。除此之外,征求意见稿还删除了《2013 清单计价规范》第 3.1.5 条的相关表述,在第 3.2.7 条规定:安全文明施工措施项目应按国家或省级、行业建设主管部门的规定确定费用,这又代表着新《建设工程工程量清单计价标准》将赋予地方行政机关自行制定安全文明施工费标准权力的修改方向。从这两处改动可知,征求意见稿取消了安全文明费不可竞争的规定,同时也代表着新《建设工程工程量清单计价标准》顺应了安全文明施工费可竞争化改革的方向。

但在安全文明施工费可竞争的未来,我们该如何设计公平合理的竞争机制?我们认为可以借鉴《试行办法》第 4 条第 1 款、第 5 条第 1 款和第 9 条第 2 款。安全文明施工费竞争是投标方按照自身实际能力及现场实际情况自行对所需安全文明施工费进行报价的活动[①],而自身实际能力及现场实际情况可以用将要实施的施工措施和当时的市场价格计算。除此之外,为了防止招投标人滥用安全文明施工费竞争机制,政府需要为安全文明施工费设置最低费率,且企业不得将其作为让利因素,以防招投标人过度压低安全明文施工费导致安全事故的发生。同时为了避免招投标人在实践中都约定以最低费率计算安全文明施工费,导致竞争机制名存实亡,其还应当按考评、验收等级进行差别化费率计算,并且规定发包人可约定奖励条款,鼓励承包人达到更高的考评、验收等级,使招标人愿意在最低费率之上允许投标人的安全文明施工费报价更高。除了借鉴《试行办法》之外,还应该利用已有的企业安全生产标准化评审制度,评审等级高的企业应当适用更低的安全文明施工费率,即将安全文明施工费率高低与企业的安全管理业绩联系起来,从而激励企业主动提高自己的安全管理水平。

(二)安全文明施工措施维持强制性

《建设工程工程量清单计价标准(征求意见稿)》从强制性国家标准降为推荐性国家标准有其必然性:2017 年版《标准化法》规定了强制性国家标准只能由国务院批准或者授权发布,没有国务院的批准或者授权,住房和城乡建设部不能发布强制性国家标准,而基于上述安全文明施工费不可竞争的不合理之处,国务院不大可能同意制定支付费用方面的强制性规定。因此,住房和城乡建设部未来发布的新《建设工程工程量清单计价标准》只能是推荐性国家标准,而安全文明施工费不可竞争的规定也将走向消亡。但安全文明施工措施是《标准化法》规定的"保障人身健康和生命财产安全的技术要求",这就要求立法机关必须对安全文明施工措施订立强制性国家标准,维持其强制性。为贯彻落实《标准化法》,在可预见的未来,国务院会制定颁布有关安全文明施工措施的强制性国家标准,与将未发布的新《建设工程工程量清单计价标准》互相配合,有效监督管理建筑行业的安全文明施工。对于安全文明施工费的制度设计,可以借鉴《试行办法》第 4 条第 2 款。一方面,安全文明施工措施应当符合安全文明施工管理及相关标准规范的规定,即未来国务院制定颁布的强制性国家标准、住房和城乡建设部发布的行业标准与地方行政机关发布的地方标准。另一方面,安全文明施工措施应与标准化考评验收等级、标准化管理目标等级、特殊措施要求以及工程承包范围等相符。

为了与安全文明施工费可竞争化改革相协调,出于保障人身健康和生命财产安全的技术要求,安全文明施工措施不仅应当维持强制性,合乎强制性国家标准、行业标准和地方标准,不能因为安全文明施工费的减少而降低标准、偷工减料,还

---

① 参见战松、滕慧:《我国安全文明施工费管理问题及优化措施分析》,载《住宅与房地产》2018 年第 30 期。

应当与标准化考评、验收等级相符。因为不同标准化考评、验收等级之间相差的最低安全文明施工费率是较大的，投标人既然接受了招标文件中招标人要求的标准化管理目标等级和奖励条款，就应该实施对应的安全文明施工措施，让标准化考评、验收等级达到或高于招标文件中约定的标准化管理目标等级，使约定相应安全文明施工费的合同目的得到有效实现。

六、地方行政机关在改革中不能抵触中央立法

安全文明施工费可竞争化改革是符合国情的，是大势所趋，新《建设工程工程量清单计价标准》也将赋予地方行政机关自行制定安全文明施工费标准的权力，但目前浙江省、湖北省、广西壮族自治区、河南省的住房和城乡建设厅与北京市住房和城乡建设委出台的试点改革方案不能直接违反住房和城乡建设部发布的《2013清单计价规范》，应先等住房和城乡建设部、国家市场监督管理总局颁布的《建设工程工程量清单计价标准》废止《2013 清单计价规范》第 3.1.5 条，安全文明施工费的改革才能合法合理地进行。

（一）抵触中央立法违反法制统一原则

2017 年版《标准化法》对强制性国家标准的制定规定了严格的程序，“强制性国家标准由国务院批准发布或者授权批准发布”，《2013 清单计价规范》作为强制性国家标准并没有获得国务院批准或者授权，其有效性在《标准化法》修改后是存疑的，征求意见稿也是出于以上考虑改为推荐性国家标准。另外，规定一个费用标准或者将某一费用规定为不可竞争费用，实际是规定了政府定价，政府定价不应该是由标准和规范规定，而是应该由价格部门确定，这又意味着《2013 清单计价规范》越权了。虽然《2013 清单计价规范》存在以上种种问题，但考虑我国的下级政府（或者政府部门）只能执行上级政府（或者政府部门）的规定，无权判断规定的有效性，部分地方行政机关（如湖北省住房和城乡建设厅、广西壮族自治区住房和城乡建设厅）取消安全文明施工费不可竞争的规定，实质上抵触了住房和城乡建设部发布的上级法律，违背了法制统一原则。如果省级政府的主管部门先决定不执行强制性国家标准，这属于省级政府的主管部门的越权，属于违法。同时，部分地方行政机关明显违背强制性国家标准的规定，会大大降低强制性国家标准的权威性，导致其他强制性国家标准执行的困难。

（二）不同标准不利于招投标稳定性

目前，安全文明施工费作为不可竞争费用，仍然是强制性国家标准，却已经有多个省级政府住房和城乡建设部门明令“取消安全文明施工费等作为不可竞争费用的规定”。这就让招标人在招标时如何对待安全文明施工费，左右为难了，如果招标人按照地方行政机关的试点改革方案，在招标文件中自主约定安全文明施工

费的标准,就面临着被投标人起诉的情形。根据《民法典》第 153 条第 1 款的规定,约定改变强制性国家标准的合同无效,最后招标人落得空欢喜一场的下场。不仅招标人不敢适用试点改革方案,投标人也不敢贸然接受关于安全文明施工费的约定,以免被其他落标人举报。总的来说,中央行政机关与地方行政机关对安全文明施工费采用不同标准,反而不利于招投标活动的稳定性,让招投标人招投标时在如何对待安全文明施工费时左右为难。

七、小结

安全文明施工费不可竞争的规定在新《建设工程工程量清单计价标准》正式发布生效之前,仍为强制性国家标准,司法机关应确认违反安全文明施工费不可竞争规定的合同无效,地方行政机关也不能直接宣布安全文明施工费不可竞争规定无效。虽然征求意见稿已经预示着安全文明施工费不可竞争即将成为历史,但安全文明施工费不可竞争规定只是强制性国家标准在建筑造价方面的一个小分支,在安全文明施工费不可竞争问题解决之后,其他众多强制性国家标准仍面临着其与合同效力关系的难题,如何看待强制性国家标准与合同效力的关系将仍是长期和普遍存在的问题。我们希望对安全文明施工费不可竞争规定能否作为影响合同效力依据的研究,能够有助于解决其他强制性国家标准与合同效力的关系问题。

“已完未竣”工程结算时是否应当预留工程质保金?

——现行工程质保金制度评析与缺漏填补

曹文衔[*]　向　锐[**]

建设工程质量保证金(以下简称工程质保金),通常是指建设工程竣工验收合格之后,发包人从应付工程尾款中预留的、用以保证承包人在缺陷责任期内对建设工程可能出现的缺陷进行维修的资金。工程质保金的预留及支付返还的现行规则(以下简称工程质保金制度),作为建设工程施工合同项下承发包双方就工程质量进行的权利义务安排,对于进一步保障建设工程竣工交付后的工程质量发挥重要作用。但是,针对因无效、解除或其他原因而提前终止履行的合同项下已经完成部分施工而尚未达到整体竣工验收实物工程量的工程,发包人是否有权在相应工程价款结算时预留合同约定的已竣工验收合格工程的质保金? 由于缺少相应法律规范,对这一问题的认识亦远未形成相应行业共识,因而实务中存在争议。

本文注意到,实务中,通常将施工完成的实物工程量尚未达到竣工验收程度的工程表述为“未完工程”,而《民法典》第 806 条第 3 款①将合同解除后已经施工完成的工程(此处应合理解释为永久工程,是部分完工,还是全部完工并具备竣工验收条件,即是实物可见的半成品还是成品,在所不论),表述为“已经完成的建设工程”。为了避免歧义,本文讨论的“已完未竣”工程,特指合同约定的施工承包内容中永久工程的部分实物工程量已经施工完成但尚未达到竣工验收实物工程量的永久工程。除非特别说明,本文所称的“已完未竣”工程,不包括承包人已经完成部分承包工作尚未形成永久工程实物工程量(如仅完成了施工准备和场地平整)的情形,也不包括承包人已经完成永久工程的全部实物工程量但因其他原因

* 作者单位:北京天同(上海)律师事务所。

** 作者单位:北京天同(上海)律师事务所。

① 《民法典》第 806 条第 3 款规定:合同解除后,已经完成的建设工程质量合格的,发包人应当按照约定支付相应的工程价款;已经完成的建设工程质量不合格的,参照本法第 793 条的规定处理。

(如发包人未组织验收程序、验收资料不齐导致未进行验收)而未完成验收程序的情形。

一、司法实践中关于“已完未竣”工程质保金问题的不同观点及其理由

(一)观点一:发包人无权预留工程质保金

主要理由为:

1. 如合同有效而解除,依据《民法典》第 566 条第 1 款①的规定,合同解除后,合同尚未履行的部分,终止履行。施工合同解除后,合同中工程质保金条款的履行时间通常尚未届至,应终止履行,除非当事人对于合同解除后工程质保金的预留另有特约,合同中的工程质保金条款对合同当事人不再有约束力;同时,因合同已解除,承包人尚未履行的继续施工至完成工程竣工验收的义务业已终止履行,因而合同条款中约定的工程竣工验收后预留和返还工程质保金的期限将确定地不能届至,相应条款亦确定地丧失了继续适用的可能。持该理由的案例有:(2017)最高法民终 252 号、(2015)民一终字第 8 号等。

2. 如合同无效,工程质保金条款相应归于无效,工程质保金条款中对质保金预留和返还期限的约定亦当然归于无效,除非当事人对于合同无效后的金钱清算和返还在时限上另有特约,发包人应向承包人支付工程折价款的全部,而工程质保金应属于工程折价款的一部分,发包人一般应无权对组成工程折价补偿款的工程质保金主张预留或者分期支付。持该理由的案例有:(2017)最高法民终 766 号、(2017)最高法民终 360 号等。

此外,持观点一的上述各案例均判决认为,只要工程还具有保修意义且在保修期内,承包人获得工程质保金返还后并不免除其质保责任。

(二)观点二:发包人有权预留工程质保金

主要理由为:

1. 如合同有效而被解除,质保金条款作为合同结算和清理条款,根据《民法典》第 567 条②的规定,合同解除不影响其效力,仍应按照合同约定进行履行,不能免除承包人对“已完未竣”工程可能出现的工程质量的瑕疵担保责任,为落实该瑕疵担保责任而设立的工程质保金条款应当依然有效,只不过工程质保金返还期限的起算点应当另行调整。此外,合同正常履行的情形下,发包人尚有权预留工程质保金,若合同解除后允许承包人一次性全部获得包含工程质保金在内的全部工程款,可能导致基于双方合同约定产生的利益平衡因合同解除而被打破,尤其在因承包

① 《民法典》第 566 条第 1 款规定:合同解除后,尚未履行的,终止履行;已经履行的,根据履行情况和合同性质,当事人可以请求恢复原状或者采取其他补救措施,并有权请求赔偿损失。

② 《民法典》第 567 条规定:合同的权利义务关系终止,不影响合同中结算和清理条款的效力。

人违约导致合同解除的情况下,将导致承包人因违约而获得提前清偿工程全部价款的利益。持该理由的案例有:(2017)最高法民终347号、(2018)最高法民终231号等。

2. 如合同无效,类推适用《民法典》第793条第1款[①]的规定,"已完未竣"工程经检验合格后,可以参照合同关于工程价款的约定折价补偿承包人。所谓参照合同关于工程价款的约定,包括参照其约定的支付条件、支付时限,因而合同中关于预留和返还工程质保金的约定亦应参照执行,发包人有权预留相应工程质保金。持该理由的案例有:(2020)最高法民申2954号、(2018)最高法民申5959号等。此外,根据《建筑法》第62条第1款[②]的规定,质量保修是施工承包人的法定义务,工程质保金是对工程质量的担保,亦当构成其相应的法定义务,对施工合同效力的不同评价不影响承包人上述法定义务的承担。持该理由的案例有:(2018)最高法民申6033号、(2019)最高法民终504号等。

二、对现行工程质保金制度的再思考

(一)现行制度中工程质保金的法律属性

现行有关工程质保金制度定义的最高层级法律规范系部门规章——《建设工程质量保证金管理办法》,其中第2条第1款规定:"本办法所称建设工程质量保证金是指发包人与承包人在建设工程承包合同中约定,从应付的工程款中预留,用以保证承包人在缺陷责任期内对建设工程出现的缺陷进行维修的资金。"据此,现行制度下工程质保金具有如下法律属性:(1)工程质保金因双方约定而设立,属约定之债;(2)工程质保金作为合同价款中应付工程款的一部分,属金钱之债;(3)工程质保金在缺陷责任期内由发包人预留(暂不支付),预留期限届满和支付条件成就后再予支付,属于附履行条件之债;(4)工程质保金仅用于担保承包人履行缺陷责任期内工程质量缺陷的维修义务,属于担保中的金钱质押。[③]

---

① 《民法典》第793条第1款规定:建设工程施工合同无效,但是建设工程经验收合格的,可以参照合同关于工程价款的约定折价补偿承包人。

② 《建筑法》第62条第1款规定:建筑工程实行质量保修制度。

③ 最高人民法院民事审判第一庭编著:《最高人民法院新建设工程施工合同司法解释(一)理解与适用》,人民法院出版社2021年版,第172~173页。

(二)工程质保金与承包人工程质量保修义务的关系

根据《建筑法》第58条[①]、《建设工程质量管理条例》第32条[②]和第41条[③]的规定,施工承包人对于建设工程的施工质量负责,包括对工程负有保修义务;《建设工程质量管理条例》第40条[④]更进一步规定,工程特定部分的保修期不得低于一定年限,如屋面防水工程、有防水要求的卫生间、房间和外墙面的防渗漏,不得低于5年。因而,承包人的工程保修义务系法定义务。然而,与工程特定部分的保修期有最短期限的法定要求不同,工程质量缺陷责任期以及相应的工程质保金完全由当事人自主约定[⑤⑥]。当事人自主约定的内容既包括是否设置工程质量缺陷责任期以及该期限的长短,也包括是否预留工程质保金、工程质保金的具体金额,以及工程质保金预留和支付(返还)的条件和期限。尽管《建设工程质量保证金管理办法》第2条第3款和第8条规定"缺陷责任期一般为1年,最长不超过2年"、"缺陷责任期从工程通过竣工验收之日起计。由于承包人原因导致工程无法按规定期限进行竣工验收的,缺陷责任期从实际通过竣工验收之日起计。由于发包人原因导致工程无法按规定期限进行竣工验收的,在承包人提交竣工验收报告90天后,工程自动进入缺陷责任期",但是,上述规定仅属部门规章,当事人约定的内容如不符合上述规定,通常不应产生因此而约定无效的法律后果,除非当事人另有特别约定。"返还工程质量保证金意味着缺陷责任期满,承包人不需要负担交付工程质量

---

① 《建筑法》第58条规定:建筑施工企业对工程的施工质量负责。

建筑施工企业必须按照工程设计图纸和施工技术标准施工,不得偷工减料。工程设计的修改由原设计单位负责,建筑施工企业不得擅自修改工程设计。

② 《建设工程质量管理条例》第32条规定:施工单位对施工中出现质量问题的建设工程或者竣工验收不合格的建设工程,应当负责返修。

③ 《建设工程质量管理条例》第41条规定:建设工程在保修范围和保修期限内发生质量问题的,施工单位应当履行保修义务,并对造成的损失承担赔偿责任。

④ 《建设工程质量管理条例》第40条规定:在正常使用条件下,建设工程的最低保修期限为:

(一)基础设施工程、房屋建筑的地基基础工程和主体结构工程,为设计文件规定的该工程的合理使用年限;

(二)屋面防水工程、有防水要求的卫生间、房间和外墙面的防渗漏,为5年;

(三)供热与供冷系统,为2个采暖期、供冷期;

(四)电气管线、给排水管道、设备安装和装修工程,为2年。

其他项目的保修期限由发包方与承包方约定。

建设工程的保修期,自竣工验收合格之日起计算。

⑤ 《建设工程质量保证金管理办法》第2条第3款规定:缺陷责任期一般为1年,最长不超过2年,由发、承包双方在合同中约定。

⑥ 《建设工程质量保证金管理办法》第8条规定:缺陷责任期从工程通过竣工验收之日起计。由于承包人原因导致工程无法按规定期限进行竣工验收的,缺陷责任期从实际通过竣工验收之日起计。由于发包人原因导致工程无法按规定期限进行竣工验收的,在承包人提交竣工验收报告90天后,工程自动进入缺陷责任期。

保证金以保证履行质量缺陷责任的义务,但对于工程质量保修义务而言,无论有无工程质量保证金加以担保,承包人都必须根据《建筑法》《建设工程质量管理条例》等法律法规的规定以及合同约定承担保修义务”[①]。申言之,缺陷责任期以及相应的工程质保金制度是承包人以金钱质押的方式承担工程保修期中部分时段(缺陷责任期)的工程法定保修义务,即该时段的工程保修义务是有约定的金钱担保的义务,而在缺陷责任期之外的工程保修期其他时段内,承包人虽仍应承担工程法定保修义务,但该时段的工程保修义务为无担保的义务。概言之,工程保修义务是法定义务,而为部分担保该义务履行所附加的缺陷责任期时段的质保金预留和支付(返还)义务则是约定义务。

三、对“已完未竣”工程质保金问题主要观点的评析

认为发包人不应预留“已完未竣”工程质保金的前述观点一的主要理由来源于对现行工程质保金定义的严格的字面含义的理解。然而,本文认为,现有的工程质保金制度的设计并不周全,其仅考虑工程竣工验收合格这一种常态情形,因而将工程通过竣工验收之日作为缺陷责任期起算点,并未考虑到“已完未竣”工程这一合同履行的异常(但并非罕见)情形。对于“已完未竣”工程,如果仅因承包人的施工成果处于未竣工验收阶段,便机械套用现行工程质保金制度规则,一概免除承包人预留工程质保金义务,加之实践中对“已完未竣”工程保修责任的规则缺失,无异于将处于任何不同进度阶段的“已完未竣”工程在实物交付后的质量瑕疵担保责任完全转由工程发包人自行承担(尽管在工程实际续建的情形下,发包人可能通过与后续承包人的合同约定,将此等“已完未竣”工程的质量瑕疵担保责任转嫁由后续承包人承担,但发包人因此通常亦会增加支付相应的合同对价),而不论产生“已完未竣”工程的原因,也不论个案“已完未竣”工程的具体物理状态。显然,支持观点一的结果,将不利于承包人重视施工过程中的工程质量控制,甚至在预知合同难以完全履行时,激励承包人忽视“已完未竣”工程质量,与建设工程法律保障和促进提高建设工程质量的立法目的相悖。

认为发包人有权按照竣工验收合格工程质保金的约定预留“已完未竣”工程质保金的前述观点二的主要缺陷在于:与竣工验收合格工程相比,“已完未竣”工程的质量,一般地将影响在其基础上续建的工程质量,且影响程度随“已完未竣”工程的部位不同而不同,未必与该部位的工程价款金额具有大致相同的比例关系。例如,房屋建筑的底层主体结构工程价款占房屋工程总价款的比例较低,但其工程质量

---

① 最高人民法院民事审判第一庭编著:《最高人民法院新建设工程施工合同司法解释(一)理解与适用》,人民法院出版社2021年版,第177页。

缺陷对整个房屋工程质量和安全的影响往往是决定性的和全局性的,而某些工程部位(如自承重的室内填充墙)的工程质量缺陷的影响则往往仅局限于自身部位。实务合同中以竣工验收合格工程的结算价为基数的一定比例的工程质保金预留和返还的通常约定,套用于"已完未竣"工程不仅基数不合理,而且单一的比例明显不能反映个案中"已完未竣"工程的不同停工部位对未来工程整体质量的影响。因而,支持观点二的结果,往往导致个案承包人承担的"已完未竣"工程的工程质保金责任畸轻或畸重。

四、"已完未竣"工程质保金规则探讨

(一)通过对现行工程质保金和工程缺陷责任期定义内容的扩展,填补现行工程质保金制度漏洞

基于以上分析,本文认为,有必要对现行工程质保金和工程缺陷责任期的定义内容加以合理扩展,以覆盖合同正常履行时对应的经竣工验收合格的工程情形,以及合同终止正常履行时对应的"已完未竣"工程情形,填补现行规则缺漏。为此,本文建议,将工程质保金的定义内容扩展为:工程质保金是指发包人与承包人在建设工程承包合同中约定,从发包人就承包人经验收合格或检验合格的已完工程应付的工程结算价款中预留,用以保证承包人在缺陷责任期内对上述已完工程出现的缺陷进行维修的资金。相应地,将工程缺陷责任期的定义内容扩展为:工程缺陷责任期是指发包人与承包人在建设工程承包合同中约定,以发包人从应付承包人的工程结算价款中预留工程质保金的方式,保证承包人履行工程质量缺陷维修义务的期间。

(二)因合同解除导致的"已完未竣"工程质保金

合同解除时,承包人的价款请求权基础为基于合同而产生的合同原给付请求权①,《民法典》第806条第3款②规定,合同解除后,已经完成的建设工程质量合格的,发包人应当按照约定支付相应的工程价款。鉴于工程质保金属于工程价款的一部分,本文认为,上述法律规定亦当然适用于合同解除时有关工程质保金约定的处理,即合同解除后,"已完未竣"工程的质量经检验合格(为概念区分的需要,本文将为结算工程价款而对"已完未竣"工程进行的质量评价称为"检验",将为结算工程价款而对全部工程进行的质量评价称为"竣工验收"或"验收",此处的检验合格,系指符合与"已完未竣"工程状态相对应的工程质量法定标准和约定要求,而非

① 周利明:《合同解除导致的未完工工程造价确定方式研究》,载微信公众号"天同诉讼圈"2021年9月23日。

② 《民法典》第806条第3款规定:合同解除后,已经完成的建设工程质量合格的,发包人应当按照约定支付相应的工程价款;已经完成的建设工程质量不合格的,参照本法第793条的规定处理。

满足承包人已不可能完成的全部工程竣工验收质量标准和要求)的,仅就工程质保金这一部分工程价款而言,发包人应当按照约定预留、支付(返还)相应的工程质保金。具体而言:

当事人如对合同提前解除或者合同权利义务因故终止时预留质保金有明确约定的,除非约定依法无效,应按照合同约定处理。遗憾的是,实务中鲜见合同有此类明确约定。

当合同中对合同解除情形下是否预留质保金没有约定或者约定不明时,依照《民法典》第 510 条的规定,若不能达成补充协议的,应当按照合同相关条款或者交易习惯确定上述内容。理论上,若能通过合同体系解释推断出双方缔约时针对合同解除情形下关于是否预留质保金的真实意思表示,则应按照合同相关条文处理,只不过,因合同解除情形下如何结算和支付系特殊条款,实务中如约定不明或者没有约定,其内容含义一般难以通过合同相关条款予以明确。此时,应进一步考察交易习惯。实务中,对这一问题的认识远未形成相应行业共识。江苏省高级人民法院《关于审理建设工程施工合同纠纷案件若干问题的意见》(现已失效)第 8 条规定:"建设工程合同生效后,当事人对有关内容没有约定或者约定不明确的,可以协议补充;不能达成补充协议的,按照合同有关条款或者参照国家建设部和国家工商总局联合推行的《建设工程施工合同(示范文本)》的通用条款确定。"江苏省高级人民法院的上述意见将《建设工程施工合同(示范文本)》的通用条款视为建设工程行业的交易习惯。当前实务中适用较多的是《建设工程施工合同(示范文本)》(GF-2013-0201)和《建设工程施工合同(示范文本)》(GF-2017-0201)两个版本,针对合同解除情形下的工程款支付的约定基本一致,根据导致合同解除的责任归属不同具体分为以下三种情形:

1. 因发包人违约导致合同解除的,发包人应在解除合同后 28 天内支付下列款项,并解除履约担保:(1)合同解除前所完成工作的价款……(6)按照合同约定应退还的质量保证金;(7)因解除合同给承包人造成的损失。

2. 因承包人原因导致合同解除的,则合同当事人应在合同解除后 28 天内完成估价、付款和清算,并执行下列事项:(1)合同解除后,按约定程序商定或确定承包人实际完成工作对应的合同价款,以及承包人已提供的材料、工程设备、施工设备和临时工程等的价值……(5)发包人和承包人应在合同解除后进行清算,出具最终结清付款证书,结清全部款项。

3. 因不可抗力解除合同的,合同解除后,由双方当事人按照约定程序商定或确定发包人应支付的款项,该款项包括:(1)合同解除前承包人已完成工作的价款……(7)双方商定或确定的其他款项。

从《建设工程施工合同(示范文本)》通用条款的上述条款内容可以看出,除合同因发包人原因而解除后,明确提及了发包人应在解约后28天内退还质保金之外,另两种情形下均未明确提及质保金的处理。有观点认为,后两种情形下均提及发包人应向承包人支付其实际已完工程对应的合同价款,或结清全部款项,即表明,按照建设工程的交易习惯,在合同解除后,不论解约责任归属,若承发包双方就质保金无约定或者约定不明,发包人均应向承包人支付所有已完工程款项,无权预留质保金。此外,该观点还认为,当出现"已完未竣"工程时,几乎可以确定承发包双方在该工程上已无继续合作之可能,且工程何时竣工、能否竣工承包人已经无法预测且不在承包人的掌控之中,若此时再允许发包人预留质保金,因工程后续由其他承包人续建,"已完未竣"工程承包人应如何请求返还质保金、质保金的起算点应如何计算均无法确定,实际操作也很困难。因而,在合同无约定或者约定不明时,一般情形下发包人应无权预留质保金。

然而,本文认为,众所周知,我国的各版次《建设工程施工合同(示范文本)》通用条款,具有明显的政策导向,与其说它们反映了行业的交易习惯,不如说它们更多地落实了政策要求。政策的稳定性逊于法律,更逊于具有更长期稳定性的交易习惯。因此,首先,将《建设工程施工合同(示范文本)》通用条款中的上述有关合同解除后果处理的条款视为交易习惯,不仅与实务观察得出的最高人民法院多个判例对相关问题的裁判意见严重冲突的现象不符,也缺乏较充足的理据;其次,即便将上述条款视为交易习惯进行讨论,亦不难发现,其中对三种不同情形的文字表述存在明显的逻辑矛盾或者不周延:在合同因发包人原因而解除的情形中,将"合同解除前所完成工作的价款"与"按照合同约定应退还的质量保证金"并列,语文逻辑上似乎可理解为实际工程结算价款不含工程质保金;而在因承包人原因和不可抗力原因导致合同解除的后两种情形中,仅提及"承包人已完成工作的价款",不提及合同中可能约定的工程质保金,似乎又可理解为实际工程结算价款包含工程质保金,否则便是故意"遗漏"了对工程质保金的处理。因此,本文认为,从《建设工程施工合同(示范文本)》通用条款的上述有关表述中,不能得出后两种情形下发包人不应预留工程质保金的推论。

当合同中对合同解除情形下是否预留质保金没有约定或者约定不明时,鉴于《民法典》第510条的适用依然不能解决大部分实务问题,本文建议,可基于对工程质保金制度目的的理解和对工程质保金、工程缺陷责任期定义内容的上述扩展,并考虑合同解除责任归属的不同情形,个案确定"已完未竣"工程是否应当预留工程质保金,以及如何预留、返还工程质保金。建议的具体理由及内容分述如下:

1. 基于工程质保金制度目的的分析。工程质保金制度的目的旨在具体落实施工承包人为获得建设工程价款所应承担的工程质量瑕疵担保责任,因此,就"已完未竣"工程而言,除非合同双方明确作出不设工程质保金或者以其他方式(如履约保函、第三人担保)替代“已完未竣”工程质保金的特别约定,只要施工承包人对其“已完未竣”工程主张相应的工程结算价款,且合同中约定了工程竣工验收合格情形下的工程质保金预留、支付(返还)条款,通常可将此等条款类推适用于“已完未竣”工程情形。此等类推适用,通常不会导致当事人双方对合同仅能部分履行时依合同可得预期利益的失衡。例外的情况是,因发包人违约导致合同解除的,可认为发包人的违约阻碍了承包人实现依约本可获得全部工程价款的目的的实现,发包人应当承担填补承包人合同可得利益损失的违约责任,承包人在工程价款结算时提前获得工程质保金的返还,可视为发包人承担承包人合同可得利益部分损失的一种特殊方式。因此,因发包人违约导致合同解除的,发包人无权预留“已完未竣”工程质保金。诚然,承包人亦不因此免除对“已完未竣”工程应承担的质量保修的法定义务。

2.“已完未竣”工程缺陷责任期的起算。基于前述对工程质保金、工程缺陷责任期定义内容的扩展,工程缺陷责任期的起算日期应调整为:(1)工程通过竣工验收的,工程缺陷责任期从工程通过竣工验收之日起计;(2)建设工程承包合同关系终止或合同被认定为无效,工程尚未通过竣工验收的,“已完未竣”工程的缺陷责任期从该工程检验合格之日起计。如前所述,此处的“工程检验合格”,系指符合与“已完未竣”工程状态相对应的工程质量法定标准和约定要求,而非满足承包人已不可能完成的全部工程竣工后的验收质量标准和要求。由于“已完未竣”工程的质量检验,与工程整体的竣工验收质量标准和约定要求存在层级差异,实务中可能出现“已完未竣”工程中的某些分部分项工程检验合格,而其他分部分项工程检验不合格的情形。对于检验不合格的分部分项工程,发包人有权拒绝支付价款,或者在相应的应付价款中扣除整改费用。对于检验合格的分部分项工程,“已完未竣”工程的缺陷责任期可以从各该分部分项工程检验合格之日起分别计算。此外,若合同项下的施工范围包含多个可独立进行竣工验收的单位工程,合同解除时,承包人已完成了部分单位工程施工,且竣工验收合格的,发包人应有权依据已竣工验收合格的各单位工程结算价款,分别计算各单位工程缺陷责任期的起算日期。

3.“已完未竣”工程质保金的预留金额。“已完未竣”工程质保金的预留金额可以根据各分部分项工程或各单位工程在检验或验收结果上的具体质量状况(例如,某些工程质量指标普遍优于合格标准,某些工程质量指标仅基本符合合格标准,前者发生需后续保修的质量缺陷的概率将少于后者)以及已完工的各分部分项工程对未来整体工程质量的影响程度进行适当调整,但是,整个“已完未竣”工程质保金预留金额的总和,不应超过整个工程竣工验收合格后所约定预留的工程质保金金额。

(三)因合同无效导致的“已完未竣”工程质保金

《民法典》第793条第1款规定:“建设工程施工合同无效,但是建设工程经验收合格的,可以参照合同关于工程价款的约定折价补偿承包人。”因此,在合同无效导致产生“已完未竣”工程的情形下,承包人有权要求发包人对已完工程进行折价补偿。本文认为,除非有特别事由,参照合同关于工程价款的约定,一般应理解为全面参照合同关于工程价款的计算以及支付条件、支付期限的约定,否则将可能导致合同原设定的双方预期利益失衡。因此,通常情况下,如果合同约定了工程竣工验收合格情形下的工程质保金预留和支付(返还)条款,因合同无效导致的“已完未竣”工程质保金的处理方式,均可参照前述合同解除情形,不再赘述。

(四)应预留而不预留工程质保金的特别考量

如果不考虑承包人丧失承担民事责任能力的因素,工程质保金的预留与否,主要影响双方当事人基于约定的工程质保金金额的时间利益,该时间利益又与约定的工程质保金返还期限有关,特别是依据行业惯例,约定的预留工程质保金返还时通常不计利息。当合同解除或者合同无效后,为了全面解决“已完未竣”工程价款结算争议,做到案结事了,裁判者亦可对本应预留的工程质保金作不预留处理,但是应当将承包人提前获得工程质保金返还的利益增加,作为发包人的利益损失,在认定合同解除时当事人承担违约责任或者合同无效时当事人承担过错责任时加以考虑。

管道建设工程中的压覆纠纷实证研究

张恒晨*

一、管道建设工程压覆纠纷概述

压覆纠纷是指建设项目压覆矿产资源，导致被压覆矿产资源无法开采而引发的建设项目建设单位与矿业权人之间的赔偿纠纷。

原国土资源部《关于进一步做好建设项目压覆重要矿产资源审批管理工作的通知》（国土资发〔2010〕137号）第4条第1项规定："建设项目选址前，建设单位应向省级国土资源行政主管部门查询拟建项目所在地区的矿产资源规划、矿产资源分布和矿业权设置情况，各级国土资源行政主管部门应为建设单位查询提供便利条件。不压覆重要矿产资源的，由省级国土资源行政主管部门出具未压覆重要矿产资源的证明……"根据前述规定，建设单位应当在建设项目选址前向自然资源部门了解资源分布情况和矿业权设立情况。不压覆重要矿产资源的，由省级自然资源行政主管部门出具未压覆证明。压覆矿产资源的，则需要办理压覆审批手续。压覆审批手续包括聘请地质勘查单位对建设项目压覆矿产资源的情况进行评估，将评估结果交有关部门评审，与矿业权人签订补偿协议等。

压覆纠纷是涉油气管道民事纠纷中事实较为复杂、争议较大的一种。通过实证研究发现，引发"压覆纠纷"的事由主要包括两种：一是管道建设方未进行压覆调查、未办理压覆审批手续，径行铺设管线，或者未经审批备案擅自改线，导致压覆矿产资源，侵犯矿业权人的采矿权，引发侵权损害赔偿诉讼。二是双方就压覆问题协商，初步形成补偿意向或者达成补偿协议，但是后续就补偿协议履行问题发生争议，引发补偿协议纠纷。

下文引述的案件中，部分案件不是管道建设项目压覆矿产资源的案件，而是其他建设项目压覆矿产资源的纠纷。但压覆纠纷具有共性，在其他建设项目压覆矿

---

* 作者单位：国家石油天然气管网集团有限公司。

产资源纠纷中出现的争议焦点,可能也会在管道建设项目压覆纠纷中出现。故一并予以讨论。

二、管道建设工程压覆纠纷实证研究

(一)关于在先权利的认定

如果矿业权设立在先,则必须要对受影响的矿产资源进行压覆评估。如果矿业权不是在先权利,也就不存在侵权的问题。法院需查明矿业权的设立时间,进而确定矿业权相对于建设项目是否为在先权利。

1. 采矿权延期后的在先权利认定

由于采矿权许可证有时间期限,采矿企业在采矿权届满后会申请延期,一旦获得批准,延期的采矿权与管道权利的先后如何判断,可能成为压覆纠纷中的争议焦点。

在(2015)潭中民二初字第 28 号案中,原告系采矿企业,2013 年获得采矿许可证,有效期限三年(2013 年 3 月 14 日至 2016 年 3 月 14 日)。原告按要求建设了专用的民用爆炸物品储存库,其爆破作业单位许可证(非营业性)有效期至 2016 年 7 月 29 日。2016 年 3 月 14 日,原告在采矿权届满后,经湘潭县国土资源局批准,顺延一年采矿权(2016 年 3 月 14 日至 2017 年 3 月 14 日)。2010 年 10 月 9 日,被告的成品油管道工程选址被批准。2011 年 7 月 22 日,被告获得成品油管道工程的建设工程规划许可证。2014 年,成品油管道工程试运行并备案。成品油管道工程建成后,2014 年 6 月,被告在排查管道安全隐患时,发现成品油湘潭县管道与原告的爆破器材库水平距离不足 10 米,与采矿区(爆破作业区)水平距离约 160 米,存在重大安全隐患。双方关于爆破器材库的迁移和补偿问题无法达成一致,原告遂起诉至法院。

法院认为,原告爆破器材库建成生产在前,成品油管道工程建设在后,被告作为管道企业,在成品油管道工程的规划和建设过程中,理应注意到其建设的管道与原告爆破器材库的距离过近、违反国家强制性规定、存在重大安全隐患,然而,其未尽注意义务,致使在讼争管道建成后,为保护成品油管道工程这一重点工程的管道安全,原告的爆破器材库必须迁建。根据《石油天然气管道保护法》第 46 条第 1 款"管道建设工程通过矿产资源开采区域的,管道企业应当与矿产资源开采企业协商确定管道的安全防护方案,需要矿产资源开采企业按照管道安全防护要求预建防护设施或者采取其他防护措施的,管道企业应当承担由此增加的费用"的规定,被告必须承担原告因爆破器材库迁建而产生的经济损失。

原告在 2016 年 3 月采矿权届满后,经相关行政主管机关批准,顺延一年采矿权至 2017 年 3 月。2016 年 12 月 7 日,湘潭县国土局向原告下达《采矿许可证》,批准原告获得从 2016 年 12 月 7 日起至 2021 年 12 月 7 日止的 5 年的采矿权。后原告再次向法院起诉，主张其自 2016 年至 2021 年的经营损失。法院在（2017）湘 0321 民初 938 号案的判决中，继续认可了“原告爆破器材库建成生产在前，成品油管道工程建设在后”这一事实。也就是说，法院认为采矿权的延期是一种权利的顺延，而非新权利的开始。

2. 采矿权权利主体变更、矿产资源整合后的在先权利判断

如果采矿权的主体发生了变更，对应的采矿权是否具有承继关系，变更后的主体的采矿权从何时起算，这在实践中容易产生争议。

例如，在（2018）川民初 84 号原告矿业有限公司与被告管道公司之间的财产损害赔偿纠纷案中，原告煤矿系由始建于 1993 年的甲煤厂和始建于 1994 年的乙煤厂于 2007 年经省人民政府批准整合而成的扩建矿井。其中，甲煤厂的采矿权有效期为 2006 年至 2010 年，乙煤厂的采矿权有效期为 2004 年至 2009 年。2011 年 10 月，该煤矿由省国土资源厅换发新的《采矿许可证》，有效期至 2019 年。2006 年，被告的隧道项目开工建设。隧道于 2009 年 12 月竣工，2010 年 3 月交付使用。2010 年 3 月，原告的煤矿整合工程获准开工建设。

被告主张案涉矿业权并非在前权利，案涉矿业权人即原告于 2010 年才取得采矿许可证，矿产企业 2010 年才成立，而案涉隧道 2009 年年底就已竣工验收。原告矿业权人则主张案涉煤矿与整合前的煤矿有权利承继关系，案涉煤矿的权利早于案涉隧道。一审法院认可矿产企业的主张，认为整合前的煤矿与整合后的煤矿有权利承继关系。相较于案涉隧道，案涉煤矿的采矿权是在先权利。一审法院认为：煤矿被政府责令停工停产，煤矿整合工程安全设施设计未通过行政审查。表面上看，原告的采矿权许可范围位于隧道中心线两侧 1000 米范围内，符合 2010 年 10 月 1 日起施行的《石油天然气管道保护法》第 33 条第 1 款规定的“在管道专用隧道中心线两侧各一千米地域范围内，除本条第二款规定的情形外，禁止采石、采矿、爆破”情形。但是，原告享有煤矿采矿权在先，被告建设隧道在后。正是被告在做隧道压覆矿产资源调查评估时未尽到审慎的注意义务以及原告在隧道交付使用后未开展井巷测量、通知沟通等相关工作，才导致当初本该办理压覆资源手续而未办理，从而致使煤矿的爆破开采范围直接暴露在隧道中心线两侧 1000 米地域范围内。由此可见，煤矿被政府责令停工停产、无法获准后续开采生产，与被告的行为之间具有直接因果关系。经论证，案涉煤矿在隧道中心线两侧留设宽度为 1000 米煤柱后，矿井可采资源大幅减少，剩余资源亦无开采价值。因此，案涉煤矿不能继续开采生产或者无必要继续开采生产已成为客观事实，其后果是原告无法实现其采矿权收益。法院认为被告建设、管理隧道的行为构成对原告权益的侵害。

如果案涉煤矿经历过煤矿资源整合，也可能对矿业权的认定产生影响。实务

中常见的问题是:整合前的矿产被压覆,整合后新的矿业权人能否直接要求建设单位对压覆部分予以补偿/赔偿。在上述提到的(2018)川民初84号案中,法院对此持肯定态度,认为整合后新的矿业权人可以直接要求建设单位对压覆部分予以赔偿。

此外,湖北省高级人民法院(2014)鄂民监二再字第00002号案对此持相同观点。该案中,法院认为,因堰塘湾煤炭公司取得的采矿许可证范围已包含了原李家沟煤矿,而李家沟煤矿早在2000年就已享有宜巴高速公路压覆范围内的矿产资源的采矿权,后因资源整合而与堰塘湾煤炭公司合并,故李家沟煤矿的关停与堰塘湾煤矿的兼并行为是相互衔接的过程,堰塘湾煤矿获得的采矿权及其相应的收益权能具有延续性,其依法享有的采矿权应予保护。

但是,整合前的煤矿的采矿权如果已经注销,则权利应相应灭失,整合后的煤矿是新设的煤矿新取得采矿权,与整合前的煤矿没有必然的法律承继关系。在(2018)最高法民终1296号案中,法院认为新的矿业权人不享有压覆损失赔偿请求权。案涉水电站项目于2003年由云南省国土资源厅批复同意对铁矿进行压覆。2009年,新的矿业权人东升公司通过受让的方式获得了铁矿的采矿权。2003年铁矿被云南省国土资源厅批复同意进行压覆时,东升公司并非铁矿的采矿权人,不享有对矿产压覆损失主张补偿的权利。

3. 安全生产许可证无法延期的情形

实践中,被影响的矿产资源还可能处于矿产企业安全生产许可证到期后,根据国家和地方有关规定,安全生产许可证无法延期的状态,也即矿产资源客观存在,但矿业企业不能进行生产作业。此时,建设单位是否应当赔偿矿业权人的损失?

在(2018)黔民终1124号案中,案涉矿产企业安全生产许可证到期后,按照国家安全生产监督管理总局办公厅《关于执行〈小型露天采石场安全管理与监督检查规定〉有关问题的复函》及《贵州省安监局转发国家安全生产监督管理总局办公厅关于执行〈小型露天采石场安全管理与监督检查规定〉有关问题的复函》的有关规定,其属于与周边生产生活设施之间的安全距离小于300米的矿山,故安全生产许可证到期后不得延期。法院认为,即使案涉矿山的采矿权未到期,采矿权人也无法实现到期前的可期待利益。因此,案涉建设项目与采矿权人主张的矿山关停损失之间不存在因果关系,建设单位不承担侵权责任。

(二)关于压覆事实和压覆资源储量的认定

就煤矿压覆事实的判断标准问题,应适用《石油天然气管道保护法》还是《建筑物、水体、铁路及主要井巷煤柱留设与压煤开采规范》进行判断没有权威结论,行政主管部门、法院在认定是否构成压覆以及压覆范围时常会得出不同结果。

2017年5月由原国家安全监管总局、国家煤矿安监局、国家能源局和国家铁路局联合颁布《建筑物、水体、铁路及主要井巷煤柱留设与压煤开采规范》。其第 2 条规定:“本规范适用于中华人民共和国领域内所有生产和在建的煤矿。本规范主要内容包括煤矿区建筑物(构筑物)、水体、铁路和主要井巷保护煤柱或者安全煤(岩)柱的留设原则与设计方法,压煤开采原则与方法,开采沉陷对矿区生态环境影响评价原则与治理途径,沉陷区稳定性评价原则与治理途径,煤柱留设与压煤开采的管理办法等。煤矿矿区总体设计、矿井设计和矿井建设与生产等工作中涉及上列问题时,应当按照本规范执行。矿区内工农业建设与生产涉及压煤与开采影响问题时,均应当参照本规范执行。”第 4 条规定:“建筑物(构筑物)、水体、铁路及主要井巷所压覆煤炭资源,应当遵循煤炭资源优化利用、受保护对象安全、生态环境保护和企业经济与社会效益良好等原则,除特级保护煤柱严禁开采(不包括巷道开拓)外,凡技术上可行、经济上合理的,均应当进行开采……”根据前述规定,我国领域内的压煤开采工作受《建筑物、水体、铁路及主要井巷煤柱留设与压煤开采规范》调整。

《建筑物、水体、铁路及主要井巷煤柱留设与压煤开采规范》第 33 条将“输油(气)管道干线”确定为一级受护构筑物加以保护。也就是说,《建筑物、水体、铁路及主要井巷煤柱留设与压煤开采规范》可以调整石油天然气管道煤柱留设与压煤开采。第 35 条规定 I 级受护对象的围护带宽度为 20 米。

另外,关于在管道线路附近采矿的限制,《石油天然气管道保护法》也有相应规定。《石油天然气管道保护法》第 30 条规定:“在管道线路中心线两侧各五米地域范围内,禁止下列危害管道安全的行为:(一)种植乔木、灌木、藤类、芦苇、竹子或者其他根系深达管道埋设部位可能损坏管道防腐层的深根植物;(二)取土、采石、用火、堆放重物、排放腐蚀性物质、使用机械工具进行挖掘施工;(三)挖塘、修渠、修晒场、修建水产养殖场、建温室、建家畜棚圈、建房以及修建其他建筑物、构筑物。”这一条文虽然仅涉及“取土、采石”“使用机械工具进行挖掘施工”“修建其他建筑物、构筑物”等行为,并未提及采矿、勘察、爆破等行为,但如果采矿或者勘察矿产资源的行为涉及“使用机械工具进行挖掘施工”或者“修建其他建筑物、构筑物”,也需要遵守《石油天然气管道保护法》第 30 条的规定。

《石油天然气管道保护法》第 35 条还规定:“进行下列施工作业,施工单位应当向管道所在地县级人民政府主管管道保护工作的部门提出申请:……(三)在管道线路中心线两侧各二百米和本法第五十八条第一项所列管道附属设施周边五百米地域范围内,进行爆破、地震法勘探或者工程挖掘、工程钻探、采矿。县级人民政府主管管道保护工作的部门接到申请后,应当组织施工单位与管道企业协商确定施工作业方案,并签订安全防护协议;协商不成的,主管管道保护工作的部门应当组织进行安全评审,作出是否批准作业的决定。”这一规定是关于进行影响管道安全的特定施工作业的申请与批准程序的规定。根据《中华人民共和国石油天然气管道保护法释义》,对于爆破、地震勘探或者工程挖掘、工程钻探、采矿等作业,在已有管道中心线及其向上、向下的垂直投影面两侧各200米的垂直距离范围和《石油天然气管道保护法》第58条第1项所列的管道附属设施周边五百米地域范围内进行作业,需要由施工单位在具备《石油天然气管道保护法》第36条[①]规定条件的前提下,向管道所在地县级人民政府主管管道保护工作的部门提出书面申请。《石油天然气管道保护法》第35条所规定的各项范围,并非绝对无法采矿或者勘探的区域。采矿权人或探矿权人在满足相关安全前提的情况下,可以在向县级管道保护部门申请获批后进行施工。关于管道专用隧道,《石油天然气管道保护法》第33条第1款规定:"在管道专用隧道中心线两侧各一千米地域范围内,除本条第二款规定的情形外,禁止采石、采矿、爆破。"

从上述罗列的规定可以看出,《建筑物、水体、铁路及主要井巷煤柱留设与压煤开采规范》和《石油天然气管道保护法》所确立的煤矿禁采范围有一定出入。实践中管道建设项目对煤矿开采的影响范围大小的判断标准是依据《石油天然气管道保护法》还是依据《建筑物、水体、铁路及主要井巷煤柱留设与压煤开采规范》,产生了不少争议。

有观点认为,《建筑物、水体、铁路及主要井巷煤柱留设与压煤开采规范》适用于地下开采,而《石油天然气管道保护法》适用于露天开采。我们目前未见官方文件对于前述观点予以明确肯定。不过,从我们搜集到的压覆评估报告中可以看出:针对地下开采的煤矿,管道建设单位所聘请的地质勘探机构一般都是采用《建筑物、水体、铁路及主要井巷煤柱留设与压煤开采规范》来确定压覆范围。

就到底是适用《建筑物、水体、铁路及主要井巷煤柱留设与压煤开采规范》还是适用《石油天然气管道保护法》来判断压覆这一问题,目前应急管理部危化监管司、国家矿山安全监察局、国家能源局咨询热线以及国家铁路局的有关部门都未给予明确答复和意见。要彻底解决这一问题,还有待立法机关对《石油天然气管道保护法》作出更明确的解释。

(三)关于因果关系和损害事实的认定

这部分可能涉及的争议焦点包括:因淘汰落后产能政策本就应关闭的矿产企业是否需要补偿/赔偿,淘汰落后产能获得国家补偿是否可以减免管道企业的补偿/赔偿范围,损失评估基准日如何确定,矿业权损失是否可以按照压覆面积占矿区比例计算,以及特殊类型的矿产资源(如矿泉水)如何计算损失等。

---

① 《石油天然气管道保护法》第36条规定:"申请进行本法第三十三条第二款、第三十五条规定的施工作业,应当符合下列条件:(一)具有符合管道安全和公共安全要求的施工作业方案;(二)已制定事故应急预案;(三)施工作业人员具备管道保护知识;(四)具有保障安全施工作业的设备、设施。"

1. 属于淘汰落后产能的矿产资源赔偿问题

淘汰落后产能是我国在能源发展问题上长期以来坚持的基本政策。如果矿产企业因国家淘汰落后产能的相关政策被关闭，在压覆补偿协商的过程中，协议双方通常会产生“因淘汰落后产能政策本就要关闭的矿产企业是否需要补偿/赔偿”“已经获得国家补偿的，是否可以减轻管道企业的补偿/赔偿责任”等争议。

在(2013)民一终字第60号案中，案涉煤矿被不锈钢公司的建设项目压覆，于2007年10月被唐山市古冶区安监局要求停产。自2008年9月1日起，根据整顿小煤窑的规定，河北省统一关停了小煤矿生产，矿业权人亦从该日起至案件审理时处于停产整顿中。法院认为，煤矿2008年9月1日及之后的停产，系政府政策导致，与不锈钢公司的行为无关，不锈钢公司无须对此承担责任。2007年10月至2008年8月31日煤矿停产的损失系压覆导致，应由不锈钢公司承担。

此外，法院通常认为：如果矿产企业由于国家政策原因关停煤矿而获得补偿款，管道企业在应当承担压覆侵权责任的情况下，赔偿责任应相应减少。例如，在(2018)鲁03民初15号案中，法院认为，从矿产企业被政府通知停产和正式关退的过程和背景来看，矿产企业的相关损失系综合因素所致，包括政府因安全、去产能而实施的政策性关停等，被告电力公司的线路项目穿过矿产公司井田中部的行为仅是致损的因素之一，相关损失不能视为均由线路项目穿过井田中部的行为所致，且矿井被政府关退，其亦会获得部分政策性补偿。有鉴于此，法院酌定被告电力公司分担矿产企业因关停矿井而遭受的部分损失。又如，在(2017)渝02民终454号案中，原告煤矿矿业权人要求被告电力公司对井下设施设备损失进行赔偿。法院认为，根据当地人民政府关于煤矿关闭退出及安全稳定实施方案的通知要求，矿业权人在关闭煤矿时未拆除井内设备的，每个矿奖励50万元，而矿业权人也领取了该奖励。因此，对于矿业权人要求赔偿井下设备设施损失的请求，法院不予支持。

2. 评估基准日问题

法院在确定压覆补偿范围和金额时，常以损失评估结果作为依据。评估时，双方可能对基准日的确定存在争议。

例如，在(2016)川民终601号案中，就压覆损失的评估鉴定，被告公路公司认为评估损失的基准日应当为双方签订压覆补偿框架协议之日。矿业权人则认为基准日应当为建设工程施工之日。法院认为：公路公司虽于2011年1月1日起开始施工，但其地面施工并不实际影响矿业权人进行煤炭开采。根据双方2012年12月11日签订的《案涉公路项目压覆矿补偿框架协议》，矿业权人同意压覆其采矿权范围内的煤炭资源。这表明协议签订后，矿业权人即不能对压覆区域内的煤炭进行开采，因此，应以双方签订协议之日作为评估基准日。

3. 损失计算问题

就矿业权损失是否可以按照压覆面积占矿区比例计算的问题,实践中,矿产资源分布可能存在不均匀的情况,如果单纯按照压覆面积占矿区面积的比例计算,很可能导致管道企业承担额外的补偿责任。

例如,在(2017)鄂民终1846号案中,案涉高速公路压覆矿区面积的比例约为25.6%。由于矿产资源分布不均匀,鉴定机构认定高速公路建设项目所压覆的矿产资源储量为零,相关的矿产资源储量经济价值为零。二审法院认为,根据鉴定机构所做出的鉴定结论,高速公路建设项目压覆的矿产资源储量为零,高速公路建设项目对矿业权人的采矿行为不构成任何影响。因此,一审判决认定按照高速公路项目压覆矿区的面积比例计算赔偿数额,缺乏事实和法律依据。

就特殊类型的矿产资源如何计算损失的问题,法院一般以建设项目压覆的资源储量作为赔偿的依据。但是,针对某些特殊类型的矿产资源,则应当特别注意矿产资源的性质。

例如,在重庆市高级人民法院二审的(2015)渝高法民终字第00238号案中,采矿权人与重庆市国土房管局签订了采矿权出让合同,受让矿种为矿泉水,年限为10年。2010年10月,轨道交通公司的轨道工程开始施工,但在施工前未按规定进行压覆矿产评估,压覆矿泉水资源。法院认为,轨道交通公司应当以矿泉水资源采矿权的贬损价值向采矿权人承担赔偿责任。根据《开发利用方案专家组审查意见》,案涉矿泉水资源服务年限为50年。重庆市房管局出具的《关于建设项目压覆矿泉水资源有关问题的函》亦载明"我市《矿泉水开发利用方案》编制将矿泉水水源地的服务年限确定为50年是符合实际的,这是矿泉水水源地保护的最低要求,也是矿泉水资源损失确定的最基本依据","在矿山服务年限内,采矿权到期后可以申请采矿权延续,采矿权价值交纳年限不能作为资源损失的赔偿的评判依据","由于资源的特殊性,矿泉水资源无论规模大小都是可以永续利用的,只要企业合法开采,采矿权出让合同到期都可以申请延续,采矿权延续时间仍以10年(或5年)为限,但没有规定采矿权延续次数,只要资源没有破坏,企业都可继续申请采矿权延续"。《矿业权评估参数确定指导意见》亦规定"根据矿业权人有偿取得矿业权时所对应的矿产资源储量,计算的矿山服务年限长于30年的,评估计算的服务年限可以确定为30年,也可以将计算的矿山服务年限作为评估计算的服务年限"。从上述文件中可以看出,采矿权作为用益物权,在确定其贬损价值时,并不应仅限于采矿权出让合同约定的采矿权的出让期限,而应根据该采矿权本身的可开采年限或者服务年限来确定。因此,采矿权人与市国土房管局签订的《重庆市采矿权出让合同》所约定的10年采矿权出让年限并不能作为确定采矿权价值贬损的依据。结合《开发利用方案专家组审查意见》、《关于建设项目压覆矿泉水资源有关问题的函》和《矿业权评估参数确定指导意见》,法院认为鉴定机构以 30 年计算服务年限并无不当。

(四)关于案件程序的相关问题

压覆案件的适格被告是谁、压覆损失司法鉴定程序是否规范等程序问题,也是此类案件的常见争议点。

就压覆案件的适格被告问题,在(2018)川民初 84 号案中,建设单位与案外人签订协议,约定将与管道有关的全部资产、负债和相关业务重组注入案外人。审理中建设单位依此事实主张应当将被告变更为该案外人。法院则认为,重组是企业内部行为,不发生民事权利义务的承继,煤矿企业主张的案涉侵权行为和结果发生于建设单位建设、管理隧道期间,当时建设单位系隧道的建设方、产权方、管理方。因该建设单位建设管理行为所产生的侵权责任,应由该建设单位承担。

在(2013)民一终字第 60 号案中,建设单位主张其只是使用他人土地和不动产,适格被告应该是案涉土地及不动产的所有权人。但是法院认为:作为侵权行为人,建设单位应为本案适格被告;案外人的行为与建设单位的侵权行为存在关联性,因此案外人属于共同侵权人,应当承担连带责任。

就压覆损失司法鉴定程序是否规范的问题,双方可能就鉴定材料是否经过双方质证、鉴定机构是否具备相应资质等问题产生争议。例如,在(2017)黔民终 727 号案中,对案涉煤矿被压覆的煤炭资源量先后进行了三次评估。第一次是由公路局单方委托的评估,第二次评估是双方共同委托,第三次评估是由法院委托。第二次评估的结果与第三次评估的结果存在较小的差异,两次评估所用的计算和测量方式是一致的,仅仅是测量的角度存在差异,且存在的误差也在行业规范容忍的范围内。此外,第二次评估虽然系包含本案双方当事人在内的三方委托,但是公路局由于不认可评估结论最终未签署委托书,因此法院最终以第三次评估报告载明的数据来认定案涉煤矿被压覆的煤炭资源量。

三、关于管道企业避免和应对压覆纠纷的建议

压覆纠纷涉及管道建设项目的权利和矿产资源权利的冲突,财产损害纠纷利益关系较大、法律关系复杂,且这一纠纷领域法律规定尚不完善,纠纷争议点多、不确定性大。实务中,管道和矿产资源权利冲突时,矿业权人通常会挑战管道建设的合法性,故管道企业应严格履行管道建设项目审批手续,从源头避免纠纷。不少压覆纠纷是在管道建设项目已经完工后数年甚至数十年才暴露,如果管道建设单位在先没有做好档案管理,很可能在短时间内无法还原事实情况,处于被动地位,故需要注意加强相关内部档案的管理。出现纠纷后,管道企业应积极、专业地应对,通过查找历史档案、利用政府信息公开制度等渠道还原事实,尽早请评估、法律和工程方面的专业人员介入,整体把握纠纷情况,从而予以有效应对。

常设中国建设工程法律论坛
第十五工作组成果

《国际仲裁程序令组织事项写作资料汇编》国际商事仲裁理事会第2号报告

常设中国建设工程法律论坛第十五工作组　译

译 者 的 话

《国际仲裁程序令组织事项写作资料汇编》(以下简称《汇编》)是国际商事仲裁理事会2015年发布的一份工作报告,也是国际商事仲裁理事会发布的第二份工作报告。《汇编》旨在为仲裁程序中许多常见的事务性问题建立合理的通用规则和程序性示范,以此为第一次参与仲裁工作的法律人提供一个与有经验的仲裁从业人员公平竞争的环境。《汇编》起草委员会由12名来自政府部门、律师事务所、仲裁机构、研究机构的国际仲裁实务专家组成,基本反映了国际仲裁主要实务部门对组织仲裁程序事项的观点,现有英语、法语、葡萄牙语三个版本。但遗憾的是,《汇编》起草委员会并无来自中国的仲裁实务人员,目前也没有中文译本。

长期以来,中国商事仲裁一直在积极探索国际化、专业化的发展路径,中国仲裁机构在这一进程中毫无疑问承担着"开路先锋"的职责。近年来,通过修改仲裁规则、改进案件管理理念、加强国际仲裁文化交流、培养国际仲裁后备人才、推动仲裁立法完善,中国仲裁机构始终坚持以开放的姿态和专业的精神,与国际仲裁界开展对话交流,为国际仲裁贡献中国智慧。以《汇编》所关注的国际仲裁程序令为例,目前在中国仲裁机构管理的国际案件中,其已经成为仲裁员普遍愿意接受并使用的程序管理工具,特别是在中国仲裁机构配置有详尽的仲裁规则和专业的仲裁秘书团队的情况下,仲裁员在制作程序令时无疑可以获得更多的专业支持。当然,对于中国仲裁机构和中国仲裁员而言,如何在理念上真正理解并尊崇仲裁令制度背后的诚信、平等、专业、高效的国际仲裁价值,并通过优异的写作技术将其呈现在仲裁用户面前,仍然需要不断加强与国际仲裁界的沟通和学习交流。从这个角度上看,将《汇编》介绍给中国的读者无疑是具有现实意义的。

得益于常设中国建设工程法律论坛(以下简称常设论坛)所建立的国际交流平

台,常设论坛商国际商事仲裁理事会同意后于2021年8月组建第十五工作组(以下简称工作组)作为特别工作组,正式开展对《汇编》的中文翻译工作。工作组由来自中国国际贸易促进委员会、北京仲裁委员会/北京国际仲裁中心、上海国际经济贸易仲裁委员会(上海国际仲裁中心)、深圳国际仲裁院、广州仲裁委员会、宁波仲裁委员会的10名资深仲裁案件管理秘书组成。经过4个月的讨论研究,工作组完成了《汇编》的中文翻译工作。工作组分工如下:

徐之和(召集人) 上海国际经济贸易仲裁委员会(上海国际仲裁中心)研究信息部副部长(负责前言和阅读须知部分并校对)

李挺伟 上海国际经济贸易仲裁委员会(上海国际仲裁中心)资深办案秘书(负责A部分)

邓凯馨 深圳国际仲裁院研究处(海事仲裁中心)法律顾问(负责B部分)

迟文卉 深圳国际仲裁院国际合作与发展处法律顾问(负责B部分)

马骁潇 北京仲裁委员会/北京国际仲裁中心业务拓展处(国际案件处)高级顾问(负责C部分14~15及E部分32)

刘 洋 广州仲裁委员会高级秘书(负责D部分)

王津琼 广州仲裁委员会中级秘书(负责D部分)

宋珍珍 广州仲裁委员会中级秘书(负责D部分)

戴 菁 宁波仲裁委员会审理处办案秘书(负责C部分16及E部分31)

朱亚琦 中国国际贸易促进委员会新疆维吾尔自治区委员会法律事务部科员(负责E部分33~34)

在翻译过程中,工作组每位成员均对"仲裁的生命在于实践"这一理念有了更直观而深刻的认识,并从《汇编》对仲裁程序事项的精细化安排中看到了中国仲裁法律服务未来在"精益求精"道路上的发展方向。与此同时,这一翻译过程也是每位工作组成员作为"仲裁同侪"交流工作心得的宝贵机会,在商讨推敲翻译难点、斟酌遣词造句的过程中展现出来的针锋相对、观点交锋、寻求共识,都浓缩了各位中国青年仲裁人的热情与智慧,以及各自所在仲裁机构的探索与实践。工作组赞同《汇编》的理念,即其无意成为国际仲裁的某种"最佳做法"或"软法",相反,它如同追求开放革新的国际仲裁本身一样,是一部不断发展、不断进步的作品。工作组期待中国的读者在阅读《汇编》之后,不仅能在今后的仲裁实务中借鉴运用其中的有益作法,更能进一步为《汇编》贡献来自中国的思考,特别是在互联网技术运用、批量案件处理、机构行政服务方面的经验和智慧。

《汇编》中文版的翻译工作离不开国际商事仲裁理事会、常设论坛和工作组成员所在各家仲裁机构的关心与支持,工作组在此表示由衷感谢。当然,限于工作组的才能,翻译成果中难免出现的疏漏和可商榷之处均仅由工作组负责,不代表任何机构的意见，恳请读者不吝批评指正。

常设中国建设工程法律论坛第十五工作组
2021 年 12 月 31 日

前 言

我非常高兴能向读者们介绍这本由国际商事仲裁理事会编写的《国际仲裁程序令组织事项写作资料汇编》（以下称《汇编》）。

《汇编》是起草委员会成员无数个小时工作的结晶，这些成员代表了来自全球各地区、各种规模和形式的仲裁实践；反过来，他们也利用自己的职业网络，分享和汇集关于《汇编》所审议问题的各种观点。

起草委员会的目标既简单又具有挑战性：为那些在国际仲裁中的习惯、偏好和经验水平具有巨大差异的当事人和仲裁员，就他们经常要面对的仲裁程序组织管理问题，编制一份务实而又不显得教条或僵化的解决方案清单。

《汇编》无意成为某种“最佳做法”或“软法”，相反，它是一部不断发展的作品，包含了可供当事人和仲裁员考虑、调整甚至是贡献自己想法的各种建议。

《汇编》第一版关注的问题非常广泛，其中一些是基本和实用的问题，如纸张大小、段落编号和翻译文件的表述等。通过促使当事人在仲裁开始时就与仲裁员共同考虑这些问题，《汇编》旨在帮助当事人和仲裁庭解决和防止仲裁的程序性问题，帮助他们在程序性的道路上平稳前行。在这个意义上，《汇编》不是一个完整的程序安排模板，也不打算成为这样的模板，它是一个处理国际仲裁中经常出现的程序流程问题的条款草案集，其中有些问题可能鲜有人会特别予以关注，但起草处理这些问题的程序性命令实际上还是会占用很多时间。

这本《汇编》的第一版是我们项目的开始。我们会在收到《汇编》的新语言版本后对其线上版本（www. arbitration – icca. org）进行更新。我们也非常欢迎读者将自己的示范条款发送到 bureau@ arbitration – icca. org，我们会很高兴注明您的名字，或者在您希望的情况下保持匿名。

我非常感谢每位读者愿意花时间阅读我们的出版物，我也非常感谢每位起草委员会成员的辛勤工作，并感谢国际商事仲裁理事会将起草委员会成员召集在一起，让我们有机会思考这些问题并相互学习。

Kap – You（kevin）Kim
起草委员会主席

阅读须知

《汇编》关注的是仲裁法或仲裁规则中往往不涉及的仲裁程序流程事项。《汇编》中的条款是基于可以直接适用于仲裁程序令的语言写就,读者在认为适用的情况下复制《汇编》中的相关条款,或者根据实际需要进行调整。

通常情况下,仲裁从业人员会通过查看过往案件中仲裁庭作出的程序令,来了解这些流程事务问题是如何处理的。但是,有些从业者比其他人更容易获得这些信息。鉴于此,我们希望通过发布《汇编》来实现以下两个目标:

第一个目标是节省时间,《汇编》中的条款为负责起草程序命令的从业人员提供了一个起点;第二个目标是让经验不足的从业者得以了解在国际仲裁程序中会出现什么情况,让他们熟悉可能在仲裁庭或相对方作出的第一份程序令草案中出现的各类条款。

《汇编》中列举了国际仲裁程序中常用的一些做法,但我们不会宣称它是唯一的,甚至是最好的做法。

读者也许不希望适用《汇编》中的条款,也可能有处理这些问题更好的建议或方法。如果是这样,我们欢迎读者将你的草案发送到 bureau@ arbitration – icca. org。

《汇编》是一份开放的文件,随着时间的推移在其中会增加一些新的选项和主题。《汇编》的电子版将在网上(www. arbitration – icca. org)保持更新。如果读者正在阅读的是《汇编》的纸质版,也请同时参考该网站,以便查询是否已添加了新的内容。

目　　录

8. 书面材料
9. 格式
10. 证人书面证言
11. 专家报告
12. 书证与法律依据
13. 文件翻译

C. 开庭准备
14. 仲裁庭的审前合议
15. 庭审前会议或者线上会议
16. 庭前专家会议

D. 庭审
17. 新证据
18. 时间分配和计时方法
19. 庭审卷册
20. 直接和交叉询问卷册
21. 口头证词的翻译
22. 庭审笔录
23. 证人及专家出庭
24. 仲裁庭指定的专家
25. 当事人与证人和专家的沟通
26. 证人和专家在作证前后的出庭
27. 证人和专家的询问顺序
28. 专家联合签署的证词(报告)
29. 询问范围
30. 最后陈述

E. 庭后程序
31. 庭后书面总结意见
32. 关于仲裁成本的意见
33. 程序终结
34. 决定

附录:一些有用的参考资料

《国际仲裁程序令组织事项写作资料汇编》

A. 一般规定

1. 通信

1.1 当书面通信按照如下方式提交时,应被认为已有效作出:

当事人:送往(仲裁员选任书/第____号程序令)第(____)款所列代理人地址;

仲裁庭:送往(仲裁员选任书/第____号程序令)第(____)款所列地址(若可行,包括仲裁庭秘书的地址);

【仲裁机构:送往(仲裁员选任书/第____号程序令)第(____)款所列地址】。

1.2 仲裁庭将以电子邮件的方式与当事人进行联系(由首席仲裁员发出,或者由仲裁机构代表仲裁庭发出)。通常情况下,仲裁庭不会通过传真、邮寄或快件方式对通信往来进行确认。

1.3 当事人在收到仲裁庭的任何通信内容后,应向首席仲裁员(及仲裁机构)回复确认,并不得有不当的延误。当事人回复确认的电子邮件中载明“确认收到”即可。前述规则同样适用于当事人向仲裁庭发出的通信内容。在此情形下,(首席仲裁员/仲裁机构)及相对方当事人应回复电子邮件进行确认。为避免重复确认,各方当事人应指派一名代表负责接收和发送相关确认回复。

1.4 只有在当事人之间的通信涉及需要仲裁庭采取行动或需要仲裁庭予以关注的事项时,当事人才需要向仲裁庭发送其相互之间通信内容的副本。

1.5 任何一方当事人均不得与仲裁庭任何成员进行单方交流。当事人提交的所有声明、文件或其他信息应当在同一时间、以相同方式发送给仲裁庭所有成员、其他当事人及仲裁机构。

2. 庭审前文件提交(不同时区的处理)

2.1 若当事人和/或委托代理人处于不同时区的,有关书面文件的提交期限应当按照仲裁地所在的时区进行确定。

3. 程序期限

3.1 程序期限原则上固定;在适当情形下,仲裁庭可以决定延长相关期限。(对于短暂的程序延期,只要该等延期不影响此后的程序节点安排,当事人可以自行约定短暂延期,但应当在原期限届满前将延期合意告知仲裁庭)。

3.2 当事人应当严格遵守仲裁庭设定的程序期限。若当事人需要延长相关期限,应当在延期事由发生后及时提出书面申请,并说明理由。无论如何,当事人的延期申请需在相关期限届满之前提出。

4. 违反程序规则

4.1 若一方当事人没有充分理由而未能遵守期限安排，或遵守本程序令或此后的程序令中所设定的程序规则，仲裁庭可以不采纳该方当事人以前述方式所作出的事实主张、对事实的否认以及所提交的相关证据，但仲裁庭可以决定不受前款的限制。

5. 程序安排以外的相关申请及材料

5.1 当事人提交程序安排以外的相关申请或材料之前，应当获得仲裁庭的同意。[①] 在征求仲裁庭意见时，当事人应简要陈述相关申请或材料所涉及的内容，但不应同时提交任何其他证明材料。若仲裁庭同意当事人提交程序安排以外的申请或材料，仲裁庭将通知当事人相关具体安排。

6. 当事人代表的出席

6.1 仲裁庭可以要求当事人本人或其内部委派的代表出席案件管理会议、程序会议或开庭审理。

7.《国际律师协会国际仲裁取证规则》

7.1 【选项1】（除当事人选择的机构仲裁、临时仲裁或其他规则之外）当事人同意该仲裁按照（本协议或仲裁开始）之日施行的《国际律师协会国际仲裁取证规则》组织[②]。

7.2 【选项2】（除当事人选择的机构仲裁、临时仲裁或其他规则之外）当事人同意在确认任何有关取证的问题时，仲裁庭（可以/应当）参考（本协议或仲裁开始）之日施行的《国际律师协会国际仲裁取证规则》。

7.3 【选项3】（除当事人选择的机构仲裁、临时仲裁或其他规则之外）当事人同意（庭审/文件制作等）应当根据（本协议或仲裁开始）之日施行的《国际律师协会国际仲裁取证规则》中的有关条款进行。

7.4 【选项4】（除当事人选择的机构仲裁、临时仲裁或其他规则之外）当事人同意在确认任何有关（庭审/文件制作等）的问题时，仲裁庭（可以/应当）参考（本协议或仲裁开始）之日施行的《国际律师协会国际仲裁取证规则》。

---

① 见下文主题8：“书面材料”，包括案件陈述、备忘录及其所附的证人证言、专家报告、证据及附件。

② 本段表述来自《国际律师协会国际仲裁取证规则》（2010年）的前言部分。

B. 仲裁程序的书面阶段

8. 书面材料[①]

8.1 在这些仲裁程序中,“书面材料”包括案件陈述、备忘录及其所附的证人证言、专家报告、证据及附件。

8.2 申请人在提交仲裁申请书、被申请人在提交答辩书时,均应附随提交用以支持仲裁申请书或答辩书所载事实与法律的所有证据及依据,包括证人书面意见、专家报告、书面证据及所有其他任何形式的证据。

8.3 申请人在其对被申请人答辩书的回复意见中、被申请人在反驳意见中,应仅提交为回应或反驳另一方在上一次的案件陈述/备忘录或证据中提出事项的补充证据或之前无法获得的补充证据。

8.4 在到期日,提交方应通过电子邮件将其案件陈述/备忘录、证人书面意见和专家报告(不含证据或附件)同时发送给对方当事人(和)仲裁庭的每位成员(和仲裁机构)。

8.5 在下一(工作)日,提交方应通过特快专递将(以电子方式发送的文件的纸质版以及)所有证据或附件发送至对方当事人(和)仲裁庭的每位成员(和仲裁机构)。

8.6 此外,提交方在每套纸质版材料外,还应提交其在整个仲裁程序中以纸质形式提交的所有文件的电子版,如有可能,电子版应以可搜索的 Adobe 便携式文件格式(PDF)提交。电子文件应通过 U 盘、FTP 下载链接或其他便捷的传输方式提供。文件应按类别(如案件陈述/备忘录、事实证据、证人书面意见和专家报告、法律依据等)分组在文件夹中。在每个文件夹中,文件应以其唯一证据编号作为文件名(如 C-1. pdf、C-2. pdf 等)进行标识。

8.7 【提交电子版材料情形下可供选择的方式】(此外)各方当事人应在到期日后(15)天内,以储存在 U 盘的超链接电子意见(eBrief)形式,或通过 FTP 下载链接或其他便捷传输方式,向仲裁庭(仲裁机构)和对方当事人发送完整的电子版书面材料,包括所有证据、证人书面意见、专家报告和法律依据。

8.8 【提交电子版材料情形下可供选择的方式】在 eBrief 中,主要的案件陈述/备忘录内对文件证据、证人书面意见、专家报告和法律依据的任何引用都应备有超链接。但无须为证据、证人书面意见、专家报告或法律依据内的引用创建超链接。

---

① 通常在国际仲裁程序中,在提交案件陈述/备忘录的同时,当事人还会提供其寻求记录在案的所有书面证据,包括文件、证人书面意见,也可能包括专家报告。我们建议采用上述材料提交的方式。然而,国际仲裁程序中也可能将证人书面意见、专家报告和/或文件的提交推迟到提交案件陈述/备忘录之后,也可以完全不使用证人书面意见或专家报告。

8.9 【在仲裁程序后期进行证据交换的情形】各方当事人提交他们的仲裁申请书和答辩书时,应不附具其用以支持前述文件中事实和法律的任何证据或依据。各方当事人在此初始阶段不应向仲裁庭提交任何证人书面意见、专家报告或书面证据。

8.10 【在仲裁程序后期进行证据交换的情形】在提交回复意见和反驳意见时,各方当事人方应提交与案件争议事实有关的所有证据,包括(证人书面意见、专家报告以及)书面证据和所有其他任何形式的证据。

9. 格式

9.1 所有纸质书面材料[①]应以(A4/A5/美国信函)纸张尺寸提交。所有书面材料均不应装订,打(两/三个)活页孔并装在环形活页夹中[②]。(以 A5 纸尺寸提交的书面材料可以改为螺旋装订)书面材料中的不同部分的文件不得单独装订,而是由带标签的隔页纸隔开。所有材料应为双面打印。

9.2 活页夹必须是高质量的,以尽量减少页面的损坏或丢失,并便于翻页。在运输过程中,活页夹必须仔细包装以防止损坏。

9.3 所有环形活页夹都应包含书脊标签,上面标注提交材料的律师事务所的名称、案件编号、争议各方、内容描述(例如:答辩书、证人书面意见或证据)和提交日期。每个活页夹的封面也应包含相同的信息。封面不应包含任何更多的信息。

9.4 每一方当事人应提交其环形文件夹的目录(合并版)。每份文件应以其日期、描述和标签号来标识。

9.5 每份案件陈述/备忘录中的每个段落都应以阿拉伯数字编号。

9.6 所有案件陈述/备忘录都应包含一个列清直至第五级的所有标题的目录。

【选项 1】(各方当事人应采用一种合适的编号办法,以确定任何案件陈述/备忘录中使用的标题级别。)

【选项 2】(所有案件陈述/备忘录的标题应符合以下格式:第一级“A.、B.、C. 等”,第二级“Ⅰ.、Ⅱ.、Ⅲ. 等”,第三级“1.、2.、3. 等”,第四级“a)、b)、c)等”,第五级“(i)、(ii)、(iii)等”。)

9.7 每份案件陈述/备忘录还应包含提交方案件陈述/备忘录的叙述中提到的所有事件的时间线(合并版),并引用相关案件陈述/备忘录和/或证据的段落。

9.8 案件陈述/备忘录、证人书面意见和专家报告应使用(11 pt)号字体,并在纸张右侧留出(4 厘米)空白,在左侧留出(2 厘米)空白。

---

① 见上文主题 8 中的定义。

② 在某些司法管辖区,一种通用的双环活页夹被称为快劳夹。

10. 证人书面证言

10.1 除任何适用法律、规则或仲裁庭的决定另有规定外,任何人(包括一方当事人或一方当事人的雇员或代表)均可提供证人书面意见。

10.2 每一位证人均应向仲裁庭提交一份经其签名的书面证言(在开庭审理中,证人的书面证言可代替对证人的直接询问)。每份证人书面证言应至少包括以下内容:

—证人的姓名、出生日期和目前的住址;

—证人的照片;

—证人的职位和资格的描述,如果该描述与争议或证言的内容有关;

—证人与各方当事人、法律顾问或仲裁庭成员之间过去和现在的关系的描述;

—对提供证人书面意见所依据的事实的描述,以及(如适用)该证人所获知的情况的来源;以及

—证人的签名。①

10.3 证人书面证言应与其他文件分开编号,并加以适当标识。申请人提交的证人书面证言应以字母"CWS"开头,后加证人的姓名(如 CWS—毕加索、CWS—达·芬奇等);被申请人提交的证人书面证言应以字母"RWS"开头,后加证人的姓名(如 RWS—伦勃朗、RWS—鲁本斯等)(在开庭审理中,证人的书面证言可代替对证人的直接询问)。

10.4 【事先接触证人被认为是适当的情形】法律顾问会见证人和潜在证人以确定事实、准备证人书面证言并不视为不当。②

10.5 【事先接触证人被认为是不适当的情形】各方当事人应在其书面材料中指明其邀请仲裁庭传唤的提供具体事实证据的任何证人。尽管一方当事人或其法律顾问通过与任何潜在证人进行交谈以确定案件事实并无不当,但各方当事人应避免与任何证人或潜在证人讨论他们可能被邀请向仲裁庭提供的任何证言的内容,避免事先编排他们的证言,或避免任何其他形式的证人准备。证人书面证言不应与各方当事人的书面材料一起提交仲裁庭。

11. 专家报告

11.1 每一方当事人可保留一名或多名专家的证据并向仲裁庭提交。

11.2 专家报告应附有专家所依据的任何文件或信息,除非这些文件或信息已与各方当事人的书面材料一起提交。③

11.3 除仲裁庭经与各方当事人协商后可能作出的任何进一步指令外,适用

① 关于证人书面意见内容的其他措辞,参见《国际律师协会国际仲裁取证规则》(2010 年)第 4 条。

② 如有必要,应增加限制条件,以排除与证人的某些形式的接触。

③ 关于专家报告内容的其他措辞,参见《国际律师协会国际仲裁取证规则》(2010 年)第 5 条。

于证人的规定也应适用于专家证据。

11.4 【仲裁庭指定专家的情形】在任何情况下，仲裁庭经与各方当事人协商，如认为此类专家的意见将有助于其评估事实（或法律）问题，仲裁庭应有权指定一名或数名专家。

12. 书证与法律依据

12.1 在整个仲裁程序中，证据和法律依据应连续编号。申请人提交的证据应以字母“C”开头，后加适用的编号（如C-1，C-2等）；被申请人提交的证据应以字母“R”开头，后加适用的编号（如R-1，R-2等）。同样，申请人提交的法律依据应以字母“CLA”开头，后加适用的编号（如CLA-1，CLA-2等）；被申请人提交的法律依据应以字母“RLA”开头，后加适用的编号（如RLA-1，RLA-2等）。

12.2 各方当事人应随每一份书面材料提供所有证据和法律依据的完整（合并后的）索引。该索引应以表格的形式呈现，第一列为证据编号；第二列为证据日期；第三列为证据的简要描述，按类型、作者、收件人和内容（例如：X于……向Y发送的关于……的电子邮件）；第四列为涉及证据的陈述/备忘录、证人书面意见和/或专家报告。

13. 文件翻译

13.1 作为证据提交的文件中如果含有用仲裁语言之外的语言所呈现的内容，则应附有相应仲裁语言的译本，所产生的翻译费用由提交方先行承担，该等费用的实际承担以终局裁决中所确定的费用安排为准。除非适用的规则或法律要求，或仲裁庭要求，否则无须由经认证的翻译人员提供译本。

13.2 在可行的范围内，译本必须采用与原文件相似的格式，包括：页码；页面布局；缩进；项目符号和编号列表；表格和图表；字体和字体变化，如字号、黑体、斜体和下划线等。对于以另一种语言提交的证人书面意见和专家报告，每一页译文必须尽可能采用与原文相同的格式。

13.3 译本的每一页都必须标明是译本，例如，在左上角加上“（译本）”的批注。译本必须呈现在原页前面，并用一张彩色纸将它们隔开。

13.4 如果一方当事人对译本的准确性有异议，各方当事人应协商并努力就译本达成一致意见。如果各方当事人不能达成一致意见，则应由仲裁庭决定处理分歧的方式。如果各方当事人就译本的修订内容达成一致意见，则提交译本的一方当事人应为仲裁庭所有成员、另一方当事人的法律顾问和任何其他提出需求的人提供替换后的整个译本或替换后的相关部分内容（例如，在先前译本的相关部分粘贴标签写明更正后的内容）。

13.5 原则上，一方当事人必须对用非仲裁语言呈现的任何文件或文件中的部分内容进行翻译。如果由于篇幅或其他原因，提交译本的一方认为翻译全文所造成的负担超过了排除个别部分后所呈现的译文对该份证据相关性和重要性的影响,则可以提交部分译文或节选译文。但是,在这种情况下:

(1)部分译文必须提供充分的上下文,以避免错误陈述或曲解整个文件;

(2)原则上,除由于篇幅过长、内容缺乏相关性或其他充分理由外,必须提交整份原文和部分译文作为证据;

(3)经另一方当事人合理要求或依仲裁庭的指令,提交译本的一方当事人必须提交一份完整的或辅助性的译本。

C. 开庭准备

14. 仲裁庭的审前合议

14.1 仲裁庭应当在开庭前的规定时间和期限内会面,以便审查案件材料。庭前合议后,仲裁庭应当将希望当事人在庭审中处理的相关问题通知当事人。

15. 庭审前会议或者线上会议

15.1 庭审开始前至少(14)天前,仲裁庭应当和双方召开一个(线下/线上会议)来确认庭审的程序细节安排和程序,包括但不限于(如适用):

(1)与开庭地点相关的组织安排;

(2)参与庭审的各方人员;

(3)庭审的开始和结束时间,以及预计的休息时间安排;①

(4)根据"国际象棋"计时规则或仲裁庭允许的任何其他计时器为每一方分配时间;②

(5)每一方提供证据的预期顺序,包括是否将证人按类型分组(例如,事实证人、技术专家、法律专家、损害赔偿专家);

(6)询问证人的方式和程度(比如,仲裁庭主导的询问式或者各方主导的对抗式);

(7)证人隔离;

(8)相关翻译③和/或速记安排;④

(9)庭审中使用的演示性证据(比如展示 PPT),包括考虑是否选择在展示之前分享给对方,以便对方有机会提出异议;

(10)视觉辅助工具的使用(比如投影仪);

---

① 参见下文主题18"时间分配和计时方法"。

② 参见下文主题18"时间分配和计时方法"。

③ 如果未能按照下文主题21"口头证词的翻译"的内容在前期的程序令中解决,则可以在电话会议中讨论。

④ 如果未能按照下文主题22"庭审笔录"的内容在前期的程序令中解决,则可以在电话会议中讨论。

(11)仲裁庭可能提出的问题清单;[①]

(12)双方就引起他们之间争议的事项商定编制的时间表;

(13)任何尚未解决的对证据的异议;

(14)庭审之后的备忘录;[②]

(15)缴费事项;[③]和

(16)任何其他事项。

15.2 各方应当在(会议/线上会议)前至少(7)天告知仲裁庭以及对方当事人,其对这些事项或将在会议/电话会议上讨论的任何其他程序事项的立场。

16. 庭前专家会议

16.1 仲裁庭可要求当事人指定的专家在开庭前开会讨论有关问题,以确定一致意见并缩小争议。此外,也可在证据质证期间召集专家。

16.2 双方必须为上述专家会议达成一项约定,包括是否应当有法律顾问在场、是否应当制作会议纪要或准备一份专家共同意见。如无该约定,则仲裁庭可对此问题出具一份规程。

D. 庭审

17. 新证据

17.1 未经仲裁庭事先批准,当事人不得在开庭过程中使用新的证据。[④] 在开庭期间提交的所有证据(即在开场和总结 PPT 中提到的证据)均应标注证据编号,以便另一方能够确定该证据并非新(提交的)记录。在展示性的证据是只依存于卷宗中的文件时,它们也是可以被允许提交的。

18. 时间分配和计时方法

18.1 在开庭之前,当事人须尝试就开庭日期,包括开庭及休庭的时间、午餐和茶歇时间达成一致。如果在(日期)内仍未达成协议,仲裁庭将决定时间安排。除非另有约定,仲裁庭将适用“国际象棋”计时规则以提示时限,并由仲裁庭/机构管理该计时钟。

18.2 【时间分配—选项1】各方将有等量的时长来陈述其案件。

18.3 【时间分配—选项2】在陈述阶段中分配给双方的时间由仲裁庭根据双方证人数量等因素来确定。

18.4 一方开始、结束、直接(和再直接)询问自己的证人/专家以及交叉(和

---

① 参见上文主题14“仲裁庭的审前合议”。

② 参见下文主题31“庭后书面总结意见”。

③ 参见下文主题32“关于仲裁成本的意见”。

④ 当事人可以考虑共同寻求在庭审前提交新证据的机会。

再交叉)询问对方证人/专家所花费的时间应计入该方的时间。分配给各方的时间还将包括(1)翻译的时间(如有)和(2)用于讨论和解决一方提出的任何程序异议的时间。任何证人/专家回答仲裁庭问题的时间不计入任何一方的时间。

18.5 双方可事先商定分配给开庭陈述和最后陈述(如有)的最长时间。

19. 庭审卷册

19.1 如果仲裁庭提出要求,双方应在开庭前合理准备并提供被要求用于庭审的纸质材料卷册,包含双方的仲裁申请书/答辩书、证人陈述、书面证据、法律授权和其他选定材料。

19.2 除非在技术上不可行或过于烦琐,当事人还应提供庭审卷册的电子版本,如 Adobe PDF 且内容可被索引和搜索。

19.3 双方在咨询仲裁庭意见时(如有必要),必须讨论并努力就庭审卷册的内容、流程和准备工作达成一致。①

19.4 庭审卷册必须按照符合案件及其文档特点的逻辑结构进行分类摆放,例如下面的示例:

(1)案卷 A:当事人的书面仲裁申请书/答辩书,按时间顺序排序。

(2)案卷 B:当事人提交的证人证词单独分装呈各方,也可以选择将法律和技术专家的报告包含在此案卷中。

(3)案卷 C:事实性证据应单独分装呈各方,或按时间顺序及其他顺序摆放。如果证据以与提交时不同的顺序展示并因此重新编号,则必须提供相互参照的图表。

(4)案卷 D:法律专家报告和法律依据单独分装呈各方,或者可以将法律专家报告包含在案卷 B 中,在这种情况下,案卷 D 只包含与法律依据有关的材料。

(5)案卷 E:其他专家报告,如技术报告或数量报告,连同附带的证物单独分装呈各方。专家报告也可以包括在案卷 B 中,特别是如果专家报告没有证据或证据已经包括在案卷 C 中。

(6)可选的庭审卷册:

①如果证据数量众多,双方还可以共同商定并准备他们认为有用的庭审卷册,如“关键证据卷”或“核心卷册”。

②如果有许多程序争议和决定,则最好准备一个关于程序命令和程序相关往来函件的案卷。②

---

① 通常情况下,申请人在案卷准备中将扮演主要角色,而被申请人应进行合作,以便顺利、高效地完成整个准备过程,并达到双方满意的程度。

② 各方还可能希望以数字形式将各方之间制作但未作为证物提交的所有其他文件的副本在开庭时呈现,以方便参考。

如果一组庭审卷册需要多个装订夹，这些装订夹应分次编号，例如：编号 A－1，编号 A－2，等等。

19.5 除非仲裁庭同意或作出要求，否则准备庭审卷册的一方应按以下数量提供复印件：

(1)仲裁庭成员和仲裁庭秘书(如有)各一套；

(2)一套供庭审中的证人及被询问的专家参考；和

(3)两套或两套材料以上供对方律师使用，(具体数量)由双方律师商定。

19.6 准备庭审卷册的一方必须尽量按照收件人喜好的尺寸制作整理庭审卷册，例如，按 A4、A5 或美式信纸规格，每页均两面打印，以最大限度地减少体积。

19.7 除非专门制作了上述条文中的“关键卷册”，否则应当避免出现各庭审卷册内的文件重复的情形。

19.8 每本庭审卷册应：

(1)封面和书脊上清楚地标明箱号、当事人姓名、活页夹编号和内容，当事人必须对其用不同色彩进行编码；

(2)在开头包括一份目录；

(3)在每份文件前使用带标签的卡片页来识别文件内容，例如，附件编号(如果附件在案卷 C 中重新排序和编号，则使用按时间顺序编号的标签代替附件编号标签)、仲裁申请书/仲裁申请书标题、证人姓名等；和

(4)作为一般原则，除非另有约定(例如，各方同意按时间顺序汇编所有证物)，否则应先整理申请人的材料，然后再整理被申请人的材料。

19.9 当事人在庭审卷册中添加页码时，必须将页码插入每页右下角的方括号内①。

19.10 庭审卷册必须用高质量的文件夹装订，以尽量减少对页面的损坏或丢失，并方便翻页。运输时，文件夹必须仔细包装，以防损坏，并及时交付至庭室地点或每位收件人指定的其他位置。

20. 直接和交叉询问卷册

20.1 在开始任何直接询问之前，一方当事人可向其证人或专家提交一份文件夹，其中包含在程序中提交的证人或专家书面证词的副本，以及该方当事人打算在直接询问期间参考的其他文件。该材料的副本必须分发给仲裁庭的每一位成员、仲裁庭秘书、另一方当事人和庭审记录员。

① 庭审卷册必须标明页码，以便庭审参与者能够准确引用特定内容并快速定位。这对于证物尤其重要，因为其通常没有原始编页码。

20.2　在开始交叉盘问前,一方当事人可向另一方当事人的证人或专家提交一份文件夹,其中包含该方当事人打算在交叉询问期间参考的其他文件。该材料的副本必须分发给仲裁庭的每一位成员、仲裁庭秘书、另一方当事人和庭审记录员。

20.3　所有在直接或交叉询问卷册中的文件材料都应使用仲裁过程中记录的证据编号来标记。如果证据数量众多,当事人可以提交一份证据摘要,但前提是该摘要被确定为摘要并提供足够的上下文,以避免错误理解其在整个文件中的含义。

20.4　交叉盘问中使用的证据的译文,应当提供给不懂原文的证人或者专家。译文必须足以使证人理解其文义。[①]

21. 口头证词的翻译

21.1　证人和专家如用仲裁语言以外的语言作口头证词,应由翻译人员协助。除关于费用的终局裁决另有裁定外,该费用由申请证人出庭的一方承担。

21.2　除适用的仲裁规则或仲裁庭的命令另有要求外,当事人可聘用任何胜任的翻译人员[②](无须考虑许可证或资格证)。

21.3　当事人可共同或分别聘用一名翻译人员。

(1)如共同聘用翻译人员,除关于费用的终局裁决另有裁定外,该费用应由当事人分担。如分别聘用翻译人员,除关于费用的终局裁决另有裁定外,该费用应由聘用的一方承担。

(2)当事人分别聘用的翻译人员可到庭核查对方翻译人员的准确性。(此外,除受适用的道德准则或其他规范限制,各自聘用的翻译人员可协助庭审外的准备工作,包括模拟交叉盘问环节,以便翻译人员在庭审中准确翻译,并协助证人和专家熟悉证词翻译的过程。)

21.4　当事人共同或分别聘请的翻译人员须同意遵守当事人约定的保密规则。

---

①　当事人可以考虑适用《国际投资争端解决中心行政和金融规则》第30条第4款的规定,该条要求当事人方作出一个声明,即遗漏正文的其余部分不会造成误导。

②　当事人应努力采取可用的最高质量的翻译服务,以帮助仲裁庭理解翻译证词。虽然翻译服务可能费用昂贵,但从长远来看,低质量翻译代价高得多(无论是从实质或金钱角度来看)。因此,当事人聘用的翻译人员应能够在仲裁庭审中提供准确和自然的翻译并能够翻译特定的证人或专家使用的技术、法律或其他术语。

21.5　当事人须尝试就庭审翻译形式(交替传译、[①]同声传译[②]或混合传译[③])达成协议。

21.6　当事人可在庭审前提供一份议定的重要术语和名称的清单以协助翻译人员。当事人也可提供任何其他提交仲裁庭的材料副本,以协助翻译人员熟悉案情,从而提供更准确的翻译。[④]

21.7　原则上,对翻译准确性的异议必须在所指称的错误发生后立即提出。

22. 庭审笔录

22.1　除仲裁庭另有指令外,当事人应共同聘请一名庭审记录员(抄录员)。[⑤]

22.2　庭审记录员必须同意遵守当事人约定的保密规则。

22.3　除关于费用的后续裁决另有裁定外,提供笔录的费用应由当事人平均分担。当事人经咨询仲裁庭意见,应就任何必要安排达成一致并在庭前(电话会议/会议)将此类安排告知仲裁庭。

22.4　庭审前当事人可向庭审记录员提供所有书面意见,以便庭审期间准确记录。

22.5　庭审记录员应当对庭审过程包括所有证人证词的原始版本和翻译版本录音,以帮助仲裁庭决定是否要求更正笔录。庭审记录员必须根据要求将录音提供给仲裁庭。

22.6　【当日记录情形】除非当事人另有约定并经仲裁庭同意,庭审记录员应每天将笔录通过电子邮件发送给当事人和仲裁庭。

22.7　【实时记录情形】除非当事人另有约定并经仲裁庭同意,实时记录应当庭作出并提供给当事人和仲裁庭。实时记录电子屏幕应当共享给仲裁庭、当事人以及在作证时共享给需要传译的证人。庭审记录员应每天将笔录通过电子邮件发送给仲裁庭和当事人。

22.8　任何一方当事人申请更改庭审笔录,必须在收到最后一份笔录之日起

---

①　在交替传译中,翻译人员等待发言者话语中的停顿,即在一句或一段话之后当发言者等待时翻译。这种方法比同声传译耗时,但每小时费用更低并为对方翻译人员或法律顾问提供了核查翻译准确性的机会。

②　在同声传译中,翻译人员通常在一个单独的房间或者封闭的隔间里聆听,不需等待发言者停顿或者结束发言,而是在发言时通过音频连接实时翻译。听众通常通过耳机听取翻译。这种方法速度更快,但不一定便宜,因为具有同声传译技能的翻译人员收费更高,且需使用额外设备。因证词陈述和翻译同时进行,也会阻碍对翻译进行有效核查。

③　第三种选择是采用混合方法,例如,对提问采用同声传译并对回答采用交替传译。混合传译在速度方面提供了一个令人满意的折中方案,但由于需要多个翻译人员,成本更高。如前注所述,同声传译过程也会阻碍对庭室中其他人提问内容的翻译进行有效核查。

④　如聘用实时记录服务,则应向翻译人员提供实时记录的查看权限。

⑤　除适用的法律或仲裁规则另有规定,或仲裁庭另有命令外,庭审记录员无须具备在任何国家的法院担任法庭书记员的资格。

(10)日内通知对方当事人和仲裁庭。所有协商一致的更正必须以勘误表的形式作出,同时显示原始记录和更正内容。任何关于更正提议的争议都将由仲裁庭作出认定。仲裁庭可主动更正庭审笔录。

23. 证人及专家出庭①

23.1 庭审前,当事人必须告知仲裁庭其准备交叉盘问的(已提交书面证词或专家报告)的事实证人和专家的信息。

23.2 【仅传唤对方证人情形】各方当事人须确定其准备询问的对方专家和证人;除非仲裁庭传唤,未被确定出庭的专家和证人将不会出庭。

23.3 【传唤己方及对方证人情形】各方当事人须确定其准备询问的对方专家和证人;未被对方当事人传唤的证人或专家,仍可由仲裁庭或提出该证人、专家的一方当事人传唤。

23.4 【仲裁庭主导证人询问时的替代表述】庭审前,当事人应先将其认为有必要出庭的事实证人和专家告知仲裁庭,然后仲裁庭应通知各方当事人要求询问的证人和专家。

23.5 任何提交书面证词以支持一方主张的证人,如被要求,应当出庭接受另一方当事人或仲裁庭的询问。

23.6 【证人未能出庭的后果—选项1】除特殊情形并/或说明正当理由外,证人或专家未出庭的,仲裁庭将不予采信其先前提交的证词。

23.7 【证人未能出庭的后果—选项2】如果一方当事人不配合(己方)证人或专家出庭,要求传唤该方证人或专家出庭的另一方当事人可向仲裁庭申请附加裁定,包括不予采信该证人或专家的先前证词或作出不利推论。

23.8 经合法许可②,仲裁庭可以因正当理由酌情决定允许通过视频会议形式询问证人。在说明某一证人不能亲自出庭的理由和一份提议的草案后,任何一方当事人均可申请准许该证人通过视频会议形式出庭。各方当事人必须确保证人在视频作证时的条件与其出庭时相同,即在作证期间不与其他任何人商讨并可查看双方当事人有关的庭审卷册(如有)。

24. 仲裁庭指定的专家

24.1 若任何一方当事人或仲裁庭提出要求,则仲裁庭指定的专家必须在质证阶段出庭接受询问。当事人或者当事人指定的专家可在庭审中向仲裁庭指定的专家提问,但提问范围仅限于专家报告和当事人提交的意见中所涉及的问题,包括

---

① 第23.1~23.3段设置了一个由当事方主导证人询问程序的场景,第23.4段设置了由仲裁庭主导证人询问的场景。

② 需要注意的是,一些国家不允许进行旨在为境外法律程序而开展的口头证词盘问。参见1963年《维也纳领事关系公约》第5(j)条、1970年《海牙民商事案件海外取证公约》第1条。

仲裁申请书、答辩书、证人陈述和当事人指定专家的报告。

25. 当事人与证人和专家的沟通

25.1 一旦证人或专家提交了证词，在完成作证前，该等证人和专家在任何可能出现的休庭或庭审中断期间，均不得与传唤其作证的一方当事人或该方律师进行联系。当事人必须尽量在一天内完成对证人/专家的询问。

26. 证人和专家在作证前后的出庭

26.1 当事人须尝试就证人和专家在不作证时能否出庭达成一致。

26.2 【选项1】事实证人和专家在作出口头证言前不得进入庭室。

26.3 【选项2】事实证人在作出口头证言前不得进入庭室。

26.4 【选项3】事实证人和专家在作出口头证言前后均不得进入庭室。

26.5 【当事人代表的例外】尽管有上述一般原则，如果事实证人同时也是当事人代表时，其随时进入庭室，但这类人员的身份应在庭审前由当事人商定。仲裁庭可根据情况酌情决定首先或在庭审初期对这类证人进行询问。

26.6 【仲裁庭明示允许的例外】尽管有上述一般原则，但应一方当事人的请求且经仲裁庭明确许可时，证人或专家可随时进入庭室。

27. 证人和专家的询问顺序

27.1 【选项1—当事人引导的证人询问】在庭审之前，当事人可以就询问证人和专家的一般顺序达成一致。如果没有达成一致，按照以下顺序：

(1)由申请证人/专家出庭的一方直接询问；

(2)对方当事人进行交叉盘问；

(3)申请证人/专家出庭的一方再次询问；

(4)再次进行交叉盘问(仅在申请证人/专家出庭的一方再次直接询问且仲裁庭授权的特殊情况下)。

27.2 【选项2—由仲裁庭引导的证人询问】除非当事人在开庭前同意采用不同的方式，否则开庭时询问证人和专家的顺序如下：

(1)仲裁庭对证人/专家进行询问；

(2)如果适用，由申请证人/专家出庭的一方询问；

(3)如果适用，由对方当事人进行交叉盘问；

(4)在仲裁庭授权的情况下，申请证人/专家出庭的一方再次直接询问，对方再次交叉盘问。

27.3 在庭审之前，各方必须尝试就听取证人和专家发言的特定顺序达成一致。如果各方当事人不能就发言顺序达成一致，则各方提出的顺序必须提交仲裁庭审议。协商不成的，申请人的证人应首先出庭，其次是被申请人的证人，再次是申请人的专家，最后是被申请人的专家。

27.4 当事人可以约定或者由仲裁庭决定,按照争议事项或程序阶段安排时间以分别处理各个问题。①

27.5 仲裁庭可以在任何阶段向证人/专家进一步提出其他问题。

28. 专家联合签署的证词(报告)

28.1 【选项1】两名或两名以上专家共同签署专家报告的,应当共同接受交叉盘问。如果某位专家在联合报告中确定只对报告的特定部分负责,那么因此该专家只针对该特定部分接受交叉盘问。②

28.2 【选项2】如果报告由两名或两名以上专家共同撰写,可能会要求主要作者接受交叉盘问并回答有关报告全文的问题。如果主要作者不能就报告的全部内容接受交叉盘问,则应在限定日期之前通知对方,并具体说明各位作者负责处理的特定章节或段落。然后对方可以决定传唤一位或两位作者,对他们负责的报告部分进行交叉盘问。

28.3 【选项3】两名及以上专家共同签署报告的,应当分别接受交叉盘问。

29. 询问范围③

29.1 【直接询问】申请证人或专家出庭的当事人可以进行简短的直接询问,询问范围仅限于介绍证人或专家,确认书面证词或报告,并确定该证人或专家可能希望作出的任何更正。

29.2 【范围更广泛的直接询问】此外,申请证人或专家出庭的当事人可以根据当事人的约定或仲裁庭的决定,仅就证人陈述或专家证言所涵盖的事项进行简短的直接询问(例如20分钟)。此类直接询问不得引入书面陈述或报告未涵盖的新事项,除非是针对反驳意见中提出的新事项或在反驳意见后提交的任何材料中提出的新事项。在这种情况下,对方的证人或专家也可以对反驳意见或后续提交的材料中有关事实陈述的事项作出回应。

29.3 【专家总结报告的情形】此外,每位专家可以向仲裁庭简要(例如20分钟)总结或解释其专家报告。

29.4 【交叉盘问—选项1】交叉盘问可包括与仲裁有关的任何事项。

29.5 【交叉盘问—选项2】交叉盘问的范围必须限于证人/专家的书面陈述的内容、证人/专家的可信度、直接询问中提出的与争议直接相关的涉及证人个人的事项。

29.6 【再次直接询问】再次直接询问的范围将仅根据对方交叉盘问的内容确

① 此顺序有助于仲裁庭开展不同的问题或阶段(如管辖权、责任认定和损害赔偿或技术与法律问题)。

② 当专家提交联合报告时,当事人有时会要求他们说明各自具体负责的部分,然后要求每个专家在庭审上对各自负责部分接受询问。

③ 当事人可以考虑限制本条款规定的证人接受询问的范围。

定，对未在交叉盘问中出现的事项不得提问。

29.7 【再次交叉盘问】再次交叉盘问只在仲裁庭授权的例外情况下进行，而不在证人/专家接受再次直接询问的所有情况下进行。再次交叉盘问的范围仅由对方再次直接询问的内容确定，因此不得就再次直接询问中未出现的事项提问。

29.8 尽管当事人对证人询问的范围有约定，但每一方都有权向仲裁庭申请扩大或限制询问的范围。

30. 最后陈述

30.1 当事人可以商定进行最后陈述，作为庭后书面总结意见的补充或替代。

30.2 当事人可以商定最后陈述的最长时间，或者同意使用“国际象棋”计时器所显示的剩余时间。

E. 庭后程序

31. 庭后书面总结意见

31.1 【情形1—庭前要求准备庭后书面总结意见】双方当事人必须在指定日期同时提交庭后书面总结意见，其篇幅由仲裁庭在庭前或庭审时征求双方意见后决定。且双方当事人应在指定日期前同时提交庭审回复意见，其篇幅由仲裁庭在庭前或庭审时征求双方意见后决定。

31.2 【情形2—庭审结束时要求庭后书面总结意见】双方当事人根据庭审情况在庭审结束时决定是否提交庭后书面总结意见，其篇幅由仲裁庭在征求双方意见后决定。①

31.3 庭后书面总结意见的范围仅限于庭审时产生的争议部分，而不得重复其在庭审答辩时已陈述过的观点。此外，仲裁庭还应归纳双方的争议焦点以供双方辩论。

32. 关于仲裁成本的意见

32.1 【选项1—包含在庭后书面总结意见中】庭后书面总结意见应当包括当事人关于仲裁费用的意见，其中应当包括提交方涉及的法律费用和相关支出费用。在费用意见中，每一方当事人均应说明关于支付费用理由的法律论证以及费用分配的方式。当事人可以在(日)前同时提关于仲裁费用意见的答复。

32.2 【选项2—费用意见书】当事人应当在(日)前提交费用意见书。每一份费用意见书中应当包括一方法律费用和其他相关费用的内容，以及提交费用的理由的法律论证、当事人之间的费用分配方式。当事人可以在(日)前提交关于仲裁费用意见的答复。

---

① 经常出现的情况是当事人同意以庭审总结发言来替代庭后的书面总结意见。

33. 程序终结

33.1 仲裁庭应当在最后一次庭审或归档后的合理时间内正式终结仲裁程序。在特殊情况下,仲裁庭可以自行决定或由当事人申请,在仲裁裁决作出之前的任何时间重新启动仲裁程序。

34. 决定

34.1 庭审结束时,仲裁庭应当向当事人释明裁决作出的日期。

附录:一些有用的参考资料

1. Chartered Institute of Arbitrators(“CIArb”)

(1)CIArb Practice Guideline 5: Guidelines for Arbitrators Regarding Documents - Only Arbitrations (<www. ciarb. org/guidelines - and - ethics/guidelines/practice - guidelinesprotocols - and - rules>).

(2)CIArb Practice Guideline 10: Guidelines on the use of Tribunal - Appointed Experts, Legal Advisers and Assessors (<www. ciarb. org/guidelines - and - ethics/guidelines/practice - guidelines - protocols - and - rules>) .

(3)CIArb Practice Guideline 15: Guidelines for Arbitrators on How to Approach Issues Relating to Multi - Party Arbitrations (<www. ciarb. org/guidelines - and - ethics/guidelines/practice - guidelines - protocols - and - rules>).

(4)CIArb Protocol for E - Disclosure in Arbitration (<www. ciarb. org/guidelines - andethics/guidelines/practice - guidelines - protocols - and - rules>).

(5)CIArb Protocol for the Use of Party - Appointed Expert Witnesses in International Arbitration (<www. ciarb. org/guidelines - and - ethics/guidelines/practice - guidelinesprotocols - and - rules>).

2. College of Commercial Arbitrators

The College of Commercial Arbitrators Protocols for Expeditious, Cost - Effective Commercial Arbitration (2010) (Thomas J. Stipanowich, Editor - in - Chief; Curtis E. von Kann and Deborah Rothman, Associate Editors) (<www. thecca. net/ccaprotocols - expeditious - cost - effective - commercial - arbitration>).

3. Debevoise & Plimpton

Protocol to Promote Efficiency in International Arbitration (2010) (<www. debevoise. com>).

4. Hanotiau, Bernard

"Document Production in International Arbitration: A Tentative Definition of 'Best Practices'", ICC Bulletin 2006 Special Supplement, Document Production in International Arbitration, p. 113 – 116.

5. Hwang, Michael and Thio, Nicholas

"A Proposed Model Procedural Order on Confidentiality in International Arbitration: a Comprehensive and Self – Governing Code", 29 J. Int. Arb. (2012), p. 137 – 169.

6. International Bar Association ("IBA")

IBA Rules on the Taking of Evidence in International Arbitration (2010) (<www. ibanet. org >).

7. International Centre for Dispute Resolution ("ICDR")

ICDR Guidelines for Arbitrators Concerning Exchanges of Information (<www. icdr. org >).

8. International Chamber of Commerce ("ICC") Commission on Arbitration and ADR

(1) Effective Management of Arbitration – A Guide for In – House Counsel and Other Party Representatives (< www. iccwbo. org/advocacy – codes – and – rules/ documentcentre/2014/effective – management – of – arbitration – a – guide – for – in – house – counsel – andother – party – representatives/ >).

(2) Controlling Time and Costs in Arbitration, 2nd edn. (2012) (<www. iccwbo. org/Advocacy – Codes – and – Rules/Document – centre/2012/ICC – Arbitration-Commission – Report – on – Techniques – for – Controlling – Time – and – Costs – in – Arbitration/ >).

(3) Managing E – Document Production (2012) (<www. iccwbo. org/Advocacy – Codesand – Rules/Document – centre/2012/ICC – Arbitration – Commission – Report – on – ManagingE – Document – Production/ >).

9. ICC International Court of Arbitration

(1) Bulletin Vol. 21 No. 1 (2010), Issues for Arbitrators to Consider Regarding Experts, p. 31 – 51.

(2) Note on the Appointment, Duties and Remuneration of Administrative Secretaries (<www. iccwbo. org/Products – and – Services/Arbitration – and – ADR/Flash – news/Introductionof – revised – Note – on – the – Appointment, – Duties – and – Remuneration – of – AdministrativeSecretaries/ >).

10. International Institute for Conflict Preservation and Resolution

(1) Guidelines for Arbitrators Conducting Complex Arbitrations (< www. cpradr. org/Portals/0/Resources/ADR% 20Tools/Tools/Arbitration% 20Award% 20Slimjim% 20for% 20download. pdf >).

(2) Guidelines on Early Disposition of Issues in Arbitration (< www. cpradr. org/Portals/0/Resources/ADR% 20Tools/Clauses% 20&% 20Rules/CPR% 20Guidelines% 20on% 20Early% 20Disposition% 20of% 20Issues% 20In% 20Arbitration. pdf >).

(3) CPR Protocol on Disclosure of Documents and Presentation of Witnesses (< www. cpradr. org/About/CPRStore. aspx >).

11. JAMS

JAMS Efficiency Guidelines for the Pre – Hearing Phase of International Arbitrations (Effective 1 February 2011) (< www. jamsinternational. com/wp – content/uploads/JAMS – International – Efficiency – Guidelines. pdf >).

12. Lévy, Laurent and Reed, Lucy

"Managing Fact Evidence in International Arbitration" in International Arbitration 2006: Back to Basics? ICCA Congress Series no. 13 (Kluwer 2007) p. 633 – 644.

13. Moser, Michael J.

"The'Pre – Hearing Checklist' – A Technique for Enhancing Efficiency in International Arbitral Proceedings", 30 J. Int. Arb. (2013), p. 155 – 159.

14. Newmark, Christopher

"Controlling Time and Costs in Arbitration", Ch. 6 in L. W. Newman and R. D. Hill, eds., The Leading Arbitrators' Guide to International Arbitration 2nd edn. (JurisNet 2008) (< www. cedr. com/about_us/arbitration_commission/LAG_2nd_Edition_CCN_Chapter. pdf >).

15. Reed, Lucy

"The 2013 Hong Kong International Arbitration Centre Kaplan Lecture – Arbitral Decision – Making: Art, Science or Sport?", 30 J. Int. Arb. (2013), p. 85 – 99.

16. Risse, Joerg

"Ten Drastic Proposals for Saving Time and Costs in Arbitral Proceedings", 29 Arbitration International (2013), p. 453 – 466.

17. United Nations Commission on International Trade Law (UNCITRAL)

UNCITRAL Notes on Organizing Arbitration Proceedings (< www. uncitral. org/pdf/english/texts/arbitration/arb – notes/arb – notes – e. pdf >).

18. Welser, Irene and De Berti, Giovanni

"Best Practices in Arbitration: A Selection of Established and Possible Future Best Practice", Austrian Yearbook on International Arbitration 2010 (eds: Klausegger, Klein, Kremslehner, Petsche, Pitkowitz, Power, Welser and Zeiler), p. 79 – 101 (<www. dejalex. com/pdf/pubb_1001. pdf >).

19. White & Case LL. P and Queen Mary University of London School of International Arbitration

(1) 2012 International Arbitration Survey-Current and Preferred Practices in the Arbitral Process (< www. whitecase. com/files/Uploads/Documents/Arbitration/Queen-Mary-University-London-International-Arbitration-Survey – 2012. pdf >).

(2) 2010 International Arbitration Survey – Choices in International Arbitration (< www. whitecase. com/files/Publication/839d2762-bf8e-4daa-b40a-1b643081b801/Presentation/PublicationAttachment/3c346b83 – 27ba – 4ed1 – a99e – e1811e47b997/2010 International_Arbitration_Survey_Choices_in_International_Arbitration. pdf >).

20. Young ICCA

Young ICCA Guide on Arbitral Secretaries, The ICCA Reports No. 1 (< www. arbitrationicca. org/media/1/14123769188350/aa_arbitral_sec_guide_composite_11_march_2014. pdf >).